深圳大学传播学院

媒介环境学译丛 | 第一辑

文化的肌肤

第二版

半个世纪的技术变革和文化变迁

[加拿大] 德里克·德克霍夫 著

何道宽 译

中国大百科全书出版社

图字：01-2019-5640

图书在版编目（CIP）数据

文化的肌肤：半个世纪的技术变革和文化变迁（第二版）/（加）德里克·德克霍夫著；何道宽译．—北京：中国大百科全书出版社，2020.1

（媒介环境学译丛）

书名原文：The New Skin of Culture: A Half-century Technological and Cultural Changes

ISBN 978-7-5202-0620-4

Ⅰ．①文⋯ Ⅱ．①德⋯ ②何⋯ Ⅲ．①传播媒介—环境学－研究 Ⅳ．① G206.2

中国版本图书馆 CIP 数据核字（2019）第 219314 号

出版统筹 程广媛
责任编辑 帖慧祯
封面设计 乔智炜
责任印制 常晓迪
出版发行 中国大百科全书出版社
地　　址 北京市阜成门北大街 17 号　　**邮政编码**　100037
电　　话 010－88390636
网　　址 http://www.ecph.com.cn
印　　刷 北京君升印刷有限公司
开　　本 710 毫米 ×1000 毫米　1/16
印　　张 31.75
字　　数 356 千字
印　　次 2020 年 1 月第 1 版　2021 年 6 月第 2 次印刷
书　　号 ISBN 978－7－5202－0620－4
定　　价 98.00 元

深圳大学传播学院媒介环境学译丛
编委会

总 序

20 世纪 50 年代初，哈罗德·伊尼斯的《帝国与传播》《传播的偏向》和《变化中的时间观念》问世。1951 年，马歇尔·麦克卢汉的《机器新娘》出版。20 世纪 60 年代，麦克卢汉又推出《谷登堡星汉》和《理解媒介》，传播学多伦多学派形成。

20 世纪 80 至 90 年代，尼尔·波斯曼的传播批判三部曲《童年的消逝》《娱乐至死》《技术垄断》陆续问世，传播学媒介环境学派形成。

1998 年，媒介环境学会成立，以麦克卢汉为代表的传播学第三学派开始问鼎北美传播学的主流圈子。

2007 年，以何道宽和吴予敏为主编、何道宽主译的媒介环境学译丛由北京大学出版社推出，印行四种，为中国的媒介环境学研究奠基。

2011 年，以麦克卢汉百年诞辰为契机，世界范围的麦克卢汉学和媒介环境学进一步发展，进入人文社科的辉煌殿堂。中国学者不遑多让，崭露头角。

2018 年，深圳大学传播学院与中国大百科全书出版社达成战略合作协议，推出媒介环境学译丛，计划在三年内印行十余种传播学经典名著，旨在为传播学修建一座崔巍的大厦。

我们重视并推崇媒介环境学派。它主张泛技术论、泛媒介论、泛环境论、泛文化论。换言之，凡是人类创造的一切、凡是人类加工的一切、凡是经过人为干扰的一切都是技术、环境、媒介和文化。质言之，技术、环境、媒介、文化是近义词，甚至是等值词。这是媒介环境学派有别于其他传播学派的最重要的理念。

它的显著特点是：（1）深厚的历史视野，关注技术、环境、媒介、知识、传播、文明的演进，跨度大；（2）主张泛技术论、泛媒介论、泛环境论，关注重点是媒介而不是狭隘的媒体；（3）重视媒介长效而深层的社会、文化和心理影响；（4）深切的人文关怀和现实关怀，带有强烈的批判色彩。

从哲学高度俯瞰传播学的三大学派，其基本轮廓是：经验学派埋头实用问题和短期效应，重器而不重道；批判学派固守意识形态批判，重道而不重器；媒介环境学着重媒介的长效影响，偏重宏观的分析、描绘和批评，缺少微观的务实和个案研究。

21世纪，新媒体浩浩荡荡，人人卷入，世界一体，万物皆媒介。这一切雄辩地证明：媒介环境学的泛媒介论思想是多么超前。媒介环境学和新媒体的研究融为一体了。

在互联网时代和后互联网时代，媒介环境学的预测力和洞察力日益彰显，它自身的研究和学界对它的研究都在加快步伐。吾人当竭尽绵力。

译丛编委会

2019年9月

目　录

序

关于技术与文化的变迁

这是1998年我在巴塞罗那举行的“未来的艺术”（Art Futura）年会上宣讲的论文，和《文化的肌肤》问世（1988）相距十年。二十年过去了，这篇文章的一些论述似乎完全变成了现实。值此《文化的肌肤》第二版中译本问世之际，容我将其作为中译本序，因为它扼要介绍了我关于技术与文化变迁的思想。在过去的三十年间，我的思想发展的三个阶段与技术与文化变迁的三个时刻高度契合。不过，这篇文章还触及我迄今所有论著的一切重要主题，反映了我自1968年开始出席麦克卢汉星期一晚文化与技术研讨会以来的思想轨迹。

从十三岁起，一个问题就使我魂牵梦萦。我记不清我所思所想问题的实质，但记得曾向亲友解释自己的想法，并获得不同程度的成功。有一点可以肯定，我喜欢长时间思考问题的习惯就是从那个时候开始养成的。五年以后，在渥太华大学上人类学课时，老师要我们读夏尔丹[1]的《人的现象》（*Le phénomène humain*）。这本书与我早年的兴趣对接起来，对我此后的阅读产生了持久的影响。夏尔丹提出“智慧圈”（noosphere）和“最终点”（Omega Point）的假说，将其作为演化终点的目的，带有强烈的宗教色彩。我对径向能量和切向能量（radial and tangential energies）的区分很感兴趣，将其解读为进化驱力。我认为，径向能量影响客体、个人或语境的转变，切向能量则驱动历史。我从夏尔丹那里演绎或再创造出来的最强有力的理念是：人的意识（和最终的智慧圈）源于物质的径向能量演化，由有机体的日益复杂性驱动，受历史切向能量的推动，最终回归自身，成为演化过程的目的。在阅读夏尔丹著作和聆听麦克卢汉教诲期间，我对皮埃尔·杜努伊（Pierre Lecomte du Nouy）、格奥尔格·威廉－弗里德里希·黑格尔（Georg Wilhelm Friedrich Hegel）、查尔斯·罗伯特·达尔文（Charles Robert Darwin）、阿尔弗雷德·诺尔司·怀特海（Alfred North Whitehead）、奥斯瓦尔德·斯宾格勒（Oswald Spengler）、威廉·詹姆斯（William James）、朱利安·赫胥黎（Julian Huxley）有所了解。但唯有麦克卢汉对我产生的影响最大。他援引技术效应，以及我从未考虑过的主要进化驱力。他的洞见拯救了我的读博前程。

1968 年，我正在撰写《论 18 世纪法国悲剧衰落》的博士论文，写了 15 页，卡住了，就是翻不过那道坎，眼看六年的读博历程可能受挫。于是，我和麦克卢汉谈及了这一困境，5 分钟以后，情况为之逆转。他说：“我看到你的问题所在，你把悲剧视为艺术形式了。”

---

〔1〕 夏尔丹（Teilhard de Chardin，1881-1955），中文名德日进，法国哲学家、神学家、古生物学家、地质学家，在中国生活二十余年，参与“中国猿人”的考古工作，著有《人的现象》《人的未来》《神的氛围》《德日进全集》等。

我说："不是艺术形式，还会是什么呢？"他回答说："悲剧是希腊人发明的策略，用来克服希腊字母表激起的深刻的社会危机，可称之为身份的探寻（quest for identity）。"

四个月以后，我440页的博士论文顺利完成了。此后，在笛卡尔式的训练中（我的第一个学士学位是在法国南部得到的），我走向字母表和大脑结构关系的研究，并最终判定，完全意义的拼音字母表使我们能完全掌握语言，能打造个人的意见和观点，并锻造强有力的个性意识（sense of one's individuality）。文本夺过了语境对语言的控制。我其余的意见、判断和更多的设想包含在1998年在巴塞罗那宣讲的这篇论文中。现照录如下。

《艺术与思想：艺术未来目录》
（Art and Thought：Art Futura Catalog）

在电力时代，我们身披全人类，人类就是我们的肌肤。

——马歇尔·麦克卢汉《理解媒介》

在赛博媒介语境的论述中，麦克卢汉给人教益最深的洞见是，技术为我们的生理潜能和有机潜力提供了延伸和特化。这一点与电子技术有特别大的相关性；他认为，技术是我们中枢神经系统独特的表达和延伸："借助电子媒介，我们把身体置于我们被延伸后的神经系统中，我们生成一个动态系统，在这里，此前的一切技术只不过是手脚、牙齿和体温控制的延伸——人体的一切延伸，包括城市的延伸，都将要被转换为信息系统。"具体地说，我们中枢神经系统的这种延伸或“外化”采取网络形式，或多或少是忠实的模仿或技术隐喻，它们试图复制我们人体电气（body electric）复杂的网络。

一、硬件网络

凭借人造卫星和外空探测器，彼此互动、整合通信和分类技术的物理网络和物质网络编织成一张巨网，环绕并覆盖地球。电能是公分母，生成单一的电磁活动和其他相关活动的统一场，覆盖地球，穿透地壳。无论你是在多伦多使用烤面包机，或在马尼拉打电话，或者是在接收天王星卫星米兰达的数字平面图，你都在分享这个单一的环境，你分享的方式都酷似你脑子里或身体里任何事件身心协同的方式。“我们身披全人类，人类就是我们的肌肤。”这就是说，通过电子技术，我们每个人都与其他所有人接触，无论我们是否想要接触。相比其他任何感知经验，电传导的结构更接近触觉。实际上，和我们通常的设想不同，电能不在“空间里行走”，在相距遥远的电子共鸣的间歇中，它以光的速度推进。如果人人都领会这个触觉隐喻的含义，它就有助于世界和人类更亲近地相互理解：实际上而不是理论上，我们处在一种全球的关系中，处在人和物微小压力、刺激和变异的共鸣间歇中。如此，全球性的人类感知就接近全球变量的情况了。

二、软件网络

在这个技术环境里，通信实践提供的软件网络充塞着无线电波，容量爆满。我们收获并营销一切可用的频率，从人耳能听到的低频率（30 赫兹到 20 千赫兹），直到卫星和雷达极其高速的 300 千兆赫。我们软件网络的公分母是人类语言，人类语言是世界上第一个、至今仍然是最重要的“大众媒介”。我们将语法及其伴生词汇，以及它们的无限变异性利用起来，进行创新、控制和加工。在统一的电子环境里，语言提供基本的分化因子（differentiation factor），没有它就没有意义的表达，也没有信息的处理。正如电子硬件是必要的技术隐喻，用来执行日益复杂的操作活动一样，语言这种人类软件提供了表达清晰的人类心灵的延伸。在全世界的电能 / 语言互动中，我们发现既令人困惑、又完全可以理解的关系，这样的关系也管束着大脑 / 心灵的互动。

三、电子感知延伸

计算机技术增强了我们的兴趣，使我们的注意力聚焦于中枢神经系统规则管束的性能，使我们特别执着于大脑研究。尽管如此，“人工智能”和“专家系统”这些联合隐喻的复杂性，以及其他认知基础的研究，并不局限于冷静的知性加工。近年“虚拟现实”研究的发展清楚表明，我们终于开始认识到，为了充分理解电能的讯息，我们必须反思感知模态不可或缺的作用。人工智能研究的最杰出人士已得出结论：不把感知的作用纳入，就没有什么真正的“智能”可言，人工的或非人工的智能就不存在了。

虚拟现实研究人员执着于触觉，这并非偶然：实际上“领悟”甚至“思考”（pensare，源于 pesare，pesare 意为掂量或支撑）是阈下的触觉经验。他们认识到，真正的信息处理不限于逻辑运演，而是必须包括听觉、触觉以及嗅觉和味觉复杂的整合模式。

80%的虚拟现实研究人员原来是训练有素的艺术家，这不足为奇，因为艺术家的首要任务是应对人类感知系统的复杂性和启示的可能性。艺术家比任何人都能更深刻地感觉到，电能和触觉有关系。

四、意识的位置

我们的感知延伸被纳入电子环境，这就给我们对现实的感知带来另一个维度。正是因为我们把人工视觉、人工听觉和人工触觉之类的感知输入纳入了我们延伸的感知系统，我们才能真正考虑“人工意识”（Artificial Consciousness）的可能性。实质上，人工智能（AI）是人工意识（AC）减去感官的互动。但唯有加上感官的互动，我们才能在体外重构人类意识那种典型的“内在性”。传统上，我们西方人对意识的理解是：意识是“内在”现象，在两个耳朵之间发生，从外在的客观世界接收信息和刺激，从内在的主观世界接收生理和心理的感知和经验。这一观念是对字母表文化的典型回应。从字母表化的发轫期开始，古希腊苏格拉底之前的哲学家和苏格拉底本人就提出这样一个理念：认知甚至感知的住所不是前人相信的胸腔或肺脏，而是大脑。在自己被字母表化的过程中，希腊人和此后的西方文明把感知从呼吸的领域转移到思维的领域。当然，在前文字的文化里，“内在”和“外在”没有清楚的分别，因为这样的区分建立在人们对呼吸的认识上，而呼吸本质上是亦内亦外的经验。柏拉图和亚里士多德以及后来的康德和笛卡尔区分自然的客观现实和主观的经验意识。这一区分建基于读者和文本的特殊关系，那是他们无意之间对这一关系的理解。这种区分是书面文化的偏向，但古代的哲学家和今天的认知心理学家全然没有注意到这种偏向。阅读是一个过程，借此，抽象符号即代码的阵列被头脑转化为主观的解读经验了。

自前苏格拉底的哲学家以来，有关信息处理和意识，前人的言论何止千万，留下的文字亦汗牛充栋，但谁也没有完成这样一种重要的观察：在阅读材料转化为认知材料的过程中，不仅需要语词和思想的重组和阐释，而且需要感知信息的重组和阐释。没有最低限度的成像输入，你就不能看小说，也不能完成任何的阅读。成像的过程建基于记忆里储存的感知回忆，那是为语词和思想无穷的重组而按需提供的感知回忆。这个感知回忆重组的过程就是意识的过程。

在书面文化偏向的影响下，自然本身成了一本书。这个隐喻宰制着中世纪的思维，至今仍然是许多现代社会不曾置疑的假设。在书面文化的心境中，唯独脑子里才有意识，外部现实和内部意识的区分是清楚的。科学家努力穷尽定义——对物质、有形世界的方方面面进行定义，简洁、恰当、一致同意的定义。于是，外部现实和内部意识的区分就更加清楚了。

五、共同感知

麦克卢汉写道：“‘把握’（grasp）或‘领悟’（apprehension）

指向借助一物求得他物的过程，即使用多种感官去感知许多方面的过程。显然，‘接触’并不只是肌肤的感觉，而是几种感官的相互作用；‘保持接触’或‘与人接触’，是多种感官有效交汇的问题，是视觉转换成听觉，听觉又转换成动觉、味觉和嗅觉的问题。千百年来，‘共同感知’（common sense）被认为是人的独特能力，是将一种感知经验转换成各种感知的能力，是将感知的结果不断以统一的表象展现给人脑的能力。实际上，各种感知比率统一的表象长期被认为是我们理性的标志；在电脑时代，它也许又会轻易成为我们理性的标志。这是因为我们现在有可能给人的各种感知编制程序，使之接近于人的意识。”[1]

文艺复兴非常快速地发展了人文主义传统，同时，后期的拉丁哲学和中世纪哲学所阐释的常识和印刷词画上了等号。实际上，文本提供意义，并提供读者共同的“感知”。字母表化把我们的一切感知经验简约为单线的意义，与此相似，如今的数字化把我们的一切有机体经验和心灵经验简约为编码的单线序列。传统图书和今天的赛博媒介有一个关键的区别：赛博媒介使人类心灵和感知领域之外的共同代码还原为内在的意识。

六、消逝中的意识边界线

今天，我们能向体外投射感知的互动，这是意识投向头脑封闭

〔1〕 Marshall McLuhan, *Understanding Media: The Extensions of Man* [1964], Cambridge (Mass.), London, 1995.

世界之外的需要，因此，我们用得很顺手的主客观分野不再完全可靠：这条分界线即使没有被完全消除，也模糊不清了。

比如，通过分界线问题的切入点，即我们与心理屏幕和技术屏幕的关系，我们能发现一个深入媒介化信息处理迷宫的指引模型。毋庸赘言，图书的形象和语义演出的“屏幕”是在书的内部。实际上，图书的“屏幕”更像是一个永久性舞台，而不像一块平坦的屏幕，它表现了字母表文化与戏剧的密切关系。希腊人的戏剧发明只不过是感知输入整合的标准化模型，那是在阅读过程中来自于自我的感知输入。

至于电视，一长串令人惊叹的信息处理策略是极端精致的产物，电视屏幕既位于人体之外，又充满感知信息。然而，从信息处理的视角看，电视是一种不完全的技术。它从外向里狂注形象，全然不受我们个人回应的影响。许多批评家指出，电视是单向媒介。它提供“包装”的现实，别无其他。即便如此，电视高强度的感知内容使之极其诱人，所以它为日后的意识外泄提供了必要的一步。电视还蹂躏了个人想象力的边界。

再说计算机，它允许我们对着屏幕“回话”（talk back），带来了意识外泄的第二个要素。“回话”需要这样那样形式的界面。因此，改进计算机的大量工作聚焦于改进界面，并使之对用户友好，这就可以理解了。与此同时，界面成了信息处理的优先焦点；正是在这里，内外边界模糊起来。今天，认知心理学家挥之不去的大问题是，使用计算机时，我们究竟是主人呢，奴仆呢，抑或是亦主亦奴呢？计算机编程的常规是只关乎一台机器的纯粹外在的事件吗？它们是否强加一套严格的操作协议，把我们变成计算机程序纯粹的延伸呢？这个令人烦恼的问题只有一个可能的答案，那就是承认：

计算机生成了以一种中级阶段的认知、一座连续互动的桥梁、一个用于外部世界和内在自我交换信息的胼胝体。意识过程这一中级阶段的发展已得到证实，既表现在我们个人与计算机的关系中，也表现在网络环境里计算机的社会活力中。计算机和电视的快速协同在营销术和选举民调中实现了；甚至在证券交易所，机器也在为股民做出重大的人生决策；由于计算机和电视的协同作用，我们个人的投票能力或思维能力只剩下最低限度的作用了。

七、穿透屏幕去寻求客观的集体意识

计算机和电视的联姻再一次改变了人类认知的背景。为了充分理解人工形象、视频图像和实时音频加工林林总总的可能性，我们必须立即着手考虑人工智能，跳过虽必要却寡味的信息图形、交互式视频、计算机辅助设计、桌面视频等步骤，以及其他比较缓慢、费力气的交互式技术。有了人工智能，我们不仅能对着屏幕“回话”，而且能相当自如地“进入”屏幕，像预言式电影《电子世界争霸战》（TRON）那样，一个程序员进入他自己设计的程序漫游。此外，人工智能机器延伸并注入我们的感知输入（触觉、视觉和听觉），重建人工意识，这是名副其实地位于我们身心之外的人工意识。再者，人工意识能被分享，分享使人工智能具有传统客观现实的主要特征。杰伦·拉尼尔（Jaron Lanier）说得对，他发明的“现实构建二号”（RB-2）是人类历史上第一个人造的世界。在此，人们可以体验一种主体性形式，它仿佛是客观的，不是梦。

如今，我们可以更充分地理解人类经验数字化的目的论了。它似乎就是引进第三级意识的目的之一，只要戴上目视镜和数据手套，任何人都能体验到这样的意识。同时，我们还能追溯人类心灵漫长而复杂的历程：我们如何从部落意识走向通过阅读获得的自我，再从个人的领域进入社会的领域，并不会失去个人源头的方向感。显然，麦克卢汉早就完全意识到这样的可能性，他远远走在科幻小说家的前头。他写道："既然已经将我们的中枢神经系统延伸进或转化为电磁技术，那么，将我们的意识迁移到电脑世界里去，只不过是再走一步而已。到了那个时候，我们至少可以按这样的方式来编制意识的程序：它要确保编制的意识不再被娱乐界的那喀索斯幻觉弄麻木，要确保意识不受这种幻觉干扰。人和自己延伸出的东西遭遇时，一向受到这种幻觉的困扰。城市的功能是重新塑造人，把人改变成比他的游牧祖先更适宜生活的状态。如果是这样，难道不可以说：当前整个生活转换成信息的精神形态时，全球和人类大家庭都要被转换成统一的意识吗？"[1]

八、仿生人

技术的决定性展开"将我们的意识迁移到电脑世界里去"，这就必然认定：界面会逐渐消除，人工智能的传感器直接与我们有机体的感知输入 / 输出连接。从技术上看，单靠思维指令的机器驱动的操作已然是可以想象的，而且几乎是可行的了。眼睛和语音指令界

---

〔1〕 Marshall McLuhan, *Understanding Media: The Extensions of Man* [1964], Cambridge (Mass.), London, 1995.

面、最接近思维的模仿早已超越了设计图阶段。界面消逝可预见的结果之一是赋予有关“仿生人”（bionic man）思考实质的内容。只有在消除了人与机器最后的边界以后，人与机器真正的仿生关系才能被确立下来。这未必可取，但未来的前景并不能模糊一个事实：我们一直在进入与我们的机器和发明的决定性的关系中。没有什么“自然人”（natural man），从来就没有。话虽如此，当我们不得不适应自己的发明时，我们往往采用一种标准的策略：以畏缩的姿态退入以前的形象。我们目睹仿生技术无情地接管我们的身心，即便如此，我们还是远远不能达到仿生心理学对我们的要求。我们仍然紧抓文艺复兴人的形象不放，但这个形象即使并非不相关，至少是已经过时了；它受到透视观点的羁绊，那是封闭的个人意识的观点。麦克卢汉取笑说，在广播电视平庸的电子环境跟前，用独眼龙式的观点看问题，就等于是挥舞双臂去阻挡海潮。

今天的人必须要在心理上成长，以匹配技术发展那种宏阔的成就。如果我们在天王星卫星米兰达的山谷中漫步，即使那是虚拟现实，我们也必然会开始认识到，我们的个人意识和集体意识都达到了太阳系的比例。凭借我们的技术探索，我们还必须在自我私密的心灵里整合宇宙的奥秘。我们的探测和回收系统大大拓展了我们个人的视野，但我们常态范围的局限还是被炸裂，再也不能恢复到以前的形态了。我们再也不能假装，“极目所至的世界”是我们身份和选择的唯一参照点。

我们的人体 / 形象不能安稳地待在肌肤包装下的小得可怜的人的实体中，仿佛这一实体身心不属于和它研究接触的更大的人类的领域。我们身披全人类，不久，这一说法将不只是一种意见，更将成为必需，因为我们需要松弛自我的驱力，以便认识到，我们协同一致就能成功，否则就会一事无成。一个办法是放弃过时的“观察点”（point-of-view），这是有欠缺的生存策略，用“存在点”（point-of-being）的感觉取而代之。问题是：我们个人安放在哪里合适？在意识突然扩张、相关的内爆全都紧缩为“一”的情况下，我们如何安身立命？观察点是触觉经验，它很适应电子感受力。在我们的语音、形象、触觉和指令操作即时分布并传遍全球时，观察点是触觉的经验，还使我们能追踪自己的轨迹。我现在的观察点不像我过去的观察点，绝不会远离现实，它是我分享世界的切入点。

从个人意识坐标的观点看，除了短暂和不准确的波状起伏的甘苦感觉外，我们不能用其他方式去认识、感觉或体验我们身心分子水平上林林总总的事情和交流。由于赛博媒介在全球仿生体里的快速整合，今天发生的同样是复杂程度难以想象的事情和互动的增生，但差别很大：每一次技术事件都是我们有意识工作的产物，或多或少都接受我们有意识的评估，包括个人意识和集体意识的评估。这些新情况把世界和谐的担子搁在我们每个人肩上。通过广播电视，分享席卷全球的信息检索的大潮成为可能了。分享全球情感已成为人们的向往，分享有关海湾危机的情感或第三世界苦难的情感都令人满意了。集体意识涌入地球的仿生网络中，有涨有落，我们要始终分享和担责。为此目的，正如麦克卢汉强烈敦促的那样，我们每个人都要培养艺术家那样的感知力：“所谓艺术家在各行各业里都有。无论是科学领域还是人文领域，凡是能把握自己行为的含义，凡是能把握当代新知识含义的人，都是艺术家。艺术家是具有整体意识的人。”[1]

---

〔1〕 Marshall McLuhan, *Understanding Media: The Extensions of Man* [1964], Cambridge (Mass.), London, 1995.

最后，我要感谢我的助手斯特凡诺·卡尔扎蒂（Stefano Calzati）。他的帮助很出色。他对本书原版的批注切中肯綮。我们一道策划如何增订这个第二版。正如他在本书“导言”里所言，我们增订的主要理念是，更新内容，使之跟上本书问世以来三十年间波澜壮阔的技术发展；不仅如此，我们竭尽所能增强本书对中国读者的针对性。在这个方面，他在香港一年的博士后经历，以及他对中西旅游的比较研究，使我们获益匪浅。增订的决策是，第一版的格局维持不变，但为突出今昔对比，拟用粗体字凸显能激发今昔对比的文字（作者拟用粗体排印的文字过多，反而使重点不突出，我们建议改用一般的格式排印——译者）。他的批注用斜体字，我本人增写的文字置于每一章末尾，标明为“2019 年”。偶尔之间，我增写的内容也插入原版的文字，用脚注标出。最后，我要感谢我的同事和朋友罗伯特·洛根（Robert K. Logan）教授，正是他的牵线搭桥，让我们和中国大百科全书出版社与译者何道宽先生建立联系。出版我这本有三十年历史的旧书，我感到不胜荣幸。

德里克·德克霍夫

2019 年 6 月 9 日

译者前言

媒介环境学三代人的对话

一、何谓“肌肤”？

《文化的肌肤》反复引用麦克卢汉的一个隐喻：文化肌肤。容我先借用德克霍夫教授和斯特凡诺·卡尔扎蒂博士对这个比方的引申，撷取几例，然后加上我自己的理解，借以说明本书的主题。

德克霍夫写道：

（1）“在电力时代，我们身披全人类，人类就是我们的肌肤。”这就是说，通过电力技术，我们每个人都与其他所有人接触，无论我们是否想要接触。

（2）马歇尔·麦克卢汉建议，“把全人类作为我们自己的肌肤穿戴”。不久，这可能就不再是一种选择，而是生态心理的一种必然了。

（3）马歇尔·麦克卢汉有一句很美好但常被人遗忘的警语：“在电力时代，我们身披全人类，人类就是我们的肌肤。”这就是从观察点转向存在点的社会结果。

（4）人类正在第二次改变自己的肌肤，以吸收电子技术的成果；电子技术已经成为全球产业，正在渗透一切……正如麦克卢汉所言，自从“伴侣号”卫星 1957 年 10 月绕地球飞行以来，我们的地球变成了技术的内容、艺术的材料，因而成了一个可编程的系统。

（5）麦克卢汉说：“在电力时代，我们身披全人类，人类就是我们的肌肤。”这句话很精彩。肌肤作为交流工具并非保护工具，完全讲得通。

卡尔扎蒂批注说：

（1）每一章破题时，德克霍夫教授都直指问题的核心，以多重闪光的洞见起步。实际上，这样的洞见构成全书的思想气质，构成他反思人与技术（和技术与人）关系时思想上身披的肌肤。

（2）当德克霍夫教授提出为中国大百科全书出版社提供新一版的《文化的肌肤》时，我就觉得，我们的讨论完成了一个周期，可以白纸黑字落地了。而且，我的博士论文聚焦于中外学者书写的中国旅行，我还在中国香港城市大学做过一年的博士后，研究的重心是社交媒体上自述式和自呈式（self-representation）的书写习惯，所以我信心满满地说，我可以为本书的修订做出有价值的贡献。

（3）创生于 1989 年的《文化的肌肤》富有深远的视野，预见到以后三十年社会政治层面上的发展，预见到“万网之网”的互联网地位的巩固。换言之，德克霍夫教授三十年前《文化的肌肤》中大量的反思在今天仍然适用。

我作为译者的理解是：

麦克卢汉笔下的肌肤寓指人类创造的技术和文化。以麦克卢汉为代表的媒介环境学派最重要最基本的思想是：泛媒介论。要言之，人类创造的一切都是技术（最早的技术就有口语），一切技术都生成一种环境，宛若人的肌肤，成为人与世界的中介即媒介。质言之，在媒介环境学者笔下，技术、环境、媒介、文化几乎就是等值词。兹引麦克卢汉的两句话予以证明：麦克卢汉说，“一切技术都是媒介，一切媒介都是我们自己的外化和延伸”〔1〕。他又说：“每一种技术都创造一种环境。”〔2〕

二、题解

本书英文名 *The New Skin of Culture*，殊难理解。中译本第一版用心良苦，加了一个副标题，以便使书名通俗易懂：《文化肌肤：真实社会的电子克隆》（河北大学出版社，1998），收入“计算机文化译丛”。这个译名容易读懂，却有两点不足：“克隆”用词不妥，此其一；“计算机文化”难以涵盖该书驳杂的内容，此其二。

受中译本第一版启发，我建议作者加上一个副标题：*A Half-century technological and Cultural Changes*，德克霍夫欣然接受，第二版因此而得名：《文化的肌肤：半个世纪的技术变革和文化变迁》。如此，中译本第二版就一目了然、通俗易懂了。我建议的用意是：

（1）媒介环境学派的媒介理论是泛媒介论，技术史、媒介史、

---

〔1〕《媒介环境学：思想沿革与多维视野》，［美］林文刚编，何道宽译，北京：北京大学出版社，2007，第197页。

〔2〕《麦克卢汉精粹》，［加］埃里克·麦克卢汉、［加］弗兰克·秦格龙编，何道宽译，南京：南京大学出版社，2001，第409页。

传播史、文化史关系紧密、多有交叠，从技术变革和文化变迁去考察半个世纪的社会史，纲举目张。

（2）该书涉猎人类数千年的技术史和文化史，但重点仅限于20世纪中叶迄今的技术文化变革，副标题意在点明这个时间段。

（3）该书是大跨度的跨学科著作，并不囿于广播电视文化和计算机文化，涵盖了技术和文化的各个方面，且具有未来学的前瞻眼光，涉足最新的人工智能、虚拟空间、神经网络、共生自主系统、数字技术、数字孪生体、心理技术、技术心理、3D打印、赛博人、赛博设计。所以，我将其视野拓宽到技术和文化的整个范围。

三、纵横驰骋，目光前瞻

德克霍夫教授横跨文理，得麦克卢汉真传，是当代成就卓著的媒介环境学派代表人物之一。他初任多伦多大学法语教授，继任“麦克卢汉研究所”第二任所长（1983-2008）。除媒介理论和传播学外，他的研究横跨技术心理学、心理技术学、神经文化、艺术与传播、教育软件等领域。2007年他从多伦多大学退休后，转意大利几所高校执教，继续从事教学和研究工作。著作十余种，其中一些已被译成十余种语言，要者有《文化的肌肤：半个世纪的技术变革和文化变迁》《麦克卢汉经理人手册：新思维的新工具》《大脑的结构：技术，心灵与商务》《字母与大脑：写作的偏侧化》等。

德克霍夫穿透历史，洞悉语言的滥觞和文字的起源，比较东西方语言和文字，和麦克卢汉、罗伯特·洛根、沃尔特·翁多有唱和。

他前瞻未来，被誉为“媒体预言家”。

四、三代人的精彩对话

《文化的肌肤》是麦克卢汉、德克霍夫和卡尔扎蒂的对话，或当面，或隔空，或虚拟，描绘着三代学人尤其是传播学媒介环境学学者的思想轨迹和学术传承。

麦克卢汉是20世纪伟大的媒介理论家、21世纪人的朋友、德克霍夫的精神导师；德克霍夫是麦克卢汉思想圈子的核心人物、麦克卢汉的嫡系传人；卡尔扎蒂是德克霍夫的助手和同事。

《文化的肌肤》征引麦克卢汉的语录十余条，提及麦克卢汉的理论数十处，随处可见麦克卢汉的思想痕迹。对德克霍夫而言，麦克卢汉不是恩师、胜似恩师。他在“序”里透露的一则轶事胜过感恩的千言万语：

1968年，我正在撰写《论18世纪法国悲剧衰落》的博士论文，写了15页，卡住了，就是翻不过那道坎，眼看六年的读博历程可能受挫。于是，我和麦克卢汉谈及了这一困境，5分钟以后，情况为之逆转。他说：“我看到你的问题所在，你把悲剧视为艺术形式了。”我说：“不是艺术形式，还会是什么呢？”他回答说：“悲剧是希腊人发明的策略，用来克服希腊字母表激起的深刻的社会危机，可称之为身份的探寻。”四个月以后，我440页的博士论文顺利完成了。

2018年起，德克霍夫在米兰技术大学执教，传授“传播人类学”，卡尔扎蒂博士担任其助手。是年，德克霍夫应邀为中国读者撰写《文化的肌肤》第二版，他邀请卡尔扎蒂参与对话。卡尔扎蒂深情投入，贡献良多。在一定意义上，卡尔扎蒂是第二版的第二位作者，但他只同意以批注者身份露面，不分享版权。他学养深厚，视野广阔，批注切中肯綮、非常生动。

卡尔扎蒂为这个中译本撰写的“导言”给人启迪、穿透力强。兹摘引如下：

> ……一方面，我们在两人代沟的基础上发挥，从两个互补的视角看今天的技术－社会；另一方面，我们增添了对中国及其语言文化的思考，填补了第一版不足之处。由此而产生的结果既是德克霍夫教授和我的对话，也是西方和中国的对话。……我的贡献是给德克霍夫教授加上第二种声音：首先是因为我的数字“原住民”身份，从一开始……其次是我的年轻学者身份，我有志于研究数字技术对中国文化的影响，研究数字技术如何最终受制于语境再用的过程。在这一场跨代、跨文化的对话中，中国读者站位独特，他们不仅仅是积极的读者。希望在我们思想的刺激下，他们不仅仅扮演积极的角色，而且在诠释三角里扮演第三方的角色：既超越本书字面的空间，也超越本书出版以后的时间。

何道宽

于深圳大学文化产业研究院

深圳大学传媒与文化发展研究中心

2019 年 6 月 27 日

导　言

给《文化的肌肤》披上三件衣衫：对话、方法与桥梁

我首次遇上的《文化的肌肤》是它的意大利译本*La pelle della cultura*。彼时，我正在博洛尼亚大学修读传播心理学本科课程，《文化的肌肤》是老师指定的必读书。实际上，老师发的读物仅仅是该书第二章"字母表程序"。但由于我是本地报纸的记者，不能每堂课参加，所以老师要求我阅读全书。如今我毫无保留地说，这本书使我在思想上得福。自首次邂逅以来，我就认为，它以丰硕的内容、多重的视角审视技术与文化，宛若焰火飞向空中，绽放出五颜六色的火花。每一章破题时，德克霍夫教授都直指问题的核心，以多重闪光的洞见起步。实际上，这样的洞见构成全书的思想气质，构成他反思人与技术（和技术与人）关系时在思想上所披的肌肤。十五年以后重读这本书，我的第一印象进一步得到强化：它的文字极其活跃灵动，至今激励读者的批判性思维和新的思想。

第一次见到德克霍夫教授是在米兰技术大学秋季开学时。我受

命担任他的“传播人类学”课程的助手。在这个学期的合作过程中，共同的兴趣使我们走向对当下技术社会问题的热烈讨论：透明性、数据统治（datacracy）、伦理 2.0 版、新媒介素养，以及日益增强的响应性技术（responsive technologies）所产生的现实的虚拟化和自我的外化（externalization of the Self）。当德克霍夫教授提出为中国大百科全书出版社提供新一版的《文化的肌肤》时，我就觉得，我们的讨论完成了一个周期，可以白纸黑字落地了。而且，我的博士论文聚焦于中外学者书写的中国旅行，我还在中国香港城市大学做过一年的博士后，研究的重心是社交媒体上自述式和自呈式（self-representation）的书写习惯，所以我信心满满地说，我可以为本书的修订做出有价值的贡献。

关于本书的组织布局，德克霍夫教授的“作者前言”业已指出，一开始我们就决定，不仅要让中国读者得到一本“译作”，而且要给其文本投射一层新的眼光。更准确地说，一方面，我们在两人代沟的基础上发挥，从两个互补的视角看今天的技术－社会；另一方面，我们增添了对中国及其语言文化的思考，填补了第一版不足之处。由此而产生的结果既是德克霍夫教授和我的对话，也是西方和中国的对话。换言之，本书反复解析和探索今日世界的地缘政治和文化结构，然后又将其重组，置于今天“全球－地方”（glocal）的现实格局中，在此，人与技术紧密地联系在一起，宏观、中观、微观上都密不可分。在这些方面，我的贡献是给德克霍夫教授加上第二种声音：首先是因为我的数字“原住民”身份，从一开始，我研究技术的进路就借道屏幕的第三空间（third space of the screen）；其次是我的年轻学者身份，我有志于研究数字技术对中国文化的影响，研究数字技术如何最终受制于语境再用（contextual re-appropriation）的过程。在这一场跨代、跨文化的对话中，中国读者站位独特，他们不仅仅是积极的读者。希望在我们思想的刺激下，他们不仅仅扮演积极的角色，而且在诠释三角（hermeneutical triangulation）里扮演第三方的角色：既超越本书字面的空间，也超越本书出版以后的时间。

“旧”版内容丰富，其视角多重，却不损害整篇话语的黏合力，它所论的自我技术化和社会技术化是一个整体。如果是这样，“新”版则是一个多层次的文本，为上述诠释三角提供基础。所以我们说，这本书不仅是新版，而且提出了一个非同一般的分析方法，从知识考古的视角看，媒介本身是麦克卢汉“媒介即讯息”隽语的反转妙用：媒介含有生产讯息的痕迹。

本书旨在建构一场对话和一种方法，再进一步，它可谓假设了一座通向未来的桥梁。毕竟，其批判性讨论之所以达成，那是由于成书于1989年的《文化的肌肤》富有深远的视野，预见到以后三十年社会政治层面上的发展，预见到“万网之网”的互联网地位的巩固。换言之，德克霍夫教授三十年前在《文化的肌肤》中大量的反思在今天仍然适用，因为它们仍然是我们可以依靠的弥足珍贵的方法，我们借此理解今天地球村里许多内嵌的张力。我们两人的目标和希望是，我们展现的对话和方法同时又是《文化的肌肤》思想的更新版，还是它们的再一次推进。关于人工智能和共生自主系统（Symbiotic Autonomous Systems）形式的出现，我们的对话和方法尤其用力。在人们的日常生活中，人工智能和共生自主系统的重要性日益增长。至于“人们”（people）这个概念如何在生物、技术和语境的意义上受影响，这个问题尚待观察。当然，唯有读者能评判我们架设的这座桥有多长、有多坚实。同时，这座桥又可以被视为跨越时空疆界的工程，是理解社会技术演化的工具。

斯特凡诺·卡尔扎蒂

第一章　技术心理：电力技术的影响

1971 年初，我在多伦多大学的文化与技术研究所第一次看见传真机。时任所长的马歇尔·麦克卢汉要我看这种新发明的玩意，并邀我在场担任翻译。他正在等法国文化部部长安德烈·马尔罗尼（André Malraux）的传真，马尔罗尼是著名小说家，麦克卢汉希望我帮助他用法语回信。他想用跨洋通话的形式测试这台传真机。马尔罗尼的助手发来部长的致意信，我们当然用法语回信。我记得当时我并没有因为马尔罗尼未露面而感到失望，因为我完全被这台非凡的机器吸引住了。它似乎在亲吻电话机，正在对电话机耳语一封书信。

第一节　技术时滞

几年以后，萨尔瓦多·戴利（Salvador Dali）也用上了传真机。他应邀在“凯尔特人意识”（Celtic Consciousness）研讨会上做主旨讲演，但因不能与会，从纽约给主办方发来一帧素描，表示歉意。目睹戴利的传真，想一想这位著名画家的签名，禁不住要羡慕用得起这种技术设备的人。令我感到奇怪的是，几年过去了，却没有人谈论传真机，连麦克卢汉周围也无人议论。十年间，我看见过的最接近传真机的设备是一台旧式的电传打字机，那是 1982 年一位朋友借给我用几天的设备，得克萨斯仪表公司的产品。

然而，到 1985 年，如果你没有传真机，或者还没有用过传真机，显然你就完全脱离现实了。其间发生了什么事情？为什么花了这么长时间人们才意识到，生活离不开传真机呢？一种类似的滞后效应推迟了电话应答系统。20 世纪 60 年代中期，电话应答系统已面世，而且生产商的营销也咄咄逼人，却难免滞销，到 20 世纪 70 年代后期才突然畅销。电视这一技术也遭遇同样的命运。早在 1928 年，电视就已问世，此后的应用却滞后，到了第二次世界大战以后，电视才从尘封的状态中走出来。当前，同样的滞后效应正在推迟视频会议的应用，但它终将在市场上爆发性增长，就像昔日的传真机一样。[1]

> 卡尔扎蒂批注
>
> 如今，视频会议很普遍，不过，其方式更大程度上是点对

〔1〕 C. 约瑟夫（C. Joseph）早前对滞后效应做过解释：“增长所需的时间通常比预测的时间长。虽然世界的变化速度前所未有，检视过去的革新就可以说明，商业革新成功仍然花费很长时间。比如，半导体收音机 40 年前就在贝尔实验室发明了，过了 10 年它才被用于计算机，几十年后它才进入消费品行列。又比如，微波炉花了 10 年才获得商业上的成功。长时段框架也可以用来说明产品在市场上淡出的时间。对 20 世纪 20 年代顶尖的 25 个品牌的研究表明，23 种品牌在厂家的产品目录中仍然高居榜首。”《过往失误的教训》（Lessons from Past Errors），载《未来学》杂志（*Futures*, November 1990: 988-89）。

点的，比预期的方式零散。实际上，使视频会议普及的是数字技术和社交网络，尤其是与之搭档的移动设备。这方面的介绍不在本书范围之内，但视频会议的普及和手机的普及是相互关联的。分析两者的关系的确能给我们的讨论注入新的洞见。

当然任何事情总是有一个技术的或基本的解释。20 世纪 70 年代初传真机遭遇到技术时滞（tech-lag），那是因为国际电话系统尚未准备好承揽另一种载荷。此间，日本人加紧研发传真技术，寻求办法改善其传播不灵便的日本文字系统，他们有这样的既得利益。他们降低传真技术对载体的要求，降低传真机的价格。但这只是故事的一半。故事的另一半是，即使世界上最优秀而有用的技术也不能把自己强加给没有准备好的公众。原因是，我们的集体心理中还没有它的容身之地，至少现在还没有它的一席之地。〔1〕

〔1〕 我脑子里浮现出来当前一个典型例子：微软推出的平板电脑比苹果早几年，但没有畅销。一种可能的解释是，集体心理不仅能被准备，而且能被点燃。苹果和微软的市场操作相反，它营造期待，然后用精心设计的品牌产品满足期待。另一个比较新近的例子是我个人的经验。我用第一部 5.5 英寸的智能手机时，人们嘲笑我用这刺眼、笨重的玩意。现在，这些人看见保守人士用标准大小的手机时，禁不住要斜视了。

第二节 技术迷信

当消费技术最终被引入我们的生活时，可能会在使用者身上产生拜物教似的狂热，麦克卢汉将其称为“那喀索斯[1]的麻木”。实际上，我们需要我们个人拥有的机器被赋予的力量要远远超过我们使用它们的功能，无论它是一辆汽车还是一台计算机。虽然很少有人认真考虑练习赛车，更不会考虑参加比赛，但我们想要驾驶丰田汽车狂飙，车速两倍。业余摄影师也许不会考虑把想要的商品全部搬回家，但他情愿被摄影器材压弯腰，即使登山时也要带上最新的相机，比如尼康或美能达。从爱上计算机那一刻起，我们的孩子就染上一种速度瘾，如果他们喜欢的节目超过一纳秒才登场，他们就嚎叫跺脚了。

卡尔扎蒂批注

麦克卢汉所谓的“那喀索斯的麻木”是一个很有趣的符号，适用于今天的情况。当它与镜像参数结合在一起时，尤其

[1] 那喀索斯（Narcissus），河神刻菲索司与利俄佩之子，美少年。回声女郎厄科（Echo）爱上他，但是他只爱自己在水中的倒影，不爱任何女人，致使回声女郎憔悴而死。他自己亦憔悴而死，死后成为水仙花。

有趣。一种技术越像是社会转折点的标志时，人们对它寄予的期望就越多（这似乎是麦克卢汉的意思）。与此同时，它使人失能的趋势就越明显，人就越依赖它；技术引进的革新很极端，常不能一望而知（仿佛对社会施了符咒，苹果发布 iPod 和 iPhone 时，人们就着魔了）。

其他文化观察家可能会提出市场营销的影响力，但麦克卢汉却在这种现象中洞悉了一个纯粹的心理模式，他认为这样的麻木是玩具的力量。我则认为，这证明我们正在成为赛博人（cyborg）[1]；每一种技术都延伸我们的一种官能，超越我们的身体局限，都激励我们去获取身体的最佳延伸。我们购置家用录像系统时，想让它执行一切可能的编辑功能，并不是因为我们会用上它们，而是因为我们觉得，如果没有这些功能，我们会感到残缺和不足。

这大概是一种健康的态度，而不是病症。实际上它暗示，我们完全能够把技术设备整合进我们的身体中，而且肯定能整合进我们的身体中。这样的能力为一种新心理的发展铺平道路，它能使我们为应对未来的世界做更好的准备。当前，我们的反应太谨慎，太缓慢。有些人会把 19 世纪乡巴佬的心理带进 21 世纪。我们的政治制度和教育制度远远落后于技术和市场营销，这样的制度效仿的标准足以经营商业实体，却难以应对这个世界变化中的问题和价值观。

---

〔1〕然而，由于上述原因，强调这种“成为赛博人”的状态，既是使人失能的力量，也是给人赋能的力量，是同样重要的。我们面对的是一种生物－技术转移的典范。

卡尔扎蒂批注

数字技术到来后，技术和教育及心理新视野之间的鸿沟扩大了。同时，我们能行动的时间范围也收窄了，换言之，我们的干预必须跟上日益加速的技术－生物生态体系。这就是为什么我们必须要进行及时的反思，目的是界定核心的教育问题，以便为长远的解决方案奠定基础。

第三节　技术心理学

我们不会错过我们不知道的东西，这是老生常谈。广告生成原本不存在的需求，这也不言自明。这种平庸的言论是基于不加考问的假设：所有的男男女女不仅生而平等，而且一旦出生，永远不变，一劳永逸，人人如此。但这和生活的事实相距十万八千里。我们发明创造和重造，永远处在这样的过程中。人类在基线上普遍一致的神话，只不过是 18 世纪哲学家想当然的产物。

我们的心理现实不是“天然的”东西。一定程度上，它取决于环境对我们的影响，包括我们的技术延伸对我们的影响。心理学既是生活常识，又是科学，理解心理学的一个方式就是主张，其目的是为我们的生活提供一种全面和自我更新的诠释，因为我们的生活受到不断变化的文化基础的影响。

卡尔扎蒂批注

不过，鉴于增强版的人和共生自主系统（Symbiotic Autonomous Systems）日益呈现在我们的技术社会里，这一目的就需要更新，以便能解释生物变化和社会文化变革，借以获得某种整合技术、文化和生物变革的“贯通式心理学”（transhuman psychology）。

因此，在诸多规制功能中，心理学的作用可能是解释和整合技术对我们的影响。我们的人格心理的功能之一是，当重大的文化和技术断裂发生时，我们营造一种连续性的幻觉，从而放慢技术回馈影响神经系统的步伐。

如果我们没有个人稳定的环境，我们就永久处在休克症中，不得不对付新技术造成的文化创伤。我们就会像耶日·科辛斯基（Jerzy Kosinski）小说《富贵逼人来》（*Being There*）的主人公钱西·加德纳（Chancy Gardiner）那样。他整个成人期都端坐在电视机前，平生第一次走到街上时，发觉自己沮丧至极，由于难以名状的原因，他的遥控器失灵了。

技术心理学（Techno-psychology）研究人们在技术影响下的心理状态。鉴于技术延伸我们的心理功能，技术心理学就更加重要了。技术心理学是研究心理技术活动的领域，我们提出技术心理学，以引起文化研究者和心理研究者的注意。

第四节　心理技术

我仿照生物技术（biotechnology）的词形，新造一个术语“心理技术”（psychotechnology），用以界定效仿、延伸或放大我们心智的技术。以电视为例，一般认为，它是视听材料的单向管道，但是如果将其视为导入图像之源的眼睛和耳朵的延伸，那对心理学家就大有裨益。这样理解媒介时，电视节目是直播抑或是录播就无关紧要了。实际上，电话、收音机、电视、计算机和其他媒介结合在一起营造多种环境，构成信息处理的中间领域。这就是心理技术的领域。[1]从这个有利的位置看，电视成为映射于我们体外的集体想象，组合而成一种共同的、远程的电子民主。质言之，电视正是比

〔1〕 1969年，在面对全国的电视讲演中，稍后将被弹劾的理查德·尼克松总统发明了一个界定团结公众力量的术语“沉默的大多数”：“今天晚上，我请求你们，你们沉默的大多数、我的同胞给予我支持。”电视分布在互相竞争的电视网中，却能在一定程度上使人们的注意力集中在大致相通的内容上。今天，沉默的大多数已经让位于尖叫的少数；社交媒体假装把人们聚在一起，实际上把社会撕裂了。社会也已过时，碎片化的社群已取代社会。[美国公民瑞吉娜·利纳（Regina Rina）在加拿大卓越中心（Canadian Centre for Excellence）的研究表明，敌对的内容、抓眼球的假新闻的病毒式传播比温和、公平的评论快得多、广得多。麦克卢汉常拿广告开玩笑：“需要大量的坏消息，才能推销好消息。”其意思是，正面倾向的新闻没有市场。今天激烈的民粹运动很大程度上是由愤怒驱动的，无论这愤怒有无道理，人们感觉被体制出卖了。一切数字材料的绝对邻接性和即刻关系开启了泄洪的闸门，使真假信息的披露汹涌而出，使政府倒台、制度瓦解。]

尔·莫耶斯（Bill Moyers）所谓的“公众头脑”[1]。

电子媒介是即时统一的领域。营销分析和电子民调编排我们集体的电子情绪。通过广播电视，海湾危机那样的事件吸引了全世界的注意力，通常排除了任何局部的关切。战争期间，虽然电视有几次绕开了军法官的审查，但我们的舆论既受到军事战线的控制，也受到媒体前线的控制。这是作战期间集体的技术－文化道德。

卡尔扎蒂批注

我们可以说，今天在互联网上也发生这样的控制：通信的加速达到一个崩溃点，几个小时之内，新闻和事件就达到相关/不相关的一个拐点。仿佛是，集体道德的外壳试图强化，却常常被新的事件瓦解。

在卫星的注视之下，巨型贸易集团在大陆边界内形成。这样的集团拓展了我们个人、地区、民族甚至语言的疆界。心理技术的延伸使我们的人格心理全球化，为此，经济的全球化也许是必要的——这甚至是一个联绵的隐喻。这里有一个很有趣的问题：个人如何与这样的情景建立联系呢？

---

[1] 1989年，全国广播公司（NBC）播出了比尔·莫耶斯四集系列节目“电视：公众头脑”（Television, the Public Mind）。

第五节　电视使人的想象在头脑外发生

电视的“观点”是向外的，它用电子波束直视你的眼睛，电视是非常典型的公共观点。它邀请人们在头脑外生成意义，换言之，它完全是从外到里构建公众话语。西方世界曾经被图书这种媒介单独宰制，彼时，我们的心理经验分为“内”“外”两部分。其外部领域是公共、集体、稳定、可靠和客观的，其外部经验被法律、教育和科学制度化；其内部领域始终是私密的、个人的和主观的。

然而，直播媒介，比如广播和电视，使外部信息处理加速，开始模糊了私密和公共的区别。如果说阅读印刷品是真正的私密经验，听广播、看电视或上互联网就不是私密经验了。

电视提供外在于身心的“心理”现实。看电视时，你脑子不游荡；如果你不手握遥控器，屏幕上的形象就取代你的形象。你分享的集体想象和集体思维是电视向你提供的。电视上的形象不是来自于个人经验，而是来自于专业制作团队的产品，这些电视节目深受民意调查与市场调查的影响。民调处理的不是具体的情况，也不是个人的口味和选择，而是数字。因此，民意调查和倚重它的电视制品针对的是集体意识，而不是个人意识。

第六节　电视话语既非在此，亦非在彼

看电视时，我们必须要抽象出某种意义，哪怕是最低限度的意义。我们的任务是解读一连串的形象和声音，就像我们在生活中进行的解读一样：理解逐分逐秒正在发生的事情的意义。电视把外部世界带进家庭，提供的是一种近在眼前的社会话语。这一话语既不是全然公共的，也并非真正私密的；既不是坦诚虚构的，也不具备可靠的真实性。电视化的心理现实并不能被描绘为真正客观的现实。也许，我们尚不充分具备这样的觉悟。尽管承受着采纳外部心理模式的压力，我们还是依靠书籍成长，因此，我们还能维持文艺复兴时期形成的个人意识模式。

卡尔扎蒂批注

这样的观点如今更适用了：教师是按照耶稣会教育观念培养的，我们课堂上面对的学生是完全意义上的数字原住民，他们的心理框架回应截然不同于书面文化技能的心理视野。这就是为什么我们更需要新的教育范式，以弥合代沟，同时又使学生认识到传统书面文化（耶稣会教育观念的 2.0 版本）。

第七节　电视是我们共同的感知

我们有一个电视频道或五十个电视频道，那都无关紧要，一家电视台的内容通常会呼应另一家电视台的内容。风格除外，全世界的电视话语是相同的。电视也许不是地方心理的晴雨表，但它是全球心理的晴雨表。电视用共同的时间、空间和社会观念，赋予我们全球电子心理。电视为我们提供一个心理技术的道德封套。它从我们的道德意识里挑选话题，替代我们的一部分思维。新闻记者和广告人的大军帮助我们整理值得说和不值得说的话题。我们被编织进大众心理，大众心理为我们挑选问题，在交融的舆论中使我们结合起来，电视不会在公共道德上冒险。富有争议的问题冒出来，比如是否要考问甚至违抗政府决策时，北美和欧洲的电视台似乎都被赋予了一种自动的标准化和自审的系统。一个频道的新闻与另一家电视台报导的新闻常常是一模一样的。在海湾战争中，电视引领公共道德，成为其仲裁者，其效应是：美国、英国和加拿大支持战争的人数增加，从最初的 55% 增加到后期的 85%。

我们集体地寻求连续性、安全和平衡，天天如此。公共道德在电视上生成。被选中的问题用简单的叙事支撑，简单的叙事和每个人相关。我们开始获得集体心灵的感觉，不是观念，而是积极回应事件的过程。这些事情既不真实亦非虚构，既非公共亦非私密，它们兼有所有这些属性——所有的信息都在电视短暂的时刻里高度概括起来了。

电视屏幕上所有谈话的总和就是我们新型的共同电子感知。这是真正意义上的共同，因为它是公共媒体营造的。电视是自反性的感官，广播也有一定意义的自反性，广播电视以全民沉思的方式运行。实际上，一条新闻常常剪辑为20秒至40秒，正好相当于大多数人能为报导所涉及的问题付出的时间。

总体上考虑一个问题的所有新闻评论时，它们就可以被感知为真正的“全民思考”。这个模式就是被输入文化的模式和组织。在确定我们与集体现实的关系时，电视还是享尽殊荣的媒介。人们曾经说，绝不要相信印在书上的任何东西。现在，你首先在电视上看见你相信的东西。统计数字显示，电视今天被视为最重要、最可信、最“权威”的媒介。共同感知是稳定的民主环境里个人和社会之间的默契，这一点很值得考虑。

麦克卢汉率先确认，“电力信息系统是完全感官意义上的活生生的环境”。当我们共同感知不再寓于我们体内，而是寓于人体之外时，会出现什么情况呢？

第八节　电视和计算机的整合

电视不再孤单。我们与“客观”电视屏幕的消极关系结束了。计算机引入了整套全新的关系，即人和屏幕的界面。计算机对我们说话，并期待我们回答。再者，因为计算机强化并收紧了一切电子媒介的关系，所以集成的媒介在改变并拓展人类心理的基础。

计算机是使用者体内神经系统和体外信息处理系统的中介，是心理和技术的界面，正如电子游戏提供神经回应和电子回应的界面一样。这样的互动是密切的生物技术交换的例证。有机体和技术生成的电能是生物技术交换的基础。同时，电能又是把这个世界结成单一网络的媒介。如今，凭借数据处理和全球传送，身体、心灵和全球环境连接起来了。计算机化的真正目标是把人们体内经验的那种控制和监察关系延伸到电子环境中。

新电子媒介正在成为中介环境，通达我们私密心灵的私密现实，提供通达外部世界的桥梁。在我们个人想象力、专注力和行为的连续不断的延伸中，新电子媒介起到了社会斡旋的作用。在很大程度上，它们起到了第二心灵的作用。很快，这个第二心灵将被赋予的自主性可能会超过我们喜欢的程度。

第九节　计算机和心理技术

我们仍然倾向于把新闻和新闻报导视为经过处理的信息。刊载新闻的媒体被视为储存和发送信息的中性支持物，而不是信息处理器。这个观点源自于我们的书面文化心态：印刷品被视为典范的信息媒介。印刷品承载的信息业已完备，读者是信息处理者，是自由的主体。可是现在的机器为我们处理语词和信息，既然如此，我们就不得不用更冷峻的眼光来审视自己与媒介的关系，我们觉得自己是信息的自主消费者和生产者。

计算机和录像机之类的信息处理系统是我们主要心理属性的延伸。这样看，它们就可以被称为心理技术。心理技术包括现场录制的信息处理设备和网络，包括公共的和家用的设备，例如电话、收音机、电视、计算机和卫星。它们改变社会结构的关系，同时又重构或修正我们的心理特征，特别是那些取决于语言和人类有机体互动的心理特征，或倚重心灵与机器相互作用的特征。

在最简单的层次上，任何媒介都要求我们的身体对其工作方式做出回应。比如，为了看电视，我们就要坐在电视屏幕前。但是，我们还必须在心理上做出回应：我们使用记忆力和想象力的方式会有差异，这要看我们是在读书还是在听广播。在更深层次上我们看到，我们对主导媒介，比如书籍和电视的接触，可能会产生远超接触时间的第二位的影响，使我们养成这样的习惯：根据技术标准从社会和心理上做出回应，而不仅仅是根据心理标准做出回应。

第十节　电视和计算机的远程统治

民意调查已经证明新媒介的力量。电视扫描我们的头脑，计算机扫描社会机体，显示 X 光底片那样的骨架。在计算机的帮助下，借助即时检索网络和监控系统，电视节目的编排和我们的关系更紧密了。实际上，民意调查、收视率图表、市场调查，以及其他一切收视人的计量读数，都产生一种集体的均值和均值的心理，而其他广播公司的竞争使这样的均值进一步均质化。用民调得出电视与集体的关系后，整合的媒体就成为半途已成的意识，这是自我与世界、他们与我们、大脑与人生综合的调节。

电视和其他新闻媒体在计算机网络里结合，于是，搞民调的人就能压缩问与答、行为与反应间隔的时间。在这样的情况下，操弄舆论的潜在可能性就极大地增加了。这就会产生许多政治后果和社会后果。

有一个日益增强的趋势，西式民主的政客把他们的权力基础归因于公共舆论的精细化计算机分析，任何领域的精细分析都有助益。竞选经理人调整他们对公众关怀的回应，以适合各地媒体的口味。在世界各地的竞选中，电视将其呈现的现象塞进选举人的意识，计算机分析民调的回应，即时呈现统计结果。据说，这一切有助于你决定如何投票。然而，当电视和计算机在紧迫问题上结合为一个反馈环时，它那个“脑袋”已替你做出决定。你自己的“脑袋”就难以涉足了。

民调尽可能精确反映社区的舆论，那是一回事。同样的民调如何形塑或呈现以前并不存在的该区的舆论，那就是另一回事了。心理技术在这里起作用。民调和统计对公共舆论起均质化的作用，因为他们强调并因此促成大多数人对意见分歧的回应。如果个人赖以做决定的手段被赋予的分量和时间不多，而集体做决定所拥有的权重和时间较多，那么让多数人支配就比较容易。这就是书籍文化和电视文化的折中妥协。

第十一节　媒体顾问的伎俩

法国社会学家让·波德里亚[1]认为，在新媒介语境下，“生成”舆论不再必需（不像启蒙时代的情形），只需“复制”公共舆论。若要生成舆论之潮，在报纸上或电视上提出问题足矣，比如移民或堕胎问题。下一步就是搞民意调查。起初的民调结果常常不是定论。在此，媒体披露并突出一个有争议的故事，吸引公众注意，借以炒热辩论。这样的事件本身常常是鸡毛蒜皮的，其统计数字是微不足道的。一旦时机成熟，常常在被电视或报纸重点报道后，一个事件突然发生，另一场民调随即展开，并被揭晓。转瞬之间，人们马上觉得，自己已成为某个问题的权威；而在一个月之前，他们对这个问题一点也不了解，且这个月并没有新信息来临。实际上，许多人是凭直觉做决定，而不是凭事实做决定。同时，许多人尚未决定如何投票，他们深受别人影响，特别受权势者的影响。未决定如何投票的人通常占选民总数的15%～20%。他们通常是影响选举结果的

---

〔1〕让·波德里亚（Jean Baudrillard，1929-2007），法国20世纪70年代之后的著名思想家，几乎推翻了法兰克福学派在第二次世界大战前批判资本主义大众文化的理论，从一个全新的视角来分析资本主义消费社会文化的意识形态，著有《消费社会》《符号政治经济学批判》《生产之镜》《象征交往与死亡》《仿真与仿像》等。

关键因素。因此，他们是竞选活动瞄准的首要目标人群。为了拉拢他们，竞选的诀窍就是在适当的时间在适当的媒体上赋予权势者的意见适当的分量。

前几届美国大选在媒介舞台上引进了一种新人——“媒体顾问”（spin-doctor），即所谓的舆论工程师，其工作是在新闻发布会或公共集会上对政治领袖的观点进行解释，包括挑选和凸显词语、原声摘要和句子，无论是否加上适当的评论，援引和重复这些要点就像是滚雪球，很可能对公共舆论产生预期的效应。如果没有电子媒介，他的解释就不起作用。电子媒介本身就是“自旋”（spin）的。一种媒介到另一种媒介的反响或反馈，从报纸到电视再反过来的流动，由此产生的印象转化为情绪，情绪助生舆论。另一场民调强化舆论的走向，给舆论更有力的支持。民调和新闻报导之间存在普遍的加速效应，第二场或第三场的民调到来时，加速效应尤其明显。

麦克卢汉戏言：“当信息以电速运动时，潮流和谣传的世界就成为‘真正的’世界。”其要义是，新型电子选举并非个人选票的真实代表，而是电子媒介放大了“媒体顾问”经营的局部意见，将其变成“真正的”舆论。环境对波动很敏感，显示出刺激和逆转的模式，就像人的情绪波动。回应的速度把整合的电子环境转化为集体的情绪系统。群众心理学家、媒介专家、广告业务主管和民调工程师一致认为：很大程度的浪潮效应（band-wagon effect）推动未决定如何投票的人，使他们沿着假设的多数人路径走下去，这样的假设被媒体鼓噪起来后，浪潮效应尤其明显。当然，政客们很明白，尚未决定如何投票的选民需要了解其他选民的意见，然后才能决定如何投票。

有了电视和电脑后，我们把信息处理从我们的脑子转移到我们眼前的屏幕上，而不是背对眼睛的脑后了。录像技术不仅与我们的脑子相关，而且和我们的神经系统和感官相连，从而生成一种新心理的条件。这有助于我们理解，电视不是与书籍竞争，而是全然不同的东西。电视提出我们能消费的集体想象，我们尚未直接参与的集体想象。在心理技术强大潮流即集体化之内，那种基要的特征即互动是确保我们个体自主性的能力。计算机为我们提供这样的能力，计算机网络进一步赋予我们这样的能力。

卡尔扎蒂批注

鉴于数字技术日益增长的回应力——这句话获得了更强有力的有效性：今天的数字技术不仅形塑我们消费媒介内容的方式，而且形塑我们对自己和世界的看法。数字技术还预见并创造我们对媒介内容的需求，以及可编程性日益增加的现实（当然意味着一种可信息处理的现实，这样的现实提供进一步的数据，甚至使我们能进一步定制我们的经验）。我们还提议，技术（如计算机）的心理影响人的心理；用生物学术语说，算法（二进制，由比特组成）的基因型影响着人类思维的表型（辩证型，由原子组成）。

以下是 2019 年增写的文字。

三十年前也好，今天也好，理解或预测社会局部或全球将要发生的事情时，关键的因素就是看到，我们不仅进入了“数字时代”，而且进入了“电气时代”（age of electricity），这是更深层的持久的技术秩序。Electricity（电）的词源可回溯数千年，初见于古埃及语，次见于腓尼基语 elekron，表示毛皮与琥珀摩擦的效应，后成为希腊词*ἤλεκτρον*，表示摩擦生电的效应。[1]罗马人也接过这个词，转写为 electricus，但它再次浮现时差不多已过去一千年。英国物理学家威廉·吉尔伯特（William Gilbert，1544-1603）用上它，1600 年，琥珀摩擦生电的现象给他留下深刻的印象。受他的激励，博学家、物理学家托马斯·布朗（Thomas Browne，1605-1682）新造了今天这个常用词 electricity。但把这一现象与令人敬畏的电能联系起来的，则是本杰明·富兰克林（Benjamin Franklin）。1752 年，他做了一场令人难忘的实验，用避雷针保护房子防止火灾，并把电流引入地下。许多科学家一个接一个表述电的物理属性，用物理学术语予以命名。首先是加尔瓦尼（Luigi Galvani，1737-1798），“电镀”（galvanization）一词因其而命名；接着引入“volt”（伏特），源于亚力山大·伏特（Alexander Volta）的电流实验；然后是术语欧姆（Ohm）、安培（Ampère）和法拉第（Faraday）等，均以物理学家的名字命名。

电是一种能源形式，用于发电（伏特）、照明（爱迪生）和通讯（贝尔）。用于通讯时，它继电报之后第二次邂逅语言[2]。在这里，电仅仅是一种运输手段，不过它已然是一种心理技术。然而，当电能数字化时，它事实上已渗透语言，从而获得了激发超越能源功能的性能，因而成为“认知”技术。

---

〔1〕 最早提及磁性的中国文献是公元前 4 世纪的《鬼谷子》：“磁石令铁石靠近，吸引铁。” https://wikivisually.com/wiki/History_of_electromagnetic_theory。

〔2〕 莫尔斯（Samuel Morse，1791-1872）于 19 世纪 30 年代和 19 世纪 40 年代发明了电码。

语言和电能的联姻即便不算是神奇的事件，至少也是重大的事件，因为这样的联姻改变了电能和书面文化的联系。这就是为什么我们需要重新思考数字时代，它仅仅是一个更为漫长和复杂的人类演化过程中的时刻而已。在本书第一版的撰写和第二版的修订中，我都尝试把书面文化的效应与电能对人类的影响进行比较。

像麦克卢汉一样，我要强调电能（而不是数字技术）是我们时代真正的基础，尤其是支持语言的媒介正在发生变化。实际上，从口语世界向文字世界的过渡是一回事，从文字世界向电子世界的过渡全然是另一回事了。

第十二节　大　逆　转

电能实际上已经完全逆转了书面文化的一切主要效应。本章和以下两章讨论电能不像书面文化那样使认知过程内化和私密化，而是把这些官能外化到屏幕上和网上。我们经历了个人想象力被接管的过程：从摄影术和电影早期实验的时代到虚拟现实的无边目视镜和无所不在的手机屏。我们发现，我们花更多的时间倾倒我们记忆的内容，转发几乎来不及阅读的短信，把我们很大一部分的心理活动托付给智能手机，而不是将其维持在个人反思的私密空间。

也许，业已发生且继续在全球文化中扩散的全面逆转是自然与文化的逆转。麦克卢汉预言，苏联在 1957 年 10 月 4 日发射的地球卫星“伴侣号”把自然从容器的角色逆转为内容的角色：“自然消逝了。自然在这个星球上被劫持了，被包裹在人造环境中，艺术取代了自然。”〔1〕在这几种可资援引的表述中，麦克卢汉补充说，“伴侣号”卫星使地球可编程设计。这正是电能起作用的地方。本书在此快速重温这些逆转。

（1）容器 / 内容的逆转

如上所述，地球被包容在卫星里。即使我们对原子、基因和符

〔1〕 http://www.marshallmcluhanspeaks.com/media/mcluhan_pdf_8_mDnPXLq.pdf.

码的掌控日益增加，自然和文化的逆转已然发生，我们将在下一章对此展开讨论。

（2）内部 / 外部的逆转

唐吉诃德（Don Quixote）是中世纪传奇故事的狂热读者，这使他对现实失去感觉。塞万提斯（Miguel de Cervantes）在小说里写道，唐吉诃德意识到新媒介的效应，就是说，他展示阅读传奇小说对人们心理的影响。塞万提斯塑造了一个心理变化的极端例子：读者在阅读过程中内化了小说的内容。我们把虚拟现实比喻为看见心理过程内 / 外表达有趣的逆转：即使我们全身心沉浸在信息环境里，我们也将内心的内容外化了。而在文艺复兴时期以及其后，情况则刚好相反。人们默读书，借以将信息内化和私密化。

（3）意识 / 无意识的逆转

另一种重要的逆转是意识 / 无意识的逆转，我们将在第七章中讨论。人们越来越信赖外化的数据库、录音录像工具、智慧分析器和其他技术，这些技术清晰而全面地勾勒他们自己的形象：他们是谁，他们的境遇。如此，他们个人的身份就愈益失去实质和内容。正如麦克卢汉所言，“他们越了解你，你的存在就越少。”无意识曾经是私密的，如今却是公共的，这是因为，在数据搜集和构想的过程中，人人都在被重新分布和格式化。大多数人对此浑然不知，我们如今被“数字无意识”牵着鼻子走，“数字无意识”对我们的影响也许超过了弗洛伊德所谓的无意识的影响。

（4）不透明 / 透明的逆转

书面文化容许人使语言不发声、内化，使语言完全被个人私密地使用，由此而产生了不透明性。如今，一切数据跟踪技术都在快速融合，被大数据吸收。对我们个人一切的了解都具有商业意义和社会意义——姑不论安全方面的意义，这一趋势是不可逆转的。自电报发明以来，透明性是电能最重要的效应之一。透明性是文明变革最显性的源头，这一变革遍及全球。

（5）公共性 / 私密性的逆转

今天，人们将自己的身份公开，和盘托出，作为他们身份和思想的延伸。由此而生的差异是，今天你可以用很多方式呈现自己的形象，因而拥有了一个“公开的”身份，而不是私密的身份。你被公开“发表”了。个人尚未来得及成熟，年轻人就被社交媒体“发表”了。Cookies（网络跟踪器）使个人的情况可以被读取，其相互参照达到很高的水平，这不是刻意在手机媒体上输入，却不在用户的控制范围内。电能和任何形式的私密性之间都存在着根本的不相容性。社交媒体和网站相连，在这样的语境下，公共和私密的分野将经历冷峻的再界定，我们能预见到这样的趋势。因此，我在“麦克卢汉研究计划”里的同事马克·费德曼（Mark Federman）新造了一个词 publicy（公共性），以界定新出现的私密性的新形式；这些新形式与情感的表达相结合，强化个人的行为和社交互动。

（6）边缘式 / 浸淫式的逆转

我们在空间里的位置处在我们所思的空间边缘，如今，这个位置被抛进浸淫式的虚拟现实环境里，不仅处在虚拟现实中，而且处在赛博空间的环境里。虚拟现实（VR）、增强现实（AR）和一切基于屏幕的技术把人们抛进场景之内，而不是让他们与世界呈现的舞台拉开距离。全身心浸淫是我们新的境遇，因为我们生活在全面的电子包围中，这个电子环境比虚拟现实复杂得多，活跃得多。实际上，虚拟现实不再时髦的原因之一是，其主要的、无意识的宗旨已经完成了：它显示，人们处在无所不在的浸淫式环境里。法国哲学家让·波德里亚创造了一个“超现实”（Hyper Reality）的概念，他确认的是同样的变革。因此，我们处在模拟物所在的整体环境里。

（7）观察点 / 存在点的逆转

人们拓展了自己生活触及的范围，将自己的存在投射到网上，遍及全世界。即使如此，他们的感觉器官还是邀请他们进入自己肉体的半意识根基，而不是进入一种心理的视角。在本书最后的几章里，我们将回到这个重要的但鲜为人知的主题。

（8）罪感 / 羞耻感的逆转

社会的不透明导致罪孽深重的意识，罪感确保了人的私密性。这样的私密性被扫荡一空——从西班牙的宗教裁判所到政教分离和私密个体的兴起，大致经历了两百年。今天，我们最私密的行为和思想正在被外化，我们正在被抛回罪感文化，我们有必要保护我们的信誉资本。

（9）地方 / 全球 - 远方 / 临近地的逆转

由于电网的全球性，人类已经实现了深度的互联，既是人与人的互联，也是人与永久更新的数据库的相互联系，而数据库又与物质世界相联系。全世界正在成为一个活跃的共生的数据库，不断被使用，不断在演化。但地球村并不独立于局部的场景而存在。你的衣袋里携带着地球村——你的手机。因为这部手机，你成了世界超文本的一个节点。即使不让你获得完全的体验，这一概念至少使你觉得，你在地球村一隅成了所有地球村村民的邻居。你感觉生活的地盘很大，远远超过你的城市或国家，这也许是人类存活所必需的自组织策略。

我们将在本书里自始至终看到，全球化首先不是经济问题，可是人们通常认为全球化是经济问题。如果将其视为心理和社会问题，那就会给人以很大的启示。全球化是我们从个人社会到大众社会变形的框架，曼纽尔·卡斯特（Manuel Castells）已对此做了充分的阐述。他解读的是全球契约的精细文本，麦克卢汉则描绘宏观的图像。除了名副其实地"给地球编程"外，我们正在走向没落。

麦克卢汉对地球村的评估，在过去和现在都是正确的。他笔下的地球村不是和平的天堂，而是仇恨和暴力的巢穴，爆炸性的局势使人互相掣肘牵绊。[1]在最坏的情况下，地球村的密度一团糟，世界的自我爆炸将不可避免。他以戏谑的口吻说："一半的世界将忙于监视和告发另一半的世界。"推特、脸书等许多社交媒体热情地拥抱全球的闲言碎语。

在以下的章节里，还有许多逆转会不经意间冒出来。此刻只需说，本书深层的追求是揭示，我们对世界的这一切基本心理姿态（psychological stance）的逆转正在导向什么后果。一个大问题实在是，我们能预见到我们会成为什么样的人吗？我们变得透明，被发

〔1〕1969年，在面对全国的电视讲演中，稍后将被弹劾的理查德·尼克松总统发明了一个界定团结公众力量的术语"沉默的大多数"："今天晚上，我请求你们，你们沉默的大多数、我的同胞给予我支持。"电视分布在互相竞争的电视网中，却能在一定程度上使人们的注意力集中在大致相通的内容上。今天，沉默的大多数已经让位于尖叫的少数；社交媒体假装把人们聚在一起，实际上把社会撕裂了。社会也已过时，碎片化的社群已取代社会。［美国公民瑞吉娜·利纳（Regina Rina）在加拿大卓越中心（Canadian Centre for Excellence）的研究表明，敌对的内容、抓眼球的假新闻的病毒式传播比温和、公平的评论快得多、广得多。麦克卢汉常拿广告开玩笑："需要大量的坏消息，才能推销好消息。"其意思是，正面倾向的新闻没有市场。今天激烈的民粹运动很大程度上是由愤怒驱动的，无论这愤怒有无道理人们感觉被体制出卖了。一切数字材料的绝对邻接性和即刻关系开启了泄洪的闸门，使真假信息的披露汹涌而出，使政府倒台、制度瓦解。］

送到世界各地，被跟踪、评估、编程、指引，未必被坏心眼指引，但我们把自己交给电子媒介和数字媒介，因而被这样的逻辑后果牵着鼻子走。我们是不是要害怕这一后果呢？我们能对此做什么呢？应该做什么呢？从个体公民变成全球网络上的一个节点——我们如何促成这一转变呢？今天的问题是，什么样的伦理秩序应该主导数字时代，以规避曾袭扰文艺复兴的那种暴政呢？

毫无疑问，修订《文化的肌肤》的推动力显然是三十年来加速发展的革新和演化，推进这一切变革的正是变革广度的加大和计算机威力的增长，人、数据和技术的关系能够瞬间的大规模互通实现了。

第一个重要的革新是万维网，它使无限量内容的生产和粘贴成为可能。第一个公共使用的浏览器 Mosaic 是马克·安德森（Marc Andreessen）1993 年发明的，这为公众使用和生产网上的内容打开了大门。开发手机的想法始于 20 世纪 40 年代，但 Motorola（摩托罗拉）研制的 Dyna-TAC 手机于 1973 年问世，却仅限于狭小范围的公众使用。它不仅昂贵得令人生畏（约 4000 美元），而且笨拙。因此，其诨名为“砖头”。然而，竞争和上升的需求使其价格降低、体量瘦身，使之在 21 世纪初得到普及。又过了二十年，第一部智能手机制造出来，这不是人们通常以为的史蒂夫·乔布斯（Steve Jobs）设想的产品，而是 IBM（国际商业机器公司）的西蒙个人通讯机（Simon personal communicator，1992）。IBM 还推出个人数字助理（PDA），供公众使用，更准确地说，早期的使用者不多。最早的智能手机于 1995 年发布，大约是《文化的肌肤》第一版付梓的时间。这些手机启动了移动文化，其意义远不止是用作工具。它意味着使用者完全独立，可以无处不在地访问一切媒介和一切内容。史蒂夫·乔布斯生产用户友好的、时髦的智能手机，使手机技术以几何级数增长。储存也至关重要，因为不仅产业界生产越来越多的信息，用户也生产越来越多的信息，产生了一个不绝于耳的时髦语“用户生产的内容”（User-Generated-Content）。

与此同时，软件和平台的精致化与硬件同步发展、并驾齐驱。

我在新造“技术心理”一词时，心里想到的仅仅是人们正在使用的和语言相关的一系列工具，远没有想到工具在今天的威力。如今，大数据、人工智能、机器学习、预测性分析和规定性分析等认知系统和内容已被放大，认知系统和内容在蜿蜒曲折中前进，对于技术走向何方的问题，我们的集体认识仍然在寻找其意义。

一个普遍的趋势是把我们最珍贵的记忆和判断官能委派给机器。智能机器与我们的身心紧密联系，总的名字叫共生自主系统（Symbiotic Autonomous Systems），它们正在接过我们对决策权的掌控，并重新描绘人类事务总体环境的样貌。问题是，我们越赋予机器自主权，留给自己的自主权就越少。我们思想和感觉的方式和我们用以延伸和委派人之经验和情感的工具是何关系？我们比过去任何时候都更需要厘清这个问题。就在学习、认知和机器决策被委派给人工智能和机器学习的时候，几十亿人已经把自己的记忆内容托付给智能手机。当前，最紧迫的挑战之一是厘清心理技术的伦理含义和标准。我们提出的问题有：心理技术对我们的记忆、推理和判断等基本官能有何影响？什么东西委派给机器是合理的、有用的？换言之，什么东西应该是我们个人的责任？诸如此类的问题是本书修订时需要讨论的核心问题。

第二章　字母表程序：语言技术的起源

我为人们发明了数字，这是科学的第一步，我还教他们拼写字母，这是一切记忆的要诀，也是一切艺术之母。

——埃斯库罗斯[1]《被缚的普罗米修斯》

从我们学会读书识字那一刻起，字母表就影响着我们与空间和时间的关系。比如，在西方的视觉空间中，过往居左，未来在右，这是书写行进的方向。为显示这一判断，请看图 2.1 里的两个长方形，哪条线在上扬？哪条线在下行？

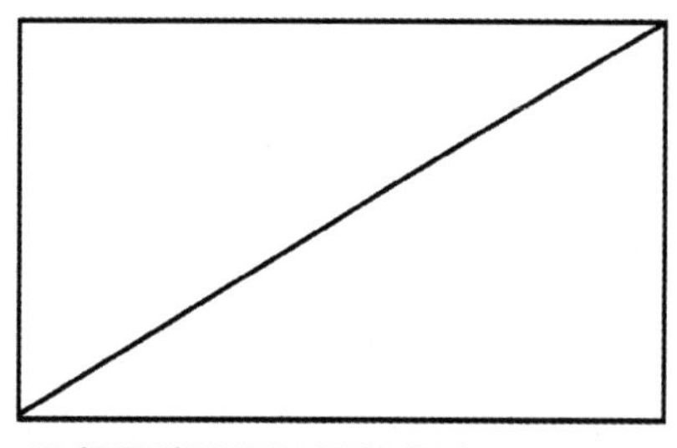

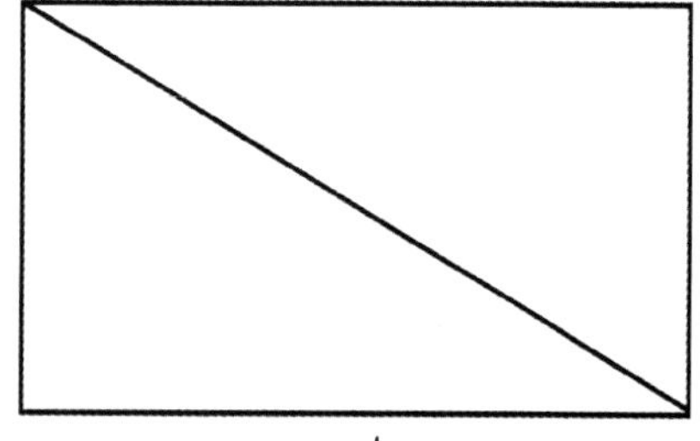

图 2.1

〔1〕 埃斯库罗斯（Aeschylus，约前 525- 前 456），希腊悲剧之父，相传写了八十多个剧本，代表作有《被缚的普罗米修斯》《阿伽门农》《复仇女神》等。

倘若你选择左边的长方形作为文字书写下行的表征，那么很可能，你的主要阅读媒介就不是罗马字母表。但如果你的阅读媒介是罗马字母表，你就倾向于从左到右阅读，加上你右边视域的拖拽，那你就只能得出这样的结论：行为、时间和现实都是从左到右行进的。

第一节　货币的发明

普罗米修斯是左脑神，据说希腊字母表是他发明的。但埃斯库罗斯认为，普罗米修斯发明的是会计术。实际情况可能是，在文明的滥觞期，文字的发明与货币的发明有直接的关系。下面这个故事值得一说，因为货币和文字的发明决定了我们两千五百年里的文化。

美国学者丹妮丝·施曼特－巴瑟拉（Denise Schmandt-Besserat）解开了苏美尔符物（token）的谜团。她完成了近年最有趣的考古发现之一。年轻时在两河流域东部的古文明遗址穿行时，她在许多博物馆里注意到小块泥质符物，和小弹子一般大小，有些像牛，有些像麦束，有些像土罐，还有一些镌刻着难以破解的几何图形。没有人知道这些古代泥块的功能，有些考古学家视之为玩具。

当地最有见识的博物馆长的最佳猜想是，它们代表的是某种形式的货币。

循着这一线索，丹妮丝·施曼特－巴瑟拉开始搜集和分类她所能找到的一切符物，从各个角度审视其异同。她发现的特点是：第一，这些符物可见于中东、近东所有的考古遗址。第二，尽管它们呈现出地方差异性，但它们的基本形状和模式却不超过三十种。接着她注意到，符物是在陶瓷碎片中发现的。起初她想，这些装符物的陶罐是普通的容器，并没有费心去复原。不久，她却改变了主意，因为她发现，有些碎片上有神秘的记号。稍后，她又在一个考古遗址发现一只完好无损的陶罐。这只完好的陶罐无刻痕，中空。摇晃时似乎装有粘土符物。X 光片确认了她的假设：罐子里真有几枚符物。

这些符物为什么被隐藏起来？重新检查一些陶片上的标记后，她断定，陶片上记号的基本形态是粘土未干时用圆形的物体按压上去的。她想到了这些符物的真实含义，不过她决定详细审查每一个细节，不匆忙下结论。她将发现的所有的符物和陶片予以分类，注明断代、地址和语境。在几个月的时间里，她发现了大量完好的和破损的陶罐，并将其称为“印玺盒”（bullas）。但最重要的是，一些稍晚的“印玺盒”上刻印的记号正好和罐内符物的数量和形状吻合。

后来的一项发现确认了她的看法，她不仅追溯到“印制”货币的起源，而且追溯到文字的源头。在后期的“印玺盒”上，她发现扁平的长方形泥板上面的标记和罐子外壁的记号相似。这就说明，如果那些罐子真是用来表示货币的，那么，罐内的泥板就是最早的钞票，即所谓的“燧石”钱。她深挖古钱币历史，反复回到当地的小博物馆，发现大量扁平的标有简单几何符号或象征符号的泥板。

更多的年代学研究得出以下结论：

（1）起初，不装罐的符物象征可识别物品，比如绵羊、小麦、油品和酒罐。它们被用作期票，以保障交易和买卖的公平。为货品或服务付费时，我给你几块绵羊的符物，以保证将来兑现，从我的羊群里挑几只羊付给你。

（2）稍后，符物被包起来放进陶罐，也许是为了简化大宗交易的手续，但更可能是为了防止伪造符物货币。大约在同一时期，这些符物开始带上较少的自然形态，因为社会已经接受它们，成了可靠的习惯性代码。

（3）随着时间的推移，人们认识到，打破陶罐以准确了解里面容纳的符物，并不方便。解决的办法就是在陶罐外壁上标记符物的多少。

（4）一旦找到不打破罐子就弄清内装符物的办法，那为什么还要用罐子呢？毕竟，你可以在不那么容易打碎的、更便携的材料上刻画统一的记号吧。于是，泥板货币应运而生。

自此，货币溯源进展不错。但这一切与文字的发明有何关系呢？在这里，丹妮丝·施曼特-巴瑟拉证明自己是真正献身学术的典范。别的人也许会满足于货币起源的解答。她却从头再来，沿着考古遗址追寻，以揭示泥板货币的准确年代。她发现了这些泥板表征在复杂程度上清晰可辨的积极性变化，不仅如此，她还发现自公元前3000年末开始，苏美尔地区的设计图样的自然性减少，程式化增加了。看起来，泥板上的记号不再是天然形态的直接表现了。

此外，后来的泥板在显示数量时不再靠符号的重复，而是把符号与特定的标记联系起来，以表示价值和数量。她还更进一步，确立了货币与文字可以联系起来的结合点。货币泥板上简化和程式化的符号形态，同样可以在苏美尔地区的文字样本上找到。重要的文字泥板保存至今。

归纳起来，过去几千年间发生的事情有：

（1）泥板的发明确立了用记号表征真实物件的公式、媒介和原理。

（2）泥板的使用揭示，在同一文化中所有成员一致同意的基础上，可以确立一种可靠的、分布式的传播系统。

（3）该系统容许的交易次数是无限的，其支持的货品和服务的表征物，只受到设计者想象力的局限。

（4）泥板货币的使用者不久就想到，如果物体可以这样来表现，语言也是可以这样来表现的——尽管那是苏美尔人初级的象形的代码。

随后发生的事情已有详细的记述。阿卡德人接过了苏美尔人程式化的象形符号系统，使之适合自己的语言。但他们的符号不表示形象和观念，而是用来表现自己语言的语音。由此创立了第一种音节文字，名叫楔形文字。阿卡德人的文字影响后世的腓尼基文字、希腊文字和罗马字母表的开发。

经过五千年发展和提炼的字母表已成为最重要的概念，占据了人类文化的思想、心灵和机体，直到电能的到来。记数和会计是大脑的活动，具体地说，它们与所谓左脑的特性有关。同理，语言也和左脑有关。货币和文字是在共同的语境中发明的，这不足为奇，两者并非不相干，因为它们都是左脑选择性偏向的文化映射。所有的文字系统，即使最重用右脑并用于设计和解读的文字系统，最终都要回归左脑的功能。

因为它们必然要回归语言本身，而语言是左脑的功能。然而，在迄今发明的一切文字系统中，没有任何一种文字比希腊和罗马字母表更彻底、更专门偏重左脑。当然，你和我都是这样成长的。

第二节 字母表与大脑

在过去的十多年间，各国学者一直试图确定，我们从左到右书写这样的事实，是否影响我们的思维方式。换言之，希腊和罗马字母表是否对我们头脑的内容和结构产生了根本性的影响？〔1〕

这里的假设是，在强调左脑的两个核心功能即事件安排和空间排序中，字母表发挥了决定性的作用。从长远来看，这导致了西方典型的对理性和一切经验理性化的依赖，包括对空间感知经验理想化的依赖。

关于书写和大脑特化之间的关系，约瑟夫·伯根（Joseph E. Bogen）是最早论及这个问题的学者之一，难能可贵："很可能，某种解剖学上的不对称是大脑半球特化的潜在原因。"〔2〕此外，同样清楚的是，我们按照环境来开发自己的潜能。就我们所知，任何文化的个人都有天生的能力学会读书写字，但许多人仍然是文盲，他们从未习得左脑的大多数特殊功能。反过来，我们很容易理解这样的概念："右

〔1〕 德克霍夫等编［Derrick de Kerckhove and C.J.Lumsden（eds）]，《字母与大脑：写作的偏侧化》*The Alphabet and the Brain, the Lateralization of Writing*（Heidelberg：Springer-Verlag，1988）。

〔2〕 约瑟夫·伯根（Joseph E. Bogen)，《大脑半球特化的教育问题》"Some Educational Aspects of Hemispheric Specialization," *UCLA Educator* 17：2（1975）：29。

脑盲”是某些社会的普遍现象。右脑的特化功能之一是艺术，不能准确描绘图画是“右脑盲”的症状之一。我们大多数人能用文字描绘一个朋友的面孔，但很少有人能描绘这个朋友可以识别的画像。

在《字母与大脑：写作的偏侧化》（*The Alphabet and the Brain, The Lateralization of Writing*）一书里，我提出的理论是基于以下的观察：约公元前8世纪希腊人创立自己的字母表时，他们改变了书写的走向，从腓尼基人的从右至左模式改为从左至右的模式，这是我们今天习惯的走向。〔1〕

几年前，为探寻正字法的内在结构和书写走向是否有对应关系，我研究了世界上的各种文字系统，结果令人吃惊。

表音文字都是横向书写的，但所有表意文字比如中国的会意字或埃及的圣书体文字，都是自上而下纵向书写的。而且基于意象的竖行文字一般都是从右往左读的。

卡尔扎蒂批注

同样在这一点上，思考网上的卷轴式翻页也颇具意义：这是竖行文字模式的结果，且并非出于偶然，因为这是与视觉形象胜于字母日益增加的趋势相结合的。同样并非偶然的是，这一新的竖行阅读需求和古代纸卷阅读的需求是类似的。在此，我们又回到了恰当时刻的感觉，就像古希腊人一样，无论我们是否意识到这一点。

---

〔1〕语言的固有结构决定文字书写的走向，比如希腊文/拉丁文或埃塞俄比亚文，它们的范式是从右到左的辅音系统；原初的范式加上元音以后，这些文字的书写方向最终掉头变为从左到右了。

传统，中国人对时间循环的理解相当繁复，他们不排除编年式时间观，但把编年式时间观融入到大的循环观图像。同时，中国人还养成了有趣的“宇宙”观，把宇宙界定为一个整体。“宇宙”的意思是“空间－时间”，其含义是，传统对中国人和西方人不同（至少从早期近代开始），他们把空间和时间这两个维度合在一起看，一定程度上和古希腊人的“kairos”（时机，转折点）观念产生共鸣，古希腊人这个观念描写社会精神的特征。最重要的是，这种生态观念植根于对空间的心理理解，是异质的、质化的、非几何的（虽然同样重要的是，希腊人也有对时空的编年式和理性化理解）。中国人的“宇宙”观和希腊人的“时机”观类似，都促成了对空间－时间相互依存的理解。虽然不科学（实际上很大程度上是精神信仰），但它接近爱因斯坦相对论的时空观，更接近量子力学的时空观。

除了伊特鲁里亚文字，凡是带有元音记号的文字都是自左至右横向书写的。凡是不标注元音的文字都是反过来横向书写的。为了解释这一现象，我们必须要研究大脑和视觉系统。

我的“写作偏侧化”理论不仅解释希腊文的书写走向，而且解释所有字母表文字的影响，概括起来就是三点基本的假设。每一个理论观点都有历史证据的支撑。

（1）决定文字书写方向的是语言的内部结构。一些文字系统起初是仿照从右到左的辅音文字系统，后来改变方向，但那是在加上元音标记以后。

（2）书写方向的选择取决于一个条件：阅读过程是基于按上下

文关系（从右到左）组合字母，抑或是按照序列（从左到右）组合字母。这是因为人脑在左视域里识别形貌要快一些，而探测序列在右视域里要快一些。

（3）希腊文书写方向的逆转发生在全套元音字母被添加到腓尼基文字中之后，起初希腊文借用的是全辅音书写的腓尼基字母表。元音的加入使字母的序列接连不断，起初借用的系统是一列非连续的符号，要依靠语境才能阅读，而不是依靠字母序列。

一旦添加了元音字母，我们字母表的书写方向就要改变，这支持了我的第三个假设：我们的语言结构对大脑构成压力，使之突出序列和“时序”的处理能力。

读写能力是童年期习得的，由于读写能力影响语言的组织，而语言是我们最整合一体的信息处理系统，我们就有很充足的理由猜想，字母表同时还影响我们思维的组织。语言是驱动人类心理的软件。凡是对语言产生比较大影响的技术必然会在身体、情绪和精神层面上对我们产生影响。字母表像计算机程序，却是更强大、更准确、更多能、更全面的软件，胜过一切人写的计算机软件。字母表这个软件的宗旨使现存最强大的“仪器”运行，这个“仪器”就是人。字母表在人脑中找到写明程序的路径，以支持有读写能力的大脑的固件。字母表引起了两场互补的革命：大脑里的革命和外部世界里的革命。

卡尔扎蒂批注

这一观点切中肯綮。同时值得一说的是，字母表和书籍的发明（加上它强加的线性和有限性）使人对时间的“时序”理解压倒“时机”理解。“时机”时间（即“正确”或“恰当”的时间，与线性、“时序”时间主观性相对的主观形式的时间）在古希腊人中普及的时候，书写是在纸卷上。与之类似，耐人寻味的是，今天视觉文化（基于图像的“后字母”文化）和流线型的媒体内容兴起以后，我们正在回归时间的“时机”理解，此时的时间被技术切割，几乎到了点彩派式的状态。想想在脸书、照片墙和推特之类的社交网站上传的帖子，就足以看清：帖子的内容被信息流加速解构成小块的单位，很难组合成连贯的整体了。问题是现在的情况与过去截然不同，这些零碎的信息小单位被展示为彼此相关的单位。想想新闻频道里日益频繁使用的“突发新闻”（breaking news）标签，不无裨益。其意图明显：抓住并维持受众的注意力，却没有时间和空间来处理和反思新闻，因为一则新的新闻业已取代一则“旧”的突发新闻。换句话说，我们生活中日益加速的“时机”时间里，失去了时间的视野，即失去了时间的记忆性和批判性（这样的感觉在古希腊人对时间的理解上至关重要）。其原因是，如今技术的纪事视野指引人的经验，而不是人的视野指引技术的使用（并通过技术来理解现实）。

第三节　大脑的运行框架

我们从左至右书写，不仅因为这是我们接受教育的书写方式，更重要的是因为这是我们的大脑和视觉系统要求我们做的方式。很少有人意识到，我们的眼睛是由四个“半只眼”组成的，它们组成视域的两边。左侧视域由右脑运行，右侧视域由左脑运行。

这一点对正字法最为重要。临床研究表明，我们“看”左侧的方式不同于“看”右侧。我们“看”左侧是全面把握的——全都收入眼底。我们“看”右侧时，是一点一点分析的。这一差异和上文所提左脑和右脑的偏向刚好对应。实际上，我们眼睛的工作就像我们两只手的分工。左眼和左手把握世界，右脑和右手把世界切分为构造成分。

这样的大脑运行框架和字母表问题有什么样的相关性？阅读任何文字时，你必须要识别符号的形状，并分析符号的序列。文字书写的走向或左行，或右行，依据的是哪一个因素更紧迫：形状抑或序列。如果你不得不猜测并核对文字，首先看形状就很重要。比如，阿拉伯文和希伯来文的读者反复核对文本，因为他们不得不猜测那些没有书写出来的元音。如果你要在瞬间把握整个视域，左侧视域就比右侧视域运行得快一些，效果也要好一些。相反，阅读荷兰文或英文时，我们首先要看的就是一个接一个字母的顺序，这一任务

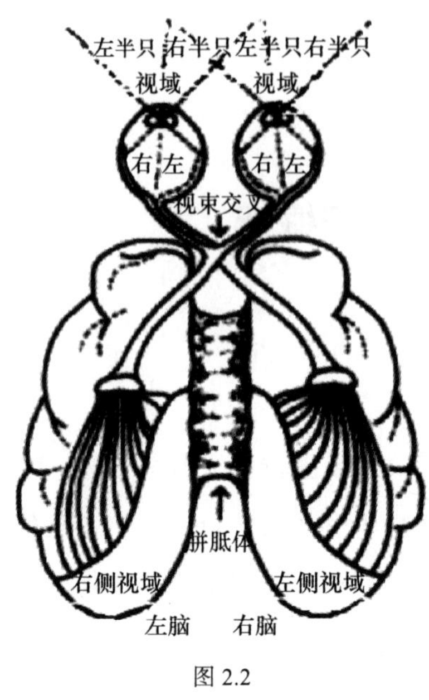

图 2.2

由右侧视域来完成，效果就比较好。我们的字母表是编码信息的线性和序列系统，字母表书写时右行，其道理就在这里。这是我的第一个假设。

我的第二个假设是，在学习阅读和书写字母表文本的过程中，我们养成了眼睛－大脑协同的基本信息处理程序。反过来，这样的习惯会对我们的感知过程和心理过程产生回馈效应。目前的研究方法还不能使我们深入临床研究去证明这样的效应，尽管如此，字母表的一个重要文化产物很容易证明是一种"框架"或心态。这就是"透视法"的思想，它描摹了字母表心态的主要特征。字母表可能改变了我们看世界的方式。

第四节　观照世界的视觉框架

我认为，字母表革命最明显、最重要的效应是透视法的发明。透视法就是用按比例的三维方式表征空间的艺术，是具有读写能力的大脑的直接映射。这是书面文化组织的一种倒置镜像。和流行的看法相反，透视法绝对不自然，是人为色彩很浓的表征空间的方式。只需看看周围，你就会发现：虽然你可以向周围环境投射一个透视的网格，但没有任何东西迫使你这样做，没有你看见的任何东西强加一个消失点。此刻我正在法国南部写这段文字，自然就想到塞尚（Paul Cezanne）论及甚至更强调这一点的。他反复尝试，用非透视的方法描绘亚琛－普罗旺斯背后的圣维克多山。

透视法把空间切割为成比例的部分。只需看看阿尔贝蒂（Battista Alberti）或丢勒（Albrecht Dürer）论透视著作的插图，你首先就能得到这样的印象：密集线条网络连接每一种结构和特征。画家呕心沥血，精心计算点与点之间的距离，仿佛在“真实”比例中，点线的严密间隔排序对画家极为重要，与所有的线条会合在中心消失点一样重要。他们对线条、距离的计算无处不在，当然这可以解读为新手学透视的指南。

然而，还有另一种方式来理解空间的表征。在纸上按比例缩小尺寸和距离，将其作为从某一视点向某一远景逐渐缩小的方法，借此，画家把时间植入空间。不过，他不是在显示远景里实际存在的什么东西，而是显示在观者眼里它应该像什么。实际上他并不显示“真实的空间”，而是用高度偏向的选择性视野组织的空间。这是把时间偏向置于空间之上。“真实的”空间按实际情况显示距离。时间偏向显示空间的手法是等级次序的外观，再次就是逐渐消失的外观。为什么有人想要这样做呢？

为了在生活中定位，我们并不特别需要三维空间的科学表征或自然主义的表征。视觉系统，甚至单眼视觉的许多其他感知特性，都促成了我们的景深感知。我们并不需要或想要用透视法去看事物，只有在需要估计视野里的比例时，比如开车时，才用得着透视法。同理，艺术尤其是儿童画未必需要透视法。未经训练的儿童不关心用透视感作画。实际上，唯有西方文化对透视法表征世界感兴趣。中国、埃及和非洲文化大体上对透视法漠不关心。即使我们自己的文化，在中世纪时也不关心透视效果。这并不是因为，这些文化是目的论的，而是如上所述，它们对生活的理解是循环论的。只有在字母表化大发展的时期，只有在人们学习阅读字母表文字的时期，这些文化才爱上透视法，换言之，只有在古希腊的黄金时代，在约翰·谷登堡（Johannes Gutenberg）发明印刷术前后，人们才对透视法感兴趣。透视法的发现首先是在公元前 6 世纪至前 5 世纪的希腊，那是按照透视法缩短描绘对象，接着发生在 13 世纪后期至文艺复兴后期。这是字母表如何形塑我们心灵结构的最佳例证。[1]

---

〔1〕 乔纳森·米勒（Jonathan Miller）与恩斯特·贡布里希（Ernst Gombrich）对谈时（转下页）

我的判断是，阅读我们的字母表文字需要左脑日益加重的参与，如此导致大脑两半球更深度的协同，进而促成和支持立体视觉。我们很容易体会到，平常的双目视野如何使万物仿佛“呈现出透视效果”。大脑需要双眼投射出略微不同的观点，以精准确定物体间的空间比例。为取得透视效果，大脑需要计算物体比率，以及双目视野的最终产物。进行这一计算并分析视野的主要是左脑，而不是右脑。但这个过程并不是左脑单边决定的，而是相当复杂的。如上所述，总体的视野被四个“半只眼”覆盖。这就是所谓的视束交叉的基础。每只眼睛一分为二，这是理解视觉的根本机制，虽然同一只眼睛的两部分目光都投射在大致相同的一个视域，但它们看的方式不一样。

透视视觉成为一种占优势的表征方式。文艺复兴初期，富有的赞助人欢呼这种令人激动的表达现实的方式。观赏文艺复兴时期的伟大艺术作品时，人们发现透视效果，产生一种神奇的感觉。激动的心情不仅源于作品的新奇，而且源于有教养的观赏者在画里之所见和他们内心之变化的和谐。他们看见的不仅是组织视觉和空间信息的范式，或许更重要的是，那还是他们组织思绪的范式。一种新的风格正在形成，这就是透视法。

（接上页）说，透视表征的精致化兴起于形式主义的需求，并将其称为“目击原理”（eye-witness principle），这就是表现和目击事件的欲望，仿佛它就在眼前发生，栩栩如生：“由于这一需要，历史上两次出现了这样的需求（在古代世界和文艺复兴时期）。这一欲望导致……通过‘图式与修正’‘创作与匹配’模仿自然，凭借一系列的尝试和错误，我们最终在扫描平坦的画面时，得到了画家想象的世界。”（J.Miller, *State of Mind*, New York, Methuen, 1983, 231.）

第五节 让世界驻足留步

用透视法看事物，意味着让万物各就各位，让其在人脑中各具恰当的比例。rationality（理性）源于拉丁语ratio（比率，比例），含有比例的意思。理性主义是物体、观念和关系的研究，不是对它们孤立的研究，而是关于它们与其他同类事物的研究。理性是字母表心理动力学的一部分，无疑是透视法框架中的表达。

卡尔扎蒂批注

在这一点上还有一个尚待回答的问题：什么是算法的理性？我们从象形文字过渡到字母表、从0过渡到1时，事物（和我们的世界观）如何改变？可以说，由于时空的缺乏以及算法固有的性质，出现了思维的两极化，同时还发生时间理解的扁平化，从顺序时间的理解过渡到契机时间的理解（from chronological to kairological），我们在这样的过渡中失去批判视角。换言之，正如我和罗伯托·西马诺维奇（Roberto Simanowski）合著的论文所示[1]，我们记忆官能的磨损并非仅

〔1〕 斯特凡诺·卡尔扎蒂，罗伯特·西马诺维奇（Calzati, Stefano and Roberto Simanowski.）(2018).《社交媒体上的自我叙述》"Self-Narratives on Social Networks: Trans-Platforms（转下页）

仅是由于信息加速的过载，而且是由于量化的、二元的、无时间深度的算法理性对我们思维和行为的影响。这样的理性转化为非理性的技术实体化，技术因此成为客观而中立的手段；这种理性以功能性的方式重新建构现实，使现实的结构越来越像算法的性质。

现实有一个重大的问题：现实情况太多，它总是在流动，你试图抓住它，它却总是在变。然而，透视法框架的现实极富选择性，是很可靠的。凭借透视法，字母表大脑框架击打时空主导的坐标，使之驻足留步。正如我们的自然视野把任务分割为观察物体和分析物体一样，透视法这一视觉策略使我们的整个文化在空间上把握世界，在时间上分析世界。

迈克尔·斯马特（Michael Smart）是地形测量师，为加拿大政府工作。他讲的故事[1]说明，我们独特的时空管理对我们的现实感知是多么至关重要。他与一位阿尔贡金向导一道在安大略省北部丛林区工作，描绘地形，探寻河流、山岗、山谷和其他地标的名称。有一次，迈克尔对向导说："嘿，我们迷路了！"向导用逼人的目光瞥了他一眼，回答说："我们没有迷路，是营帐弄丢了。"刹那间，迈克尔意识到，自己的世界视野和向导的视野有一个极为重要的分

（接上页）Stories and Facebook's Metamorphosis into a Postmodern Semi-Automated Repository." *Biography* 41 (1): 24-47。——卡尔扎蒂注

〔1〕这个故事在安大略省南部的思想圈子里不胫而走。我两次听见迈克尔·斯马特本人讲这个故事。第一次是在 1971 年，他出席麦克卢汉主持的星期一晚文化与技术研讨会。第二次是在 1991 年 2 月从多伦多去渥太华的火车上。

别：对他而言，空间是固定的，个人是自由的主体，到处游动，像舞台上的演员，而舞台宏阔，人可能迷路。相反，这位向导视空间为人体内而不是人体外的东西，像流体，像不断变化的媒介；在这样的空间里，你决不可能迷路，因为宇宙间唯一固定的点就是你本人；虽然你两腿一前一后，但你实际上没有动。在有些文化里，走路并不被视为跨越空间，而是双腿在推动空间。

然而，对我们西方人而言，字母表强调大脑的时间属性，借此协调左脑和右脑，以便使我们对待自然的路径稳定而聚焦。我们开始占据并操纵空间，而不是让空间占据和操纵我们。文艺复兴时期的书面文化快速发展，世界探险、地理学和天文学同样实现了快速的进步，这就不足为奇了。

第六节　切分世界的主码：分割

由于习用字母表的顺序特性，西方人的头脑也被训练成将信息切分为碎片，然后按右行的顺序予以重组。字母表为人类最强大的代码提供基本的灵感和模型：原子结构、氨基酸的基因链和计算机的比特。这些代码都具有作用力和创造力，盖源于基本的字母表模型。

分割

音位是语言最小的语音单位，其发现给予早期希腊哲学家启示。他们想象原子的相互作用，进行分割以求得物质和信息最小的区别性特征和最小的公分母，这是柏拉图用于分析人类话语的基本原理。两千年以后，笛卡尔在他的基础方法论里给予它形式化的表述。晚近以来，这个原理被用于生命形式里最小的生化单位。音位、原子和基因都含有这种概念加工策略。

举例而言，引导我们深入探究物质的就是读书写字的思想程序和字母表模型。我们通过分析更小的实体，乃至原子来深入挖掘物质。原子仅仅是一个概念，没有物质现实，仅存于一种过渡状态。然而，即使仅仅为一种概念，它含有的物理量也超过人类所发明的任何具体的实物。原子的概念是由公元前 5 世纪的德谟克里特（Democritus of Abdera）提出的。在没有证据的情况下，他断定，物质像不可分割的字母表音位。如此，他发明的原子概念在 1945 年构成了摧毁世界的威胁。然而，这一发现的隐蔽基础不是他聪颖且富有诗意的头脑，而是一念之间撞上的方便隐喻，更准确地说，那是根深蒂固的分割原理，它就是深深楔入希腊读书人头脑的字母表。

卡尔扎蒂批注

然而，如果我们再进一步深入这一分割原理，我们就达到量子的维度。实际上这一层级收获颇丰：如果说电报使延迟的活动协调而同步，电能穷尽同步和协调的加速，那么，新的一步（也许飞跃）就是使重叠活动成为可能的量子技术，换言之，映射的重叠活动就无所不在了。

当然，进一步分割显然是可能的，也许还是必要的，但二进制数字的分割是没有比率的。今天，数字化取代货币和字母表，业已成为主要的分析手段。数字化是一切异质物质的新的普世转换器。然而，分割本身不足以释放物质和信息，供我们分析和使用。分割原理必须要有其必然结果即去语境化的支撑。

第七节　去语境化与重组

希腊字母表有别于世界上的其他任何文字系统。读者不必坚守它展示的有意义的语境，它容许读者把语句从源头剥离出来，放到其他地方，置入以前不相关的语境。有趣的是，这个特征得到阅读本身认知过程的支持。你很容易辨认甚至朗读任何字母链，没有任何线索暗示意义的希腊字母序列都可以识别和朗诵。相反，希伯来文、阿拉伯文、象形文字、会意文字就没有这样的特征。这一去语境化的原理还得到文本破译标准神经生理回应的支持。希腊文里相邻的字母串自我支持，在左眼和右眼的视域里横向串联在一起。相反，其他文字的读者需要搜寻上下文线索，不容许他们把语义和代码分离开来。有了字母表正字法，文本就从语境中游离出来。显然，在一切机器语言代码中，去语境化的原理也是必然存在的。分割和去语境化这两条原理构成重组的基础，这就是典型的西方革新驱动力的源头，也就是詹姆斯·乔伊斯（James Joyce）《芬尼根的守灵夜》（*Finnegans Wake*）里事物的“笛卡尔源泉”。

我刻意借用遗传工程的术语“重组”，因为它有助于我们确认，字母表和相关的代码像活细胞的 RNA（即信使基因）一样重组。

西方文化分析（分割）物质和语言，节录（去语境化）有用的片段，将其和其他片段重组，如此，它始终有一个践行革新的倾向，并将其作为生存战略。这导致量子层级的飞跃：将人的智能应用于社会、文化和技术情景。“重组”一词在这里很贴切，其意蕴是：时间的解构和空间的范式再分配（不是同质化的，而是异质化）。

遗传密码、生命密码是原初的字母表结构，含四种氨基酸，氨基酸组合成串。遗传工程就是DNA的重组，是原有基因结构的“重写”。如果借用一个细胞，将其置入另一个物种的一个细胞中，新的生命形式即由此而产生。从原有语境提取的信息叫做“信使RNA”。用字母表书写的任何东西都像信使RNA，是没有活生生语境的未稀释的信息。发明和革新的秘密就是从一个语境提取信息，并将其置入另一个语境。一旦发明出来，字母表就改变了人类文化的方向。此前，人类向后看去寻找行为模式；此后，人类往前看去搞革新，永远把目光投向未来，投向难以捉摸的问题丛生的发明。字母表是世界上具有这种功能的唯一的文字系统，其原因就在这里。

第八节　“有读写能力的染料”

由于字母表在我们头脑里安装的程序，我们发明了历史、地理、语法、法律、哲学、物理、几何、天文、艺术、建筑，实际上发明了一切知识门类，并使之大大精细化。正如保罗·莱文森（Paul Levinson）所言：“一滴蓝色染料放进一杯水，结果不是染料+水，而是生成一种新的蓝色的水。”〔1〕麦克卢汉等人指出，读写习惯的灌输本身不是产生前文字世界+读者，而是产生一个书面文化的世界：这是一个新的世界，一切都是通过读书识字的眼光来审视的。

以下是2019年增写的文字。

本章大部分篇幅都建立在经过验证的假设上，几乎不必更新。但这里可能是使之特别贴近中国读者兴趣的地方。麦克卢汉戏言，中国人“不识字”，因为他们不用字母表。除了幽默的双关外，它传

---

〔1〕保罗·莱文森（Paul Levinson），《媒介关系：计算机通信与教育媒介的整合》“Media relations: Integrating Computer Telecommunications with Education Media,” in *Mindw eave: Communication, Computers and Distance Education*,edited by Robin Mason and Anthony Kaye, (London: Pergamon, 1989), 42。

达的讯息是，字母和会意字相对，使社会和个人心理对文字和文献的回应大不相同。书写所用的媒介能突显这两大文字系统的区别性特征吗？如本书上文所述，传统上，汉字的书写从上到下竖行，阅读从左至右横行；而西方文字则是书写横向展开，阅读从左至右。中国会意字竖行的背后必然有生物和语言的因素。中国境内的大多数语言和方言从北到南意义迥异，但都是单音节的。严格音位系统的文字即使并非不可能，至少是非常笨拙累赘的，因为那样的文字不可能区分大量同音字奇特的歧义，有些同音字的意义是完全不同的。为说明同音异义的现象，北京大学的退休教授赵质（音译）在多伦多大学麦克卢汉研究所的黑板上写下一连串的同音字，大声朗读，妙趣横生。50个歧义的字符都读作“shi”，这一串字符几乎没有意义。汉字单音节特征使之有必要用上程式化的“图画”，以区分不同的语词。但这一特征又使它需要大量的语符，反过来又使之需要最高速度的语符识别，以便使阅读切实可行。

第九节　黄斑中央凹与周边视觉

这里有必要插入黄斑中央凹的作用，文字语符的识别依靠它。实际上，除了分为左右两侧的视域外，每只眼睛的视域都分为两个不同的活动区域，一个叫黄斑中央凹，即眼球的核心；一个叫周边视觉，即虹膜管束的部分。黄斑的视力发生在视锥细胞最丰富的区域，专司细部和颜色的分析。因此，在迅速分辨汉语八万个基本方块字及其变异的能力中，黄斑是不可或缺的。另一方面，横向的阅读是扫视的动态运行，目光在两个方向扫视。如果说周边视觉比较善于识别字形的移动和方向，那么，黄斑视锥细胞的狭窄就相当于视域的一半，周边视觉的运动就是黄斑识别字母的必要条件，平均每次扫描一两个单词。

目光的扫描每秒钟四五次。以法语或英语为例，向左的扫描每次三四个字母，向右的扫描每次七八个字母，视力的广度右侧大于左侧，以满足直行书写的期待。我们认为，黄斑的作用像视力半域的组织一样重要，能说明视域侧化的现象，尤其能说明阅读轴线的问题，即书写直行或横行的问题。每次两眼到达扫描点时，黄斑都被强有力地调动起来。没有证据暗示，黄斑视力可能倾向于两种书写形式的哪一种。相反，这个领域所知的一切倾向于显示，一切传递到两眼黄斑的信息立即被分布到大脑两半球了。

这一分析基本上适用于横行的书写。但应该指出，即使在竖行的文字比如汉语里，复杂的方块字既有图像特征，也有仿声特征。在这里，“密钥”（象形的偏旁）一般置于字的左侧，象声的成分置于右侧，如此，汉字偏重音位成分的左侧化。汉字的视觉标记不发音，黄斑看视觉标记，至少几毫秒，使人下意识地用暗喻、转喻或记忆把同一偏旁部首的所有汉字联系起来成为可能。如此，“氵”与声符“永”结合就生成“泳”，“氵”还可以由此生成“汤”“港”“清”“没”。

有人说：“汉字的阅读激活底丘脑枕区和颞区，造成左侧的优势。”这可以解释，自1957年起，汉字的书写逐渐向拉丁字母看齐，新标准使书写和阅读的方向为之一变，书写从竖行改为横行，阅读从右至左改为从左至右。中国儿童同时学习汉字和拼音（“罗马化”的汉字）。

由此可见，每一种文字系统都自有其运用语言的独特方式，似乎都能开发出各自独特形式的书法、绘画、诗歌、音乐和建筑，或许都能生成其他间接的文化实践形式，比如市政规划和社会组织。试比较中西两种文字的特征。在维护超越90种语言差异的政治统一中，汉字发挥了作用。相反，西方的书面文化抚育个性化的语言，从而造成分离的民族。

第三章　改变我们的心灵：智能简史

第一节　语言是我们的第一种技术

信息处理始于口语。语言仍然是人可以使用的最强有力的代码，而且在可见的未来仍然是主要的代码。人工智能开发者杰伦·拉尼尔（Jaron Lanier）向弗兰克·比奥卡（Frank Biocca）解释说："口语是无与伦比的活生生的构造，不仅是技术工程，而且是生物的、演化中的工程。人类和口语同时发生，口语是我们大脑的组成部分，在生理上是我们的一部分，极其深奥而神秘。"[1]拉尼尔论语言核心作用的判断比通常的陈词滥调高明，它强调语言形式和我们的生物构造的极其深蕴的关系。语言在我们体内孕育，帮助我们形成思想，从而感知世界，并在世上生存。我们越是熟练地学会驾驭语言，就越是能辨识、理解环境，并在环境中生存；环境构

[1] 拉尼尔和比奥卡（Jaron Lanier and Frank Biocca），《内行看虚拟现实之未来》"An Insider's View of the Future of Virtual Reality," *Journal of Communication* 42: 4 (Autumn, 1991): 160。

成我们的现实。这就是人类智能。凡是影响我们语言成长和发展的东西，必然会影响我们智力的成长和发展。实际上，许多年后，“文盲”比例的再次上升向我们透露的信息是：理解现实的能力不如以前了。

第二节　为什么所有的语言都带有很强的人为性？

人类智能的演化和语言的演化并驾齐驱，而且和支持并处理语言的技术齐步向前。其中的第一种技术就是文字。语言的起源可见于日常生存活动中组合语音的实践，将这些语音储存起来以便永久使用的却是文字。相关的、选择性的口头习用法被写下来之后，就能达到足够的一致性和可靠性，语言代码的发展就可以超乎普通的习用法了。用进化论的术语说，无论所用的文字系统或代码是什么，语言写下来的主要效应之一是：语言脱离说话人的口语，能被人为操作了。在以前只有口语文化的情况下，语言控制人、驾驭人的行为；有了文字以后，情况反转过来了。会读写的社会一定程度上获得了控制语言的能力，对自己的命运拥有一种新的驾驭能力。

第三节　文字增强了人的认知能力

文字使人能储存、拓展和开发语言，在象征意义和实际上是人对现实进行控制的媒介。文字总是处在文明的核心部位，似乎有“智能放大器”的作用，常引起突然爆发的文化加速。哈罗德·伊尼斯（Harold A. Innis）论传播对文化的冲击的历史论著令人难忘，他证明，为社会组织、法律法规和行为模式准备条件的，正是文字和运输媒介。〔1〕不过，埃里克·哈弗洛克（Eric Havelock）的论述又表明，有些语言尤其有些文字往往会使个人拥有更大的控制权，而不是总体上赋予社会更大的控制权，希腊和罗马字母表就是这样的文字。这一事实直接影响了在西方盛行的人类智能的分配模式。〔2〕

〔1〕 哈罗德·伊尼斯（Harold A. Innis），《传播的偏向》（*The Bias of Communications*, Toronto: University of Toronto Press, 1951）；《帝国与传播》（*Empire of Communications*, Toronto: University of Toronto Press. 1971）。

〔2〕 埃里克·哈弗洛克（Eric Havelock），《柏拉图导论》（*Preface to Plato*），《字母表心灵》（“The Alphabetic Mind: A Gift of Greece to the Modern World.”）*Oral Tradition* 6 (1986): 134-50。

第四节　代码即讯息

西方文明形成的人类智能的形态，在很大程度上归因于西方字母表的特殊编码方法。哈弗洛克的研究表明，字母表文化不仅是一个内容问题，换言之，这不是生产更多思想或理念，用于记忆和沉思的简单问题，这首先是一个信息处理问题。哈弗洛克让我们理解字母表系统和一切古老的文字系统，就像我们今天理解计算机编码的长处一样，不仅要基于其用途，而且要基于支持它的信息处理平台的运行机制。和音节文字一样，字母表是语音编码的。这就是说，字母表不表征意象、概念或思想，只表现语词本身的语音形式。因此，任何文字都把口语的实际语音转换为对应的字形－音位表征，文字使语法和词汇的细微之处可供转写、分析和再加工。文字使语音能够发声，使共同的习用模式可能的变异成倍增加。

正如哈弗洛克所言，字母表代码的表现力大大超过音节文字，因为字母表文字不是把口语分析为能发出的音节，而是把分析推进到单个音位的层次。其效果是：充分表达口语所需的字符减少，复杂音节紧缩形式的歧义被消除。代码越简单和忠实，其工具效应就越强大，就能用于完全有意识的语言掌控。哈弗洛克认为，希腊字母表的精细化使其地位上升：从记忆的工具上升为思考的工具。人类智能卸掉了用来记忆的负担，被用于革新了。[1]

卡尔扎蒂批注

我在这里想说的是，汉字像雨水。为什么？首先，古汉语的文字书写和排印沿纵轴下行。而且，因为它由表意的方块字构成，所以书写就是分割的、异质的，由小步的跳跃和微小的原子组成，而不是靠连续性特质组成。换言之，每个字含有爆炸力，与前后相邻的字冲突。现代汉语是对比式语言（contrastive language），语义以向心方式构成，从语词中心指向句子中心。这就是说，汉语可以界定为一种量子语言，在此，文本的意义“必须以整体系统来描绘”，也就是说，只有通过字与字的对比，语句的意义才能得出（一个字有若干不同的意思，意义取决于上下文）。意义源于积累：个体的汉字淹没在汉字的集体（系统）中，这样的系统总是不到末尾不能决定的。比如，汉语有一套精准的结构规则：语义以量子组合的方式生成，由汉字捆绑而成，而不是遵循句法标志的范式。两个例证足以说明汉语的句法特征：罕用连接词（代之以标点）；过去时态不是靠动词的变位，而是在句末加上小品词。

---

〔1〕 埃里克·哈弗洛克（Eric Havelock），《希腊书面文化导论》“Prologue to Greek Literacy”。

第五节　人类智能在私人自我中重新分布

人类智能在私人自我中重新分布，这是理性发展重要的一步，是认知能力用于自然界的结果，但这不是字母表对人类智能最重大的影响。从可靠的时空认知组织出发，古希腊人形成了很强的自我意识，认为自己观察现实，并在头脑中展示现实。任何文字系统都可以记录信息，对重要和真实的信息进行归档；仅此，任何文字都可以引进并支撑不同程度的集体历史意识，这是可以想见的。同理，虽然并非一切文字都能同等程度地支持深度透视和三维空间的欣赏，但它们都是某种程度的空间认知。字母表文字在一个问题上达到前所未有的层次：向习用这种文字的人回馈很强的自我意识。

若要了解这样的意识是如何发生的，我们可以参看日益增多的名人自传，比如圣奥古斯丁（Saint Augustine）或蒙田（Montaigne）的自传，也可以参看有浪漫色彩或文学头脑的学童留下的标准日记。写日记的人既在控制语言，也在运用语言，已在发展自我意识。写下所思所想时，无论是直接涉及自己，或是对现实或社会观察进行思考，其直接结果都是建立那个自己与现实的关系，并强化自己对现实的看法。这是忠实、恒久、清晰的镜子，映照着自我意识，是个人智能的加速器，也是对语言结构细节和信息处理的运用。字母表在希腊、罗马和西方帝国的成就是：赋予每个读书识字的公民一个撬动现实和智能的手柄。阅读和书写是心灵私人化的基本条件。

卡尔扎蒂批注

如今，如果不借助电能，我们就不能在现实里冲浪，就不能屹立在浪峰中。

第六节　社会和心灵重构引起的痛苦

读书识字启动的心灵私人化对于宗教和政治等级制度经营的集体信息处理，造成了灾难性后果。实际上，虽然其他正式的文字系统，比如埃及的象形文字和中国的会意文字，也把社会的信息处理置于自上而下的宗教和政治等级制度控制之下，因而个人的信息输入和主动性留下的余地很小，但希腊书面文化产生的首要影响之一则是一个全新的政治社会观念——民主。至于民主是否严格按照柏拉图《理想国》阐述的路线实施，那并不是问题所在。关键在于理解以前以集体为本的人类智能管理方式，如何突然成为靠希腊字母表可以供个人使用和操纵了。政治民主首先始于心理民主。

马歇尔·麦克卢汉[1]和伊丽莎白·爱森斯坦[2]两人都注意到，印刷机的发明大大加速了手稿字母化的冲击，是文艺复兴时期宗教

〔1〕 马歇尔·麦克卢汉（Marshall McLuhan），《谷登堡星汉：印刷人的诞生》*The Gutenberg Galaxy: The Malting of Typographic Man* (Toronto: University of Toronto Press, 1961); *Understanding Media* (Toronto: McGraw-Hill, 1964)。

〔2〕 伊丽莎白·爱森斯坦（Elizabeth Eisenstein），《作为变革动因的印刷机》*The Printing Press as an Agent of Change*, (Cambridge: Cambridge University Press, 1979)。

动乱凶猛的根源。中世纪的集体意识建立在信众得救的共同目标上，从这样的集体意识向公共空间和私密心灵的新社会秩序的转移启动了，这个过渡期经历了几百年激烈的意识形态斗争和政治纷争。

最终，人类智能获得了前所未有加速发展的必备条件。希腊哲学的“自然”概念是被放大的、有组织的时空泡沫。自然成为应用型“常识”的领域，却从来就是一种认知共识，不是建立在共享字母表文化遗产基础上的共识。科学方法丢弃宗教教条，清楚分割现实的“客观”评价和“主观”评价。共同的知识客体化，储存在书籍、论文、词典、大学和图书馆里，确保了个人贡献自由演化的社会空间和思想空间。个体公民提出的研究倡议和理论受到检验，以判定其在共同学问里在多大程度上是令人信服的。对于假设的初始因产生和业已常态化的结果，如果个人的理论或实验既能反映，又能尊重，且不扰乱既定的科学范式，这些结果就可以纳入人类知识的百科全书中。如果个人的理论或实验不能纳入这样的百科全书中，理论家也不会被杀头，头脑出错还是被允许的。

在这样的情况下，社会组织结构原理所反映和强化的是个体心灵在社群里的源头。[1]同样，共同空间建立在如下理解的基础上：物质空间是中性、无限的，宇宙根据不变的机械规律展开，个体意识在空间配置中组织，与日常生活的空间相当。时间这条轴线显然

---

〔1〕 戴维·哈维（David Harvey）解释说：“空间和时间的符号排序为经验提供框架，借此，我们获知我们学到什么，我们是谁，我们在社会里做什么。”见 David Harvey，*The Condition of Postmodernity: An Enquiry into the Origins of Cultural Change* (Cambridge: Blackwell, 1989)，114。

和空间不同，在公共的历史记录和历史哲学中不同，在个人的心理构造中也不同。在个人的思考中，时间序列的格式被用来解释个人的生活情景和历史的生活情景。纯科学技术和应用型科学技术的革新在飞快加速，对既成的秩序构成威胁。尽管如此，直到电能出现前，认知的情况还是相对稳定的。

第七节　货币使世界像钟表一样运转

字母表文化的发明有一个附带却并非不重要的结果，那就是铸币的发明。古代货币在很大程度上仍然和以物易物的根基拴在一起，和使用价值的直接交换紧紧相连。但拥有字母表文化的吕底亚人在公元前 7 世纪发明了铸币，这是表征性结构原理的反映。凭借字母表的使用，这一原理被配置为认知的子程序。阅读和意义的关系依托抽象符号所指的抽象意义的表征，同理，铸币或纸币与价值的关系并不围绕实物和服务的获取，而是围绕抽象价值的解析和估算。这就使货币成为人类智能的主要工具之一。新的估价态度不久就颠覆了使用价值和交换价值的平衡。在西方估价法的历史中，货币成为大多数商品和服务的通用转换系统。这里表达的观点不是拾起马克思的分析，而是要说，货币很快就成为人类智能分析时间、空间和个人努力的方式。马基雅维利（Machiavelli）断言："人人各有其价。"他不仅预见到今天计量个人"净值"的习惯，而且还指向一个悠久的习俗：用薪水分析人的精力。货币是人类智能的分析机制：使人记录和分辨空间的划分、时间的段落和精力的付出。货币在社会里的作用就像计算机中央处理器里时钟的作用，中央处理器使计算机的计算同步。[1]

---

〔1〕 见 David Harvey，*The Condition of Postmodernity: An Enquiry into the Origins of Cultural Change* (Cambridge: Blackwell, 1989)，228："时钟和钟铃召唤劳工去上班，召唤商人去市场，借此象征，商人和工厂主生成了一种新的'时间网络'，把日常生活装进罗网。"

第八节 电能及其对时间、空间和自我的隐形意义

电报是第一种把时空束缚化解为即时通信的信息处理技术。因此，它几乎立即对协调和协同人类活动产生影响，此前，人类活动是分别进行的。电报对商品和服务的定价系统产生影响，对新闻采编和报导也产生影响。它还为人类智能的展现和处理方法开辟了新的可能性。

电报是字母表和计算机信息处理的链环，确认这一点至关重要。电报把26个字母转换为长、短、零这三种信号，使电码极端精准，甚至成为国际电报业界确定的网络化智能“公共载体”（common carrier）的第一个模型。当然，为了求得二元码通用的灵活性，把三种信号进一步简化为两种是至关重要的。字母表和数码的连续性不仅反映在“美国信息交换标准代码”（ASCII）的通用标准上，而且在以下事实中更贴切地反映出来：在神经网络模拟器出现之前，一切计算机的运算都是基于同样的基本原理：分割、去语境化和重组。

（1）自我

因为我们都拥有从文艺复兴继承的自我形象，而这一形象是以书面文化为本的，所以，我们没有认识到，从电话到虚拟现实的一

切电子技术都是对我们机体的延伸，都超越了我们肌肤的边界。不久，本体感受即身体边界的感受将浮现出来，成为一个重要的心理问题，有技术意识的新一代人不得不面对这一问题。实际上，观点的迅速精细化成为个人自由的条件，这样的变化是在文艺复兴透视主义的中性空间里实现的。同样，在网络数据流中身处何方的本体感受意识是一个必要的条件，借此，在电子“游牧”中，个人对自己维持一定程度的身心控制。在这方面，小说家威廉·吉布森（William Gibson）提出的“闯进赛博空间”的观点的确带有预见性。[1]

另一方面，在一切计算机化的互动中，传统的内外界限很成问题，而且，在文艺复兴的宏大图像逆转为其对立面时，内外界限的问题也许更文不对题了。虚拟现实专家拉尼尔对比奥卡解释说：

> 在虚拟世界里，你容易且有能力改变世界的内容。我认为，虚拟世界显著的特征之一是你的身体和世界的边界是难以把握的。本质上，从虚拟现实的视角看，身体的定义是：你想尽可能快地移动你的那部分。在虚拟世界里……你可以远距离开门或在地平线远处引爆一座火山，或者做别的什么事情。到那时，真要界定身体的边界就困难了。[2]

拉尼尔这番话也可以用于电话或视频会议，不过，这两种媒介

---

〔1〕吉布森在《神经漫游者》（*Neuromancer*，New York：Ace Book，1984）里说，有许多前所未有的触觉体验的例子，给人教益；尤其对我们正在进入的状况予以启示，甚至暗示：在极端的远程存在中，你可以“骑”在另一个人或机器人的身上。

〔2〕拉尼尔（Jaron Lanier）和比奥卡（Biocca），《内行看虚拟现实之未来》（An lnsider's View of Future of Virtual Reality），161。

的效果不如虚拟现实那样明显。

戴维·罗克比（David Rokeby）提出“借用的主体性”（borrowed subjectivity）的概念，这是艺术家论自我形象时最切中肯綮的观点之一。在虚拟现实环境中，记录和回放别人的感知经验是可能的，不仅如此，正如杰伦·拉尼尔常说的那样，虚拟现实中输出信息，经过调制后所产生的回馈效应会改变人的自我感知，就像毒品或回旋加速器必然要改变人的自我感觉一样。当然两者有差异：虚拟现实既是受到控制的，也是完全可以分析的。改变自我的感觉很可能成为明天最被人看重的娱乐形式。

（2）新的“公共载体”

虚拟现实环境里“借用的主体性”的概念是一个极端的例子，这一现象在网络传播里已经相当普遍。网络传播的效应是拓展自我，使之从私密的心理空间变成共享的精神空间，同时又使个人的隐私在目前的社会空间里保留下来。登录和退出互联网相当于在赛博空间里展开自我，超越时间，在非同步传输模态中，这一效应尤其明显。“在线的自我”（on-line self）既不受时空的支持，也不受身体的支持，但它的在场是明白无误的。〔1〕

此外，文字处理实质上是“思维处理”（thought-processing），无论是在独立工作站上或是在线上。这就像昔日文字模态下咬文嚼字、炼词造句一样，那是慢条斯理、逐字逐句、个性化但不间断、可分享的认知发展过程。反馈的加速，计算机会议上许多人信息输

〔1〕互联网用户常常窃喜，生理特征的缺失不会干扰他们交流的“真实性”。许多电子色情人在线聊性事赚钱。法国声名狼藉的“玫瑰密语”（Minitel rose）在大型户外广告上以金发女郎形象进行自我推销者，实际上却是在后台服务的半老徐娘。

入的聚集，群体反刍数据的即时再分配，这样的新发展生成了中介和调解的新模式。主体输入和客观吸收的边界开始向新的思想共同体开放。

读书识字的认知造成空间－时间－自我的幻象，把认知主体的客观现实和主观现实明显区分开来，如今，这一幻象正在被颠覆。电子高速路和信息高速路融为一个认知环境。在这里，使用者个人既是消费者，也是生产者，他无所不在，成为浮动、中性的节点实体。在这样的形貌中，外部世界不是固定的世界或常规意义上“真实”的世界，而是像积极的超级意识，永远处在流动、变动和调整中，以适应局部的需求和环境。对这一演化中的拱形认知环境而言，工业世界成倍地增加专属标准，不停地努力维持控制并不是潮流，终极的、必然的趋势是提供通用的、以电话网形象为基础的“公共载体”（common carrier）。数字化提供的是普世的公共内容，是“公共载体”的“共同感知”（common sense）。

卡尔扎蒂批注

这一段话很重要。我的意思是，在我们生活的系统中，变化是基础的范式。不过，我建议删去“流动”的概念，因为流动是有方向的。相反，我们处在融合的节点，如你所谓的超意识正成为无所不在的存在，换言之，这是多重交叠的状态、探索性接近和概率的状态。这正是假新闻这类现象畅行泛滥的基础（亦请考虑，“外部世界”既不是固定的，也不是“真实的”）。

以下第九节是2019年增写的文字。

第九节　自我的内化转化为外化

（1）文本使语言稳定和放大

对操同一语言的人而言，语言是主要的共享环境。语言在这个共同体里成长和发展，同时又相对独立于任何个人（民俗创新者、诗人、科学家和潮流引领者除外，他们发明并普及新词语、概念和表达）。语词依附于事物，给事物披上光环，人们借以识别和命名语词。口语亦有自己的生态。它依靠自己携带的后援系统，社会群体给予它支持，在这样的条件下，语言不可能大发展，也不可能很快地成长。在语境支配的情况下，文本是不存在的。只有口语的社会群体在真实的时间里共享和维持语言。语言的发展和弹性全靠语言群体的密切接触，而且要几代人不间断地接触。

在只有口语的社会群体里，语言更多地是由人们分享的，而不是私人拥有的（诚然，个人在一定程度上能保守自己的秘密，诗人很可能把语言的记忆藏在心里，但一般地说，这是全口语群体里特化且罕见的功能）。口语在广度和时长上有局限，随统一群体里口语传播的距离而变化。因此，在曾经互联的人群里，会兴起多种方言。方言距离太远时，或来自其他语言的污染发生时，语言就分解成较大的群体，并具有更多区别性特征。语言稳定和发展的因素主要是文本。从文字渗透社群之日起，语言的生态就成为文本的生态。只需维持或多或少的衡稳性，文本就主导着运行机制。一旦落纸成文，语言就不再依赖人体，一个文本的机体实际上就构成了。文本成为新的支持系统，使语言逃离人体。文本静止不变，让世世代代共享。于是革新就能启动。革新的启动一般是靠重复经过尝试的解决办法，旧的尝试失败，新的尝试开始。有了文本以后，用可靠方式记录各种尝试就有可能了，尝试的过程演化为区分和实验。炼金术士反复实践，直到更好地掌握化学语言，化学语言引导他们走向新的实验，并最终走向经验主义。他们从未炼成黄金，但他们开启了化学，达到了一个更加丰饶的目标。在任何文化里，文本决定着科学及其应用的革新，文本也决定着音乐和小说的革新。

文本稳定程度的多少取决于它所用的文字系统，文本优先支持社群或个人，或两者都支持。比如，字母表文字和音节文字支持语词的发音，而会意文字倾向于支持事物的形象或概念（常常产生语词和客体定义的杂交）。以汉字为例，会意文字跨越语言，以同等程度服务普通话、吴方言或客家话。中国的各种语言都基于单音节词，生成了大量的同音词；若用字母表转写中国话，同音词是难以管理的。相反，多音节词的语言比如印欧语能更好地区分歧义，更容易用音节文字或音位文字转写。

读者也许注意到，在这一章里用红色书写的句子和段落比其他篇章多（实际上，全书遍布大量红色标注的文字，因为太多而焦点不彰，中译本未效仿这一手法——译者）。我按主题选中这些句段，意在让读者尤其中国读者注意西方个人主义的兴起以及个人自我的形成。理所当然地，我把意义生成的优先性从语境向文本转移归因于字母表效应。采用字母表的文化对语言生态产生了诸多影响，其中之一是个人意见和控制的快速形成。今天由于隐私快速而不可逆的磨蚀，个人主义遭遇到重大的反转。由于深层文化原因而不是政治原因，这样的反转没有对汉语产生同样的影响。为了进一步说明这个主题，我尝试用六个步骤来解释人的内化过程。在此，我将这六个步骤呈现为一个逻辑序列，但我们要知道，在实际的人类经验中，它们多半已然发生并仍将继续或多或少地同步发生。

① 文本和语境脱离

上文说明了字母表文本的相对独立性，它不取决于文本使用和出现的语境。但这绝不意味着，阅读时你不必了解文本的语境，绝不意味着，当你停止阅读这个文本后，它能为另一个人激活完全同样的内容。它未必需要一个具体的语境，才能被解码和理解。你能阅读你的语言书写的任何东西，一边阅读一边探索其语境。文本和语境的分离使语言序列解脱出来，开发出许多其他用途，这是科学和虚构文艺革新获得指数发展的因素；文本和语境的分离为其他许多领域提供灵感，重组基因工程就是受惠的领域之一。

② 文本和读者脱钩

上一段已对文本和读者脱钩的现象做了暗示，而且，埃里克·哈弗洛克在《柏拉图导论》（*Preface to Plato*）中，用第十二章整整一章的篇幅来论述这个主题。之所以重回这个主题，那是因为我需要强调一个事实：阅读字母表序列不要求读者预先掌握其中所含的知识，也不要求读者提供语境线索去解码文字。阅读字母表文本时，人们不必猜测意思，相反，阅读不完全的字母表文字系统的希伯来语或阿拉伯语时，或阅读埃及或中国的半会意文字时，读者不得不猜测字符的意思。我的另一层意思是，你可以正确读出你不懂的字母表文字。在这一点上，文本提供的语境能帮助你猜测意思，至少能帮助你搜寻意思，在其他地方（比如词典里）查找意义，并最终把这个意义纳入你的词汇系统。字母表还促进读者的外语学习，因为它在一定程度上忠实地表现了文字表现的内容。读者个人不仅能阅读他们掌握的语词，而且能直接获取不懂的语词，他们就能学习新事物，更好地掌握和驾驭语言。

③ 读者和语境脱钩

也许，这一步看上去多余，它似乎只是提出了上一步论述的一个方面。然而实际上，这个重要的判断使我们理解：字母表序列提供的内容能独立传达信息，文本的恰当解读并不要求读者归属于或包含有某一个文化、社会或宗教语境。比如，只要词汇和语法正确，即使句子没有意思，超现实主义诗歌也是可以阅读和自由解读的。换句话说，文本不把读者拘束在以前的知识或信仰里。而且更重要的是，文本不被绑定在一个知识或实践的社群里。因此字母表读写的文化素养推进整个文化的世俗化，最终赋予个人权利在相对短的时间里做出决定，去遵循什么样的宗教信仰和共同知识。

④ 语言的使用和私人化

一切文字包括语标词（logograph）和会意字都容许个人掌握其内容，并储存在记忆里供自己使用。然而，如上一章所言，字母表却在大得多的程度上赋予人这样的机会。为什么？道理很简单，字母表文字的阅读效果是内化它，不是用观念、形象或概念内化它，而是用语言表示的语音内化它。我要在这里补充，汉语读者也内化和使用文字表达的语言，当他们倚重语标词而不是会意字时尤其如此，这是不容否定的。然而，汉语的使用需要很长一段学习期，永远不会真正完成（也许，学问极端高深者能记忆并释读 8 万个汉字，而不是读报平均所需的 1500 个汉字，但这样的高手非常罕见）。因此，在语言和人控制关系的主要逆转上，汉语读者难以达到西方读者那样的程度。我所谓控制关系的逆转是，以儿童为例，他学会了阅读，不再受父母或同辈发号施令的控制，他把语言变成自己的权力了。所有的儿童在小小年纪就学会说“不”，这大概是他们最早接触语言力量的时候。但只有等到学会阅读、用语言而不是语境来构建思维时，他们才掌握了语言的深层力量。以后，他们才能解读文本，就是说，他们能开发与自己有关、与自己个人经验有关的意义，而不仅仅是开发社群一致理解的意义。[1]这样的权力关系和口语传统相反。口语传统把语言的力量赋予群体，阅读文字把力量让渡给读者。社会政治情景深受这一逆转的影响。任何形式的文字素养，特别是字母表文字素养都使文本静音并储存文本，都挑起权力结构从纵向到横向的转移。封建制和君主制必然变异为民主制和共和制。

⑤ 思维使语言静音

起初，字母表文字仅仅是口头表达和记忆的手段。正如古埃及文的书写一样，古希腊的书写是抄书人的任务，他们服务于不会阅读的权势人物。一切阅读都是朗读，凸显这样一个事实：字母表起初是一种记忆工具，其功能是支撑口语持久的主导地位。到了某个时候，也许兴起于抄书人脑子里吧，人们开始默读，不觉得有必要

---

〔1〕 我的同事、麦克卢汉研究计划的共同主持人戴维·奥尔森（David Olson）教授探索这些问题，发表了一些文章，写了一本书《纸上的语词》（*The world on Paper*）。

与他人分享阅读文字的意义。默读使原本公开的活动变成私人的活动。实际上，默读提供保证，使阅读的文字供个人使用。默读还把说话变成思索。用语言思维和用观念或形象思维截然不同。默读把复杂的形象思维分解为可以管理的语词单位和概念单位，提供了许多新的活动机会（且不说写下思想并重新思考产生的拓展效应）。诚然，语标符号表现语词而不仅仅是表现思想，也必然把语言和语言思维引介给中国人。但它们不足以使中国人摆脱语境的包袱，因为汉语由单音节组成，它需要解读大量的语境线索；相反，多音节词汇用辨析分明的语音表达语词和意义，这是印欧语的特征。因此，中国的主要语言不可能完全独立于语境。

⑥ 自我的私人化

默读的成就是完成字母表读写文化特有的内化过程。读者就所读内容进行逐渐的积累和自发的分类，如此整合的内容构成一种思想资本，这样的资本可以构建、拓展并支撑他的身份。最后，在精明读者的头脑中，一种成熟、明达的意识就会形成，并根据需求来管理。这样的需求有：思想资本部分或全部的保持和分享。默读产生隐私（和个人的观点），即使不立即成为读写文化的观念，隐私也成为生活的事实。起初，社群需求和权利的平衡先于个人，在文艺复兴时期，这样的平衡逐渐转移到个人政治、社会和经济的实践。

当然，默读现在是而且一直是中国文化里的常态，因为即使在发轫期，中国文字的书写并不是要表现语音或思想的。显然，汉字也容许私密思维，使个人能保存思想。因此，围绕思维“神秘的中国人”，西方人产生了普遍、陈旧的滥调和偏见。不过，虽然中国人的默读保护私密，却未必具有支持隐私减少的效应，遑论西方文化那种排除社会考虑和优先的倾向。在这里，我们也许有机会考察：汉字强调并维持了中国许多不同语言和文化的统一，与此同时，在尊崇有利于社群先于个人的平衡中，直至今天它似乎也起到了关键的作用。这似乎可以解释以安全和得体社会行为的名义而实行的监控，首先在毛泽东时代成功了，现在又得到人们的容忍。在下一章“口语型的听和读写型的听”里，我们还要从另一个角度看中国的默读。

（2）人类文化的逆转

自电能用于语言以来，各种文化都体验到了语言本身全新的情况。现在是一个过渡期。世界各种文化被注入了电能，正在从书写时代走出来。人类正在第二次改变自己的肌肤，以吸收电子技术的成果；电子技术已经成为全球产业，正在渗透一切，包括我们人体的纤维和肌腱。人类遗传密码的破译颠覆了自然与文化的关系，向文化倾斜。正如麦克卢汉所言，自从 1957 年 10 月“伴侣号”卫星绕地球飞行以来，我们的地球变成了技术的内容、艺术的材料，因而成了一个可编程的系统。

（3）超文本

电能出现之前，文本的生态含有在空间里分布的文本，它们需要分类、储存和循环。有了电能以后，文本再次变异，成为超文本、超媒体，在虚拟空间里变化。至于当前文本的生态，我们需要考虑三种不同的形式：文本、语境、超文本。每一种形式都描绘语言的一种特殊关系，都引出不同的方略和思维模式。超文本无所不在，招之即来，就像思想一样；它的存储需求不高（和文本相比而言），但它需要复杂的访问程序。由于语言的主要支持手段正在从印刷媒介转向电子文档，文本就在多媒体里分布开来，看似矛盾地在感官里重新分布了。

（4）自我与思维的外化

思维以人工智能的形式上传到线上，过去它支持软件，如今它支持“增强意识”（augmented mind）。实际上，“增强意识”这个概念本身就显示，我们不但占有通信穿过的中性的物质空间，而且还拥有包容着我们的一个认知空间——这是包容我们的空间，交流在真实时间里绑定和支持的空间。与不得不起身去虏获信息相比，浸淫在信息里的体验是截然不同的。在线上，你在万物的中心，在空间里，你只不过是在某地。比如，把地图和数字信息联系起来就是典型的“增强意识”策略。原则上，仅靠命名并贴上名字的标签，以便在空间里覆盖信息，那只是一个概念或做法，并不和任何具体的技术挂钩。所有的地方都有名字，或终将得到一个名字。数字增强（digital augmentation）常被称为“增强现实”（augmented reality），它把一切相关的数据和事物的处所联系起来，并且和其他一切有用的事物联系起来。谷歌地图 API 使你能把各种多媒体数据铺展在真实的地图上，为各种专题和用户定制。表征数据的这个趋势解释了人们一种日益增强的意识：重新思考局地、物质空间和赛博空间的关系是有价值的。反过来看，“真实世界”遍布局部传感器和发射器（条形码、二维码等），指引你上网，在互联网上找到恰当连接的恰当网站。我们进入了“超相关性”（hypertinence）时代。

“增强意识”使我们能在增强的高一级水平上运行，其中的很大一部分是无意识的。它既是延伸的记忆，又是信息处理的智能。过去，许多心理活动都装在脑子里的私密处，计划、分类、计算（今天谁还记得九九表）、设计、甚至个人数据的记忆都装在脑子里，如今，我们的想象力和记忆力都已经外化在数据库里、屏幕上，而且已经与人分享。儿童在屏幕前所花的时间，大大超过了在纸张前花去的时间，他们在身心之外的社交媒介和自拍照里构建自己的身份。更重要的是，他们的身份里没有刻意粘贴在社交媒体里的那一部分，也神不知鬼不觉地为他们补足齐备了，那是在数据搜集、分析和整理中完成的。我把产业和政府相关方完成的这种形象建构的新现象称为“数字无意识”（digital unconscious）（见第六章“媒介与性别：控制你的内心”），这包括有关我们的一切和我们能被人获悉的一切，却是我们浑然无知的一切。有趣的是，中国的社会信用工程（social credits project）既符合人人有意识和无意识自我的外化，又是其结果。大多数西方政府继续假装，这样的外化没有发生，相反，中国人宣告，这样的事情正在发生，并至少在原则上决定要把社会弊端转化为社会效益。

第四章　口语型的听和读写型的听

今天，我们的眼界模糊不清了，我们看不清未来，我们用抽象、废话和静默构建现在。如今，我们必须要更多地用社会的声音、艺术和节日来判断一个社会，而不是靠统计数字来判断它。聆听那些“噪音”，我们就能更好地了解：那些蠢人蠢在哪里，他们的算计正把我们引向何方，我们还有什么希望。[1]

——雅克·阿塔利（Jacques Attali）

第一节　都市音景的荒漠

阿塔利的《声音：音乐的政治经济学》（*Noise: The Political Economy of Music*）描绘音乐经济如何控制我们的感官，因而对我们文化的重要方面进行调解。这是对我们的文化基础极具感知力的探

〔1〕 雅克·阿塔利（Jacques Attali），《声音：音乐的政治经济学》*Noise: The Political Economy of Music*（Paris: Le Seuil, 1989, 3）。

询，又是对当代音乐分析衍生的预见力深刻的探询。在以上引文中，作者达成了深刻的洞见，他对照视觉和听觉，将其作为我们当前文化社会困境的一个方面。然而，令人吃惊的是，作者仅提及乐谱（written music）对音乐样式和形式的重构，绝口不谈读书识字对我们文化的深刻影响，尤其不谈书面文化对我们听觉态度的影响。我说这令人吃惊，因为乐谱是书面文化控制的首要例证，西方人的心理动态被书面文化接管了。从文艺复兴到晚近电子技术引起的逆转，乐谱几乎控制了声音，把一切自发的流行音乐形式或传统的民俗节律贬低到第二流的地位了。书写和音乐的对立几乎是生物性的对立，因为书写控制的是大脑，而有组织的声音控制的是整个人体。

一般地说，在处理我们的所谓“高级”感官即视觉和听觉时，我们所持的态度是生产者的态度，而不是消费者的态度。我们为了乐趣而使用鼻子和味蕾，心满意足，但我们看和听的目的是收益。我们在大多数都市环境里所听的东西都是为了实用的目的。即便娱乐性地听节目，那也是实用性的，比如，我们去听爵士乐、古典乐和流行乐是为了“放松”，是要告诉自己和他人，这是停下工作听音乐的时间了。我们大多数人去音乐会、运动场，很尽责（即使不具备专业精神）。除了在专业化的、亲密的环境里，我们对触觉的使用也是理性的、克制的。然而，即使在公共审美的语境里，看和听之间也必须划上一条严格的界限。我们搞设计是为了让产品赏心悦目，但我们一般不会操心让设计的产品悦耳动听。高技术产品不产生呼呼噜噜的声音，不生成滑稽的嘟嘟声时，它给耳朵的最佳馈赠就是产品的寂静无声，不刺耳，这就是高效的标志。但我们的文化不久就使我们麻木到听不见讨厌的噪声，而不是使之不那么令人讨厌，也不是使之转化为令人愉悦的体验。在都市工业噪声中长大的儿童，必然要生成喧闹的音乐，使之与工业噪声一致，并抹平玻璃、砖头和钢铁那坚硬、刺人的破碎的边角。

都市文化音景（soundscape）是一片富饶的荒漠。人类大量的精力被吸进了都市的黑洞，吐出来的却是白噪音（white noise）。我们从白噪音找回原始能量，但在这个交换过程中失去了对声音的敏锐感觉。当然，我们并没有意识到自己失去了任何东西，因为我们早就习惯赋予听觉配角的地位。当全社会都遭受听觉的损失时，就没有人讲述这样的危害了。在聋子的世界里，能听见声音的是圣女贞德（Joan of Arc）这样的女狂人。我们对耳朵的忽视，可能是我们为读书识字付出的代价。

卡尔扎蒂批注

可以补充说，基督教靠书面文化（literacy）完成殖民的后果之一（中世纪的圣书一般人是不能触摸的，只有神职人员即读书识字的人才能触摸圣书），是使触觉边缘化、污名化。今天反过来了，我们全球化的世界越来越需要使触觉完成世俗的责任化（responsibilization），以此对待我们的身体、他人的身体和环境（或触觉的罪感），其必然的隐含命题是作为抽象思维的书面文化的“去殖民化”。因此，我们不妨问：开发一种有形有象的书面文化是什么意思呢？一方面，这一进程业已开始，如火如荼，偏爱代码和模式的杂交，即使在多媒体互动文本出现之前就已经露头（换言之，触觉的世俗化促成了跨媒介性）。另一方面，有形书面文化的一个主要后果是，把书籍视为崇拜的媒介，眼睁睁看着书籍的“内容”被框架摧毁，而书籍的框架主要是基于视觉－触觉经验的。如此，书籍和书面文化的去神圣化引向了内容的“世俗化”，再次说明：媒介即讯息。有形的书面文化失去了对语词威力的任何敬畏形式，接受了文字游戏（未来主义、达达主义、超现实主义是晚近的例证）。我们还可以说，书面文化渐进的去世俗化（最晚始于宗教改革，马丁·路德把改革论纲的语词贴在门上）打开了通向个人默读的大门。如果可以说，在一定程度上，集体朗读和个人默读一直共存（虽然未必平等），大概就可以说，日益便携的开本书就使这两种形式的阅读向后者转移。然而，只有通过书面文化和触觉的渐进世俗化，以及与此平行的对书籍的崇拜，向个人默读的转移才有可能。

第二节　媒介能影响我们的感官模式吗?

试闭上眼睛，幻想你周围的世界。如果你的文化水平很高，那么很可能，主导你表现这个环境的是视觉模式。一个大箱子（房间）里面装有东西，还有一个人。也许还有另一个人或一只宠物，就在你身边。也许，你能听见室外的猫叫鸟鸣。倘若你不受书面文化威力的束缚，你就能听见别人没注意到的声音。你可以铺展许多层次的声音，以完全有用的、可管理的方式表现你的房间：衣服的摩挲，周围的声音，管道的汩汩响，壁炉火苗的呼呼声。你听见的声音仿佛是分层的雕塑，有质地，有图案，都带有对你的压力。

我建议做一次试验，以检验口语环境下的听和读写环境下的听有何不同。在一个拥挤的社交场合，你寻机颔首闭目。你能同步跟随若干不同的会话，令你大吃一惊。随后，你睁开眼，尝试继续这样的跟踪。你发现，即使并非不可能，至少是非常困难的。这有双重原因：首先，你的眼睛占用了大量的心理能量。我们的感知功能有选择性。为了做出一个有效的回应，投入一个给定情景的只能有那么多能量。生存是能量投入的提示器。有些感官需要的能量多于其他感官，视觉即为一例，它需要的能量是听觉的十八倍。其次，视觉比听觉更快、更全面，在视觉文化条件下尤其如此。

从魏尔兰[1]到克洛岱尔[2]的许多象征主义者凭直觉把握了眼睛的专横，因此他们建议人们闭上眼睛，以成为“看的观者”。其主要原因大概是，视觉有强迫性和排他性。眼睛生成的正面景观支持并鼓励注意力的专门性，其他感知往往被消除了。加拿大作曲家默里·谢弗[3]说，用眼睛看世界，我们总是在世界的边缘，用耳朵倾听时，世界就会走向我们，我们就处在世界的中心了。当然，这样的效应对每个人都是一样的，从丛林莽汉到城市猎头人，概莫能外。然而，一旦学会读书识字，视觉专注的正面经验的获得就需要付出极大的精力。读书识字者需要弄懂眼前的一切，并加以控制，他们首先信赖自己的眼睛，然后才考虑自己的耳朵。他们往往专注事件、谈话和情景的线性展开，他们必然要“眼见为实”。然而，我们之所以偏爱一种感官的比率胜过另一种感官，可能还有一个隐蔽的神经生理基础。

神经生理学认为，我们在环境中成长，不仅在解剖学上遵循遗传编程，而且在神经学上遵循文化编程。起初，我们的大脑是按照跨文化的共同编程发展的，后来却越来越接触排他性的文化影响和制约因素，它们要求我们做出选择性回应，并界定我们日常生活里感知输入的比率。显然，我们很少用耳朵在都市环境里探路，相反，在丛林或热带雨林里生活的人，却不得不用耳朵探路。

---

〔1〕 魏尔兰（Paul Verlaine，1844-1896），法国象征主义诗人，代表作有《感伤集》《无题浪漫曲》《智慧集》等。

〔2〕 克洛岱尔（Paul Claudel，1869-1955），法国外交官、诗人、剧作家，诗作有《五大颂歌》，剧作有《给玛丽报信》《缎子鞋》等。

〔3〕 默里·谢弗（Raymond Murray Schafer，1933- ），加拿大作曲家，1962 年创建“千年音乐会”，代表作有《世界音景工程》《为世界调音》等。

情况可能是这样的：婴儿甚至新生儿都可以感知到各种各样的声音。多伦多心理学家桑德拉·特雷赫（Sandra Trehub）等人的研究证明了这一点。研究显示，新生儿在降生后的几天内甚至几个小时内，就能分辨不同的语言。[1]他在母语环境里安顿下来之后，这一天赋能力很快就消失了。法国听力学教授阿尔弗雷德·托马蒂斯（Alfred Tomatis）的理论是，某些语言集中在优先选择的带宽上。在这里，这个观点有一点说服力。新生儿的注意力特化，指向反映妈妈语言和嗓音的频率带宽。然而有趣的是，他的研究不是婴儿的耳朵调向专一的通道，而是它们迅速失去了适应其他不相关声音的能力。法国神经生物学家让-皮埃尔·尚热克斯（Jean-Pierre Changeux）提出"突触的选择性稳定"理论，用以解释为何接触持久的环境刺激以后，反而失去而不是获得了感知敏锐性。他认为，大脑和中枢神经系统里神经联系的成长、发展和固化是有条件的，取决于某些模式优先于其他模式的使用。我们用习惯来训练神经系统，就像运动员训练肌肉一样。[2]借用法国语言学家雅克·梅勒（Jacques Méhler）的话说，我们特化"学习"，抛弃那些不太妥当的回应。[3]在成长的过程中，我们仿佛是在雕刻外面的世界系统和命运。实际上，双语研究显示，双语人的神经活动（和灰质）比单语人强得多。

---

〔1〕桑德拉·特雷赫（Sandra Trehub）和布鲁斯·施耐德（Bruce Schneider）编，《新生儿的听觉发展》*Auditory Development in Infancy* (New York: Plenum Press, 1985)。

〔2〕让-皮埃尔·尚热克斯（Jean-Pierre Chargeux），《神经元的人》*Neuronal Man*（Boston: Basic Books, 1990)。

〔3〕雅克·梅勒（Jacques Méhler），《语言理论，学徒理论》*Théories du language, théories de l'apprentissage*（Paris: Le Seuil, 1979）。

卡尔扎蒂批注

顺便指出，这一段很偏向……拉马克[1]的学说。在这个方面，我们应该问：我们日益算法化的现实如何影响我们的神经回应：如上所示，关键的是我们回应的两极化，反过来，两极化又把我们的动物性（快速回应、缺乏自反性、进攻性等）置于前景。仔细一看，鉴于算法被视为我们理性的终极输出，被视为我们让世界理性化的目标，这种身体的、本能的输出实际上是一种反讽的悖论。而且在这个方面，亚洲文化比我们强多了，其系统总是能找到平衡自己的方式。看看佛教和儒家思想及其概念就足以看到这样的平衡。“因果报应”是佛教的行动原理，其思想基础是，一件事与其他一切事相联。阴阳不仅表示常衡的变易，而且表示这样的变异循环往复、和谐。这些概念证明，东方哲学家强调平衡是对立两级的融合，结果，人越趋近一个目标，他就越靠近目标的对立面。

我们的生物学和神经学机制决定着我们的倾听模式和听力模式。此外，文化环境也束缚着我们所能听到的范围，这个范围和我们具体的社会心理环境有关。如果我们相信本杰明·李·沃尔夫（Benjamin Lee Whorf）关于词汇影响的理论，相信词汇界定和限制我们的心理经验，那么可能的情况就是，我们只听见或只注意我们的词汇（动词、名词、形容词）和语法（词句关系）描绘的语音。准确地说，法语或英语都只有两个词描绘倾听和听见这两个动作，

[1] 拉马克（Jean-Baptiste Lamarck，1744-1829），法国博物学家，生物学奠基人之一，与达尔文、林奈齐名，代表作有《法国全境植物志》《无脊椎动物的系统》《动物学哲学》等。

而描绘看的方式却有数十个单词（看见、看、察看、倾慕地看、凝视、扫视、窥视等）。

连我们使用母语的方式也有助于指引我们的心理体验，也可能有助于指引我们的感知体验。班德勒（Bandler）和格林德尔（Grinder）著名的神经语言编程治疗法（NLP）在一定程度上以如下认识为基础：日常使用比方时，我们个人让某些感官优先。有人坚持说："我明白你的意思"（I see what you mean）；与此相对，有人却满足于确认："我听见你说的话了"（I hear you）。NLP 治疗师声称，在选择感知比方时，有人表现出统计数字的一致性，偏向于用视觉比方，那么，这些人在他们选择的视觉技能上就强于其他感官的技能。

倾听（listening）和听见（hearing）相对。倾听是选择性注意的产物，其驱动力不是内部过程，而是外部过程。作为一个选择性过程，倾听就是"开""关"。我们开启倾听方式，以获取信息、留意环境。即便这样，倾听还是细分多种：注意听语词，听表面意思，听隐蔽的意思，听情绪，听娱乐节目，为自身而听，听全球局势，听上帝，为冥想而听。每一种倾听的功能都需要一套各不相同的态度、姿势、期望、判断，以及储存和放弃的措施。每一种倾听都可以成为一种"方式"。我们依据环境和需求开启此一方式或彼一方式。如上文所提到的，我们的文化环境可能会促使我们优先选择一种方式。在这里，我想强调两种对立倾听方式的差异。为求方便，我将其称为口语型的听和读写型的听。

这两种听的基本差异是，口语型的听倾向于全局性和全面性，而读写型的听是专门化的、选择性的。前者注意具体的情景和人，后者对语词和口语意义感兴趣。一种听受文本约束，另一种听相对而言不受文本约束。口语型的听是宇宙中心的、空间的，读写型的听是线性的、时间的和语标中心的。

古希腊人对感知问题及其文化后果极其敏锐。希腊悲剧只不过是对新感知环境的文学回应和戏剧回应，而新感知环境则是由字母表文化造成的。但剧作家们并不知道自己困境的真正源头。预言神忒瑞西阿斯（Tiresias）告诉俄狄浦斯（Oedipus），他对自己处境的真相视而不见，忒瑞西阿斯真正的暗示是，俄狄浦斯太依赖眼睛，视觉逻辑使他视而不见——更准确地说，使他对证据之外的任何东西都充耳不闻。事实是，我们西方人逐渐变聋了，这不是我们的过错，而是书面文化使我们的神经系统重新布线造成的。

第三节　读书识字如何接管神经系统

在《二分心灵的崩解：人类意识的起源》（*The Origin of Consciousness in the Breakdown of the Bicameral Mind*）里，朱利安·杰恩斯（Julian Jaynes）用一个绝佳的例子说明，我们往往要概念化自己的经验。他说，如果你回想上一次躺在浴缸里的情景，你几乎会不假思索地虚构一番。你想象近距离看自己，躺在浴缸里，轮廓不分明。你从来没有这样体验过沐浴，除非别人为你制作了家庭电影。你不会产生水绕腰身的感觉——那是图像，你只不过在想象的情境中拼凑了一个有关你自己的概念——那是某人泡澡的情景。你只不过把自己身体的表征和那个浴缸交叠在一起，构成一个图标，否则那只不过是一个类别概念而已。

这就是概念的意思，是心理表征，根本说不上是“意象”（image），概念很少有感官信息，甚至没有感官信息，却有很强的适应性，能与其他概念、图像甚至感知迅速结合，生成意义。

卡尔扎蒂批注

在这一点上值得指出的是，有越来越多的证据表明，概念也在“我们”心里成形，概念依靠对现实的感知/空间理解。在语言形态的概念比如暗喻中，这样的证据尤其充分。

没有理由认为，世界上有任何语言缺乏心理意象范畴。仅仅是因为概念是语言的积木块就说，口语文化不能形成概念，那就很蠢。认知心理学家艾利森·戈普尼克[1]曾在多伦多大学麦克卢汉研究计划做客从事研究。她研究幼年期概念的形成。无疑，远在开始阅读之前，儿童已开始形成概念。

如果说，学习读书写字时强调的是，概念的使用先于其他心理范畴，那并不愚蠢。为什么？一旦脱离语境，写下来，口语词只不过是概念而已。口语词总是呈现出感知与图标，而书面词却是孤零零的概念，直到与读者结合才有改变。书面文化偏爱的概念使用，仅仅以成串的小单位呈现口语。这有利于语言的概念使用，即使在讲演中也是如此。

我们是书面文化支配语言态度的人，我们倾向于留神听语词的意思，而不是注意听说话人论辩的实质或意向。对口语文化的人而言，情况未必是这样的。

---

〔1〕艾利森·戈普尼克（Alison Gopnik，1955- ），美国心理学家，著有《婴儿哲学家》《摇篮里的哲学家》等。

第四节　口语型的听

正如麦克卢汉在《谷登堡星汉》（*The Gutenberg Galaxy*）里所言，“眼睛和耳朵的分裂”是字母表文化扩散的结果，可能会给保留口语特征的文化造成特殊困难。有一个真实的令人啼笑的故事：土耳其一个滨海小村里有一个抄书人，他是唯一读书识字的人。每当他不得不为不识字的村里人读私信时，他总是要用两只手捂住耳朵，表明他不听人家的私信。

戏剧在古希腊发展的直接结果，是产生一个新的社会角色和新的态度：伪善（hypocrite）。起初，Upokritos 的意思是“回答者”（answerer），实际上就是 actor（演员），但从词源来看，Upokritos 的意思是“在台下做出判断的人”。《新约圣经》里的 hypocrites（伪善者）和 Pharisees（法利赛人）可能与有学问者的价值产生联想，所谓有学问者就是读书识字的人。法利赛人有钱，所以有学问。他们不仅把自己的学问用来解释和改变圣书的意义，以期对自己有利，而且面对问题时不抛头露面，与基督对立时尤其不露头，他们的态度尽人皆知。人人都把语言用来交流和控制，但口语人可能把语言更多地用于交流，而不是用于控制。

在《口语文化与书面文化》（*Orality and Literacy*）里，沃尔

特·翁（Walter Ong）总结多年的研究成果，比较口语心理和读写心理，推出所谓的“口语文化的心理动力”（the psychodynamics of orality）的一些特征。也许，每一种特征对应着一种特有的聆听态度：留神听什么，如何听，听谁说话，怎样存储或记住听见的东西。

第五节　语词的分量就是说话者的分量

首先，在地道的口语文化中，语词不廉价，傻瓜就是说得太多的人。凡是说出的话都有分量，对你或有利或有弊，因此，你必须字斟句酌。在口语文化里，语词得到说话人在场、精力和名望的支持。这几个要素是他的延伸，或是其力量的延伸；它们要求听者根据说话人的名望集中注意力。另一方面，法国人类学家马塞尔·毛斯〔1〕提醒我们，说话人的力量是听者赋予的。同理，给予电视演员、音乐厅音乐人或政客权力的正是观众和听众，这些受众又是被宣传、公关和表演者的声望鼓动起来的。〔2〕

然而，口语词在书面文化里价值不大。即使写在纸上，口语词也可能是廉价的。需要大量程序上的仪式方能增加白纸黑字书面词的分量，合同、法律文书和法令就是这样的书面词。口语词的力量很大一部分是非语言标记赋予的。另一方面，印刷词本身并不产生任何非语言信息。大学实验室里非正式的研究似乎表明，一般会话

---

〔1〕马塞尔·毛斯（Marcel Mauss，1872-1950），法国社会学家和人类学家，著有《社会学与人类学》《巫术论》等。

〔2〕马塞尔·毛斯（Marcel Mauss），《巫术论》*A General Theory of Magic* (London: Routledge and Kegan Paul, 1972)。

的信息内容 7% 是语言材料，93% 是非语言提示。口语词从来就不是无伴奏的。意向和语气的加强主要是靠语调、音量、节律等口音和调值来体现的。如果不努力以视觉形式恢复口语的力量和细微差别，印制广告和户外广告就一文不值了。

在这个方面，我们正在目睹着一场逆转。电视广告词的分量不是内容赋予的，而是由广告朗读人的形象赋予的。另一种逆转是当代法律走势的逆转，法律关注雇用、解雇和婚姻承诺的口头契约。这些变化无疑表明，我们正在回归一种口语文化，更准确地说就是回归一种电子口语文化。

第六节 联想式倾听

沃尔特·翁提出的第二种口语文化的心理动力特征是，在口语文化里，“你只知道你能回忆的东西”。这里特别强调的是记忆，不仅指说话者的个人记忆，而且指听者的集体记忆。这种记忆不是保存在记忆者之外，而是包含在记忆者的语词、节奏、姿势和表演中。在这样的语境下，人们对新思想或新概念并不是很感兴趣。他们注意倾听已经知道的东西，就像我们往往在陌生面孔或陌生情景里搜寻能辨认出来的特征一样：“这使我想起了某件事”或“这张面孔使我想起了某某人”。

口语人处在持久的联想思维的状态中，不是处在思辨性思维的过程中，也不是处在将具体思想加工的过程中。这样的认知结构有助于比拟和神话的形成。只有在适应许多人类情景和许多解释而不失去基本结构时，神话才能起作用。现用三言两语介绍神话：mitos 是古希腊有关语词的第一个词。之后取代 mitos 的词是 logos，其意义也是“词”，但和 mitos 迥然有别。和神话的形成一样，mitos 的形成是许多相似的事情或人类经验的结果。神话使一个社群生活和故事里无限多相似的事情大大浓缩，简约为一次叙事。与之类似，一个词也是在许多可能性合成它的意义时产生的结果。在神话时代里，传说、谚语和先例指引人的选择。希腊文化从神话时代向逻辑、历史和哲理概念的时代过渡，在这个过程中，mitos 让位于 logos，这就是科学探险的开端。

口语记忆的心理动力的另一个相关特征是，口语信息往往是集体分享的，而不是个人独享的。即使在早期中世纪文化里，教会和国家的权力关系也是共享信息的寡头关系。私人的信息所有权和控制是发育完全的书面文化的区别性特征之一。

卡尔扎蒂批注

当然，作为媒介的印刷术和书籍对此做出了贡献（这和书籍的兴起有关，此前，阅读主要是集体活动）。也许，再介绍一种情况也蛮有趣的。在《讲故事的人》（*The Storyteller*，1936）里，本雅明追溯经验逐步贫困化的过程。他所谓的经验是信息分享即讲故事。他沿着一条轴线追溯：从讲故事（即史诗）到印刷机的诞生，到小说扩散（小说文本要求独自一人在静默中欣赏），再到现代大众媒介的兴起；到最后这个阶段，书面讲故事的习俗简化为“信息”的知识 / 故事的发送了。

第七节　用身体倾听

口语型思维（oral thought）贴近人类生活世界，规避抽象概念。口语型的听（oral listening）搜寻的是形象而不是概念，是人而不是姓名，在此，意义的生成和组织围绕生动的形象，形象活跃在语境里。口语型话语（oral discourse）的构建围绕叙事，正如哈弗洛克分析早期希腊文学人物时所显示的那样，口语型话语偏爱行为动词，不太用谓词。[1]人物是在紧张关系中得到界定和抵制的。就像新闻节目主持人表现出一些戏剧性一样，即使在报导下议院乏味的预算决议，口语的听者也喜欢富有活力的戏剧性，而不是静态的描绘。再者，这一倾向证实了一种说法：我们首先靠身体的模仿来学会和理解意义。电视对幼儿有意义，那是因为它对幼儿的身体说话，正如头脑在现实的表征中运行一样，这样的表征与形象的储存直接相连，借用自神经系统里的多重感知输入。

〔1〕 埃里克·哈弗洛克（Eric A. Havelock），《柏拉图导论》*Preface to Plato* (Cambridge, Mass.: Belknap Press of Harvard University Press, 1963)。

第八节　男女听觉的差异

在沃尔特·翁许多相关的论述中，最后一个口语文化的心理动力特征是，口语型思维是“有同感的和参与式的，而不是与认识对象疏离的”。口语型倾听的焦点不是声音的源头，而是交谈者之间的距离。口语人的自我并没有缺失（丢面子时还表现得非常强烈），但远没有个性化，因而比书面文化人的自我弱小。口语人倾听的态度是参与式的，和女性倾听的态度类似，这样说并不是对女性不尊重。斯坦福大学心理学家黛安·麦吉尼斯（Diane McGuinness）引人注目的研究显示，女性受遗传制约，对听觉的回应胜过对视觉的回应，在各种文化中都是这样的。[1]男性看见的东西是女性的两倍，反过来，女性听见的东西是男性的两倍。这一身体差异，加上其他更明显的差异，使男性和女性对语言的态度截然不同。男性往往把语言视为工具，女性更习惯于从关系的角度去使用语言。说话人和听者之间的空间正是口语文化的用武之地。

〔1〕黛安·麦吉尼斯（Diane McGuinness），《性、符号和感知》“Sex, Symbol, and Sensation,” in *McLuhan e la metamorfosi dell'uomo*, edited by D.de Kerckhove and A.Iannucci (Ottawa: Canadian Commission for UNESCO, Occasional Paper 49, 1984)。

第九节　读写文化的听

读写文化的听（literate listening）是良好训练的思维。在童年时代，我们不仅通过阅读、智力训练和逻辑入门书来学习思考，还通过老师中规中矩、训练有素、结构严密的课堂讲授来学习。对读书识字的人而言，思维本身首先是在静默的脑子里构建言语。当然，我们在图书里看到大多数结构严密的言语模式，我们在那里发现的是一连串静态的语句。只有在我们需要对老师要求的将复杂的语词和句子进行整理时，我们才把静态的语句变成动态的形式。

训练有素的脑子的主要任务是清除噪音，即不必要的信息，以便为专门化的回应让出地方。受读写训练的脑子会被引导在思维中处理信息，而不是在行动中处理信息。思考问题时，受读写训练的脑子（literate mind）在语词中展开，而不是在现象中展开。在语词和句子里，受读写训练的脑子用功能组织思维，而不是用比喻组织思维。

学校受字母表文化宰制。说话必须要生成信息而不是感觉、知识，不是情感、结构和节奏。

卡尔扎蒂批注

这里有一个可怕的问题：如果日益加速扩张的数字内容触发

情绪性回应，而情绪性回应是不太受其他因素调节的，其冲击力更大，那是否意味着，我们正在回归字母表文盲的形式呢？

字母表的效应是使人的对话枯竭，并使之脱离语境，以使之可以在其他语境下被重新使用。柏拉图的《对话录》成为书面文化头脑的最高褒扬，实在是恰如其分。起初，那是苏格拉底与朋友和追随者口头交流的经验，后来被写下来，就成为被文字掌握的对话录了，也就是被去掉语境了。你难免会问，如果用磁带把苏格拉底的谈话录下来，那会产生什么结果呢？

西尔维亚·斯克里布纳（Sylvia Scribner）和迈克尔·科尔（Michael Cole）在 20 世纪 80 年代初做了一项开拓性的研究。他们证明，学校的作用在区分所谓书面文化和口语文化中至关重要。[1]他们认为，正规教育的形式是儿童甚至成人从学校带回家的。实际上，正式的书面语不仅是一连串的语词，而且是用一定的姿势、体位和态度呈现的，这样的表现容易被儿童识别和采用。在"真实生活"中，没有人像大学教授那样说话，新闻节目主持人也许是例外。尽管如此，老师对我们的倾听方式还是产生了这样的影响：我们大多数人继续用课堂训练的那种有规则的、正式的方式去解读日常生活的意义，那种方式就是我们语法课上分析句子的方式。

然而，我们并不能立即学会书面语条件下的抽象概念。我们必须首先在语境里学习东西。让·玛丽－普拉蒂尔（Jean-Marie Pradier）论演技的生物学论文告诉我们，日本演员世阿弥说，日语

〔1〕西尔维亚·斯克里布纳（Sylvia Scribner）和迈克尔·科尔（Michael Cole），《读书识字的心理》*The Psychology of Literacy* (Cambridge, Mass.: Harvard University Press, 1981)。

里“学习”的意思其实是用身体模仿。我们大家都是这样开始学习的。可能是因为，神经系统同时整合看见、听见和身体动作获取的信息比较容易，分离、分类和储存专用的小块信息不那么容易。也许更令人玩味的是，神经生理学家迈克尔·斯塔德特-肯尼迪（Michael Studdert-Kennedy）和米戎·米希金（Myron Mishkin）告诉我们，新生儿最令人兴奋的任务之一就是协调同步到来的各种感觉。两岁婴儿用玩具击打摇篮的栏杆，好玩的感觉也许就来自于这样的意识：触觉、听觉和视觉都来自于同一个动作。

现在把用身体学习和倾听的情况与通过阅读信息的情况做一比较。阅读时，身体静，几乎像睡觉时一样。读者是静默的，或者脑子里留下足够的空间把环境噪声变成寂静。顺便指出，这种控制证明，读写能力在听力之上。阅读时，我们简直可以说“关闭了耳朵”，就像戴上了耳塞一样。

起初，把书面词转换为形象是相当艰难的。我永远忘不了，父亲从背后附身看我的一幕，他要确保我在看阿尔丰斯·都德（Alphonse Daudet）[1]为儿童写的故事《赛甘先生的山羊》（*La chèvre de Monsieur Seguin*）。窗外阳光明媚，我能听见弟弟和小朋友们在花园里游戏的声音。我感到很沮丧。父亲却说：“很容易啊，你只需想象，一只小山羊爬上鲜花盛开的一座山，整天一路奔跑，一路吃草，晚上遇见一只凶猛的黑狼，为了活命而厮杀。”那对他很容易，他见过许多山羊、许多山，也许还见过许多狼，而且还读过好多遍这个故事。我也见过山羊，见过山，还见过狼的图片，但要把它们捏在

---

〔1〕 阿尔丰斯·都德（Alphonse Daudet，1840-1897），法国文学家，代表作有《小东西》《达拉斯贡城的达达兰》《柏林之围》《最后一课》等。

一起很吃力，因为那些形象似乎不能合在一起。它们呆板、平淡，我只想出去，和小伙伴一起玩。我觉得很明显的是，小孩子喜欢卡通、漫画和电视，因为他们不用在脑子里提供这样的图像。

过去我经常对着录音机即兴演奏。有时，我有长时间演奏的冲动，仿佛要把身子里储存的几英里长的录音带都放一遍，那是父母让我长期接触古典音乐留存的记忆。音乐必须要靠长期记忆和短期记忆储存在脑子里。有些音乐分秒之间就荡然无存。另一些音乐储存一辈子，或存在肢体里，也许存在脑子里，甚至存在心里。当我演奏荡气回肠的音乐时，耳朵里会有一种奇妙的感觉：停止演奏后，我还能听见满屋子回荡的音乐，仿佛耳朵变成了声呐，正在探测周围的环境。如今，在通常情况下，我接触周围噪音是有选择的，而不是全方位的。如果我不需要声音，我就听不见，除非那声音是强行闯入的。当演奏荡气回肠的音乐时，全身仿佛成了一套监控系统，其设计是探察人生的延展。我比平时听见得更多、更深入。我想，这就是音乐人得到的报偿吧。不用说，那是大喜大悦的感觉。我说不清楚，是音乐的特性使我的演奏好呢，抑或是因为我演奏得好，那特殊的音响效果才来到呢。有一点是肯定的，那样的演奏有助于我完全从文字模式转入口语模式。我们大家比以往任何时候都更需要这样的转移。

以下第十节是2019年增写的文字。

第十节　汉语的默读

本章的焦点是区分口语型的听和读写型的听，大多数的观点今天看来仍然有效，作为假设来看，即使并非受到穷尽性的科学验证，它们至少得到共同感知的支持。然而，断言读写文化对倾听习惯的影响是一回事，若要验证拼音文字对听的影响就是另一回事了。所谓拼音文字就是不能自动或特别唤起语言本身的文字，汉语就不是这样的文字。为了验证我的假设，我要介绍默读（sub-vocalization）的习惯，这是阅读字母表文字的常见特征，却不是阅读汉语的重要特征。

显然，任何文化的任何读者都可能在一定程度上使用默读。一个有道理但尚未有令人满意答案的问题是，汉语读者需要的默读是否比字母表文字的读者少（训练有素的快读高手除外）。看起来，会意文字元素在学习读书写字的初期占据支配地位，但今天大多数流行的汉字却是所谓的语标文字（logograms），因为这种汉字实际上是单词，因而内部言语（inner speech）助它们一臂之力。然而，更多的研究应该聚焦在默读这个领域，这是因为从象形文字（形象表征的意义）到会意文字（形象被编码成为更复杂的表征），最后到语标文字的演化过程，可能含有从文本获取意义的视觉手段的痕迹（且不说这样一个事实：语标文字必然在视觉展示中回放，以消除同音字的歧义）。

这样的研究尚不充分，常常不能定案。接第三章所论，我们这里要说的是，因为字母表文字促发语音，默读自然有助于解码拼音文字。那么，会意文字的阅读又如何呢？方块字给人的感觉是思想呢，抑或是单词呢？汉字读者捕捉意义是靠形象呢，抑或是靠语音呢，抑或是两者皆而有之呢？首先要承认，即使字母表文字的缓慢读者都不必在心里拼读每一个字母或字符串。他们也能搞“会意”阅读，能立即辨认常用词是单词，而不是字符串。但他们的脑子里仍然能听见字符串的读音。为达此目的，他们的内部语音（inner voice）要用选定的音量启动。但对内部语音的注意可能是有起伏的，他们用许多捷径去快速解读意义。但对中国人而言，作为语标文字的汉字既是一个形象也是一个单词。但形象和单词孰前孰后呢？[1]

尝试回答这个问题时，我不得不探索一个基础的问题：人们如何“生成意义”？一个次要的问题是，人们如何从一种特定的语言“生成意义”？当然，一百多年来，这两个问题都已经反复被人提起，它们养育并指引了两门重要的学科：心理语言学和社会语言学。但这里不是介绍两门学科的地方。第三个问题贴近我的求索：人们如何从文本“生成意义”？列夫·维谷斯基（Lev Vygotsky）的“内部言语”可以提供线索，它虽然不特别针对书面词，却是影响最大的最早理论，使人认识到可能存在的默读。内部言语是一个大范畴，默读是特别针对字母阅读的过程。我将在下一章里提及这个概念，

〔1〕 语标文字和字母的另一个显著差异是，文本中的字母是自足的，就是说文本真实表现说的话，因而是不言自明的。除了汉字“人”这样简单的符号外，语标词不是单独成立的，它依靠语境，一个词不止一种意义。

意在显示我所谓“肌肉下层”（sub-muscularization）的意思。我们随时都在用内部言语，我们阅读时，有些人似乎要重复语词串，方能解读其意义。仿佛是这样一种情景：我们必须要用两种感知经验来捕获意义，一是文本刺激的视觉，一是内部语音刺激的听觉。

卡尔扎蒂批注

在这一点上，我个人的阅读经验与一般的经验略有不同。我心里默读书面词时，往往难以捕获意义，仿佛默读不是强化意义，而是太偏重分析，反而损害了大致的理解。我朗读时也出现这样的情况：仿佛纵身扎进了声音，文本的意义往往淡出了，第一次读一个文本时尤其如此。

这只能证明，不同的人处理阅读的方式不同。也许，迄今大量的研究依靠许多矛盾的报告，仍然是不能定案的。然而，在所有情况下，只要用肌电描记术分析读者的喉头就可以发现，喉头的动作对应默读的顺序。因此就产生了一种假设：至少在阅读拼音文字文本时，阅读习惯几乎是普世皆同的。结果，新玩意的发明层出不穷，网上销售的宣传是：这些产品能把心之所想变成你能听见的读音。

当然，至少从外部看，倾听自己内部的声音是不出声的经验，默读者本人的感觉除外。那么，我们再提一个同样有争议的问题，这个问题在上一章提过：人们是从什么时间开始默读的？有人包括麦克卢汉认为，古希腊和罗马以及后来的中世纪的阅读总是朗读出声的。一个理由是，无停顿、无句读的文本是难以默读的，抄书人共同的做法是横写，不停顿，以便节省篇幅，因为石头、青铜之类的材料昂贵，在上面写字很艰难，而且公文是要用来朗读的。古埃及或古希腊的抄书人就像今天的录音机，回放出来的总是声音。古希腊最早的书写形式之一是牛耕式转行书写（boustrophedon），那已经是不停顿文本的范式，第二章业已提及。提出这一说法的人援引圣奥古斯丁《忏悔录》（*Confessions*）第六卷，内有他看见圣安布罗斯（Saint Ambrose）默读时的吃惊："他读书时，目光扫过页面，心里搜索意义，但他的嗓子和舌头静止不动。"哈佛大学教授丹尼尔·多诺霍（Daniel Donoghue）表示异议，认为这段文字不能证明奥古斯丁感到吃惊，也不能证明安布罗斯的阅读方法在他那个时代是独一无二的。

容我插入卡尔扎蒂另一个有价值的观点："回头说我曾经说过的一句话，我认为默读作为主要阅读方式的确立是一种'阉割'形式（感知－生理回应转化为心理、内化的形式）。这种'阉割'因书面文化的世俗化（以及逐渐兴起的书籍崇拜）而得到抵消，手捧书本、有了触觉还可能有嗅觉的体会就成为可能了。"

回到上面那个问题：默读和内部言语是否有助于理解文本，是否是心灵的独立运作，和什么文化的发展没有多大关系。略想一想就能证明，内部言语不依赖阅读。此刻只需想一想无需阅读，你就能意识到，无论你唤起形象或语词，内部言语都很随意地发生了。实际上，许多人抱怨内部言语"不停地唠叨"。反过来，不默读能看中文书吗？这还是那个老问题，答案是不确定的。另一个不太充分的实验型理论性研究的结果表明，即使在有些快速阅读者身上（一定程度上在有些汉语读者身上），这个答案总是以某种形式存在的。可见这仅仅是一个程度问题。即便如此，我仍然主张，字母表文化推进默读，因为默读有利于在两个方面生成意义。首先，因为内部声音既是解剖器又是解读器。音韵系统是支持我们理解话语的关键。默读还提供了一个短期记忆容器。荷兰马克斯·普朗克研究所的约瑟夫·范伯克姆（Jos van Berkum）做了一些拓荒性研究。他认为，大脑需要预料下一步会出现什么，包括呈现在人面前的音乐、言语、时事或文字。

因此，内部言语以短期记忆的方式保存眼前的语词，使之能被分析和处理以解读意义。有趣的是，大脑这一预计的官能反映在智能手机上的预计提示中，短信辅助提供可能的语词甚至句子。默读助力的另一种方式是提供"恍然大悟"或再看一眼的听觉比方。由于第一眼和第二眼的互动，认识随之发生（occur，隐含两次的意思）。阅读句子的第一次接触是经验，内部言语产生的第二次接触是意义。卡尔扎蒂再次发表了中肯的保留意见：在建构意义时提出"两相"（two-phase）序列，我们得小心，情况也许是，大脑的运作是"平行"的，而不是线性的。这当然是合理的提醒。我同意，并感谢他提出这个突出的可能性。不过我主张，再认识的确是"两相"过程，其含义是，看第二眼后才获得意义，因此，在人脑生成意义的许多策略中，"两相"过程有其一席之地，当然这总是取决于呈现在人脑面前的语境。

有经验的读者肯定能用"意会"的方式读字母串，抓住字母组或语词，而不必读出声，但大多数人不得不求助于默读，以弄清复杂句子的意思。

读汉语文本时，形象的意思瞬间明白，就像路标一样。结合前后的汉字，那个符号招引人去解读意义、呼唤内涵，就像拼音文字的语词一样。但即使需要把符标或会意字串在一起以破解单音节词的歧义，视觉呈现在意义的构成中大概也居于支配地位。这是经研究证明的结论。最后，因为本章讲的是听，方块字“聽”所含的成分就有耳朵、眼睛、不分割的注意力、心、你和国王。我想，读者不会去分割这些元素，而是一把抓，同时又在视觉的区分中对它们的价值进行编码。如果满足于语词本身，那就是通向丰富意义的粗陋小径，难以把握丰富内涵了。卡尔扎蒂的另一条建议也许是这一节长篇大论恰当的结尾：在汉语里，“读一篇文本”的对应语是“看书”，其字面意义是 see book。由此可见，阅读的行为直接转化为视觉行为了。

第五章　屏幕技术：看屏幕而不是看书页所产生的物理效应

第一节　新媒介语境

斯蒂芬·克莱恩（Steven Kline）执教于温哥华的西蒙·弗雷泽大学，任媒介分析实验室主任。他和兄弟鲍勃发明了一套精密的系统，分析人对刺激的心理回应，他们的研究涉及任何媒介、一切媒介，尤其是电视。他们对电视广告和节目编排的影响研究广为人知。不久前，他们邀请我做他们的受试，用肌肉感应仪器把我和计算机连接，左手中指测皮肤传导，前额接线测大脑活动，左手腕接线测脉搏，最后一个测试仪连在心脏部位以监控血液循环。我右手握着简易的操纵杆，用推拉动作表示我对所看的节目是否喜欢。准备完毕，他们两人离开实验室，节目开始。

我看的是一个混杂而快速的典型的电视节目：性、广告、新闻、脱口秀，虚情假意，沉闷乏味。似乎每 15 秒钟切换一次。用常规标准衡量，这个速度并不过分，但由于我的角色是膝反射式的批评人，所以我觉得很难跟上操纵杆的速度。到 20 分钟的实验结束时，我失望透顶，除了用手腕的酸软表示对节目片断是否认可之外，我似乎什么动作也做不出来。对许多片断，我根本来不及做出任何反应。

他们回来解开接线，检查仪器上的记录时，我告诉他们，我感觉无能为力。我们以笑声回应，邀请我一道观看屏幕，他们回放与数据同步的录像。令我极为震惊的是，每一次切换、每一次肌肉的震颤、每一次图像的变化都被传感器传进计算机了。我能看见繁忙的图形轮廓，它们与我的皮肤传导、脉搏、心跳以及前额神秘的回应是对应的。我瞠目结舌。我在实验过程中努力表达意见，而我的整个身体却在倾听、观看并即刻做出反应。

第二节 电视对身体说话，而不是对脑子说话

我从那场实验得出两点结论。首先，电视主要是对身体说话，而不是对脑子说话。这是我实验前几年来一直在在猜想的事情。其次，如果电视屏幕直接影响我的神经系统和情绪，对脑子影响甚微，那么，大多数的信息处理实际上是由屏幕来执行的。这就是我的假设，我想探索我们与无所不在的、亲近的却知之甚少的屏幕的关系：我们所谓的电视脑（videominds）。

卡尔扎蒂批注

这样的假设可以延伸到今天的媒介环境学。在论及黑客的策略时，我写道："在阐述唯物主义的媒介理论时，凯瑟琳·海勒（Katherine Hayles）指出，身体动作产生一种'复合知识'，复合知识的特征之一是，'一定程度上是从有意识的观点'里筛选出来的，因为它是习惯性的。这正是社交媒体上发生的事情。使用者点击表示喜欢：这样的行为［参见汤普森、罗施（Thompson，Rosch）1991］是目标导向行为，它们用点击动作来'说话'（社会赞许），成了习惯性行为，实质上是半意识的行为。最重要的是，正是由于这样的半意识，行为的肉体性最终失去了具体的语境，接近于自动的算法逻辑了。"

第三节　感受到的意义

伍迪·艾伦[1]（Woody Allen）乘出租车游曼哈顿时，对同行的演员黛安·基顿[2]（Diane Keaton）说："你太美了，我几乎看不见仪表盘了。"

电视开着时，即使并非不可能集中精力，至少是很难集中精力，这是为什么？因为电视犹如催眠术，屏幕上的任何移动都会自动吸引我们的注意力，仿佛有人对我们做了催眠一样。我们的目光被拽向电视屏幕，就像被磁铁吸引一样。

---

〔1〕 伍迪·艾伦（Woody Allen，1935- ），美国导演、编剧、演员，屡获奥斯卡金像奖。

〔2〕 黛安·基顿（Diane Keaton，1946- ），美国电影演员、导演、制作人，奥斯卡金像奖得主。

第四节 定向反应和防御反应

对电视文化的理解有赖于我们了解电视如何、为何吸引我们，并超乎我们有意识的控制。我参与克莱恩兄弟实验的经验证明，我的神经肌肉系统一直追随视频图像，即使我的脑子也偶尔走神。由于我们古老的生物程序编码，这是不由自主的。高等哺乳类的自主神经系统经过训练，对环境里任何可感知的变化做出回应，这大概和生存有关吧。我们由于条件反射，会不由自主地对任何刺激做出反应，包括内部刺激和外部刺激。这就是临床心理生理学所谓的定向反应（Orienting Response），把我们的注意力引向刺激，或者激起防御反应（Defensive Response）；防御反应使我们退缩。

你也许会问，电视在哪方面与我们的生存相关呢？就内容而言，并没有多少关系。但正如麦克卢汉不知疲倦地反复重申的那样，电视的主要作用不是在内容的层次，而是在媒介本身的层次，在于电子扫描线不停的闪亮。电视节目不停的变化和切换不停地刺激定向反应，吸引人们的注意力，却未必使人满足。在实际生活中，我们在了解刺激的过程中适应刺激，或者立即识别它们，或者迅速找出应对刺激的策略。一个刺激完成一次反应被称为感觉的闭合。如此，在实际生活中，大多数刺激都引起定向反应，呼唤一次感觉的闭合并得到这样的闭合。电视则是另一种情况，我们难以应对初始的刺激：电视激起我们快速的定向反应，却不容我们有完成感觉闭合的时间。

第五节　刺激与反应两者“间隔的崩解”

在论认知反应的文章里，德国媒介理论家赫莎·斯图姆（Hertha Sturm）阐述了一个重要的观点。看电视时，我们被剥夺了足够的时间在完全有意识的基础上去整合信息。

电视图像的快速变化使人语言的实现受到损害。快速的变化有：视角无解释的变化，图像和文本不可预料的来回逆转。面对快速变化的图像呈现和加速的动作，观者简直就是被驱赶着从一幅图像到另一幅图像。这要求他不断适应新的意料之外的感知刺激。结果，观者再也追不上，也不再对刺激进行标识。这样的情况出现时，我们就发现，个人的行为和反应处在高亢的生理状态，反过来的结果就是理解力降低。观者就成了外部力量的受害者，外部力量就是快速的视听刺激的序列。[1]

卡尔扎蒂批注

今天的情况依然如此，而且这个趋势更为极端。弗朗

〔1〕赫莎·斯图姆（Hertha Sturm），《感知与电视：失却的半秒》“Perception and Television: The Missing Half Second,” *The Work of Hertha Sturm*, edited and translated from German by Gertrude J. Robinson (Montreal: McGill University, Working Papers in Communications, 1988），39。

哥·贝拉尔迪（Franco Berardi）指出，有了数字技术以后，我们的心理生理反应已经“枯竭”。[1]仍然以电视为重点来说明，只需想想电视节目的编排足矣。近年来，电视节目的节奏越来越快（典型的例子是音乐电视，这是20世纪90年代初非常受年轻人欢迎的电视频道）。

论及这个主题时，麦吉尔大学的传播学教授、麦克卢汉研究计划的兼职研究员爱德华·雷诺夫·斯洛佩克（Edward Renouf Slopck）提出颇有新意的说法“使间隔崩解”（collapsing the interval）。他指的是，电视消除距离的效应，刺激和反应的间隔被消除；我们在意识清醒的脑子里处理信息的时间被消除了。[2]他暗示，电视留给我们思考所见画面的时间少之又少。

---

〔1〕弗朗哥·贝拉尔迪（Franco Berardi），《终点的现象学》*And: Phenomenology of the End*. (Cambridge, MIT Press, 2015), 13。

〔2〕爱德华·雷诺夫·斯洛佩克（Edward R. Slopek），《间隔的崩解》“Collapsing the Interval,” *lmpulse*, 15 (1): 19-34, 1989。——卡尔扎蒂注

第六节　每分钟的振动次数和“失却的半秒”

电视引起的定向反应和电影引起的定向反应迥然不同。电视屏幕上的光不反射进我们的眼睛，它通过屏幕直接射过来，挑战我们的反应，就像电影里警察审讯嫌疑人时所用的聚光灯。赫莎·斯图姆称，完成对复杂刺激的闭合，脑子至少需要半秒钟。她说，电视不容许观者有这半秒钟，她把这一现象称为“失却的半秒综合征”（the missing half-second syndrome）。在我参与的那场试验中，我的脑子穷于应付克莱恩兄弟编辑的电视材料，即使不充足的应对，肯定也要花几秒钟。斯图姆大概是对的，她说，电视节目刻意防止观者做出语言反应，这使我们成为广告讯息的牺牲品。

不久前，多伦多媒介批评家莫里斯·沃尔夫（Morris Wolfe）提出一个颇有新意的概念“每分钟的振动次数”（JPMs），用以描绘电视如何打击我们。其背后的理念是，需要用一个临界值的切换数来阻止看电视的人打瞌睡，或防止他换台。电视节目必须控制住遥控器，不让看电视的人换台。“每分钟的振动次数”的技术手腕既维持观者的注意力，也可以防止认知关闭。

第七节 肌肉下层作用与“感受到的意义”

这个问题上的道德说教未必是坏事。刺激与反应间隔的崩解产生这样的效应：为了弄懂快速的影像，我们必须模仿身体的动作，就像儿童面对新概念时常觉得用身体表演出来有助于理解一样。同理，我们用身体模仿行为，甚至模仿奇特的表达法以便更好地解释它。我将其称为“肌肉下层作用”（sub-muscularization effect），类似于慢速读者采用的默读（sub-vocalization）策略。这一策略是用全身的感知运动模仿来解读运动和行为的整合。我提议，我们用肌肉下层作用的反应来解读电视上的手势和体态，表现为肌肉的紧张和应力等因素。如此，“电视感”（TV sense）和“图书感”（book sense）是不一样的。“电视感”接近美国心理学家和哲学家尤金·简德林（Eugene T. Gendlin）所谓的“感受到的意义”（felt meaning），其定义是，“身体对刺激做出的刹那间反应，相当于成千上万次的认知活动”。感受到的意义可以说是肌肉下层作用的产物。实际上，我们体验周围的事情时，常常将习惯的影像储存在我们的神经肌肉系统里。这正是汉斯·塞尔耶（Hans Selye）所谓的应力。这位在蒙特利尔开诊所的心理学家用全身适应综合征（General Adaptation Syndrome）来解释，身体如何适应日常生活压力，身体如何通过整理和储存应力的能量来管理压力。

我们知道，我们焦虑时会停止呼吸，害羞时会脸红，然而，当我们对人和情景做出反应时，我们通常没有意识到身体里正在发生的物理变化。感受到的意义很少是有意识的，但它在后台调节和决定着我们对日常事务的总体反应。感受到的意义先于逻辑，可能比思维更全面。

如此，电视更深层的影响可能发生在感受到的意义这个层次，它不给人做出反应的机会。电视引发的是定向反应，定向反应编织进了神经肌肉系统。

第八节　“我们涉猎一切，并不专注，因为我们匆匆扫描，跳跃前进”

社会批评家叶礼庭（Michael Ignatieff）用这样的评论谴责电视。他宣称：“电视正把我们的文化变成聪明但浅薄的文化。”这大概反映了许多加拿大人的观点。对电视大加挞伐很容易。常见的是，人们凭直觉把一切社会罪恶的教唆都一股脑儿算到电视头上，把强奸、谋杀和玩世不恭的冷漠等一切都归罪于电视。不久前，温哥华一群有责任心的公民强烈地感到电视的危险，他们自己掏钱制作了一系列的电视广告，劝阻人们不再看电视（“这种景象对你而言很糟糕，现在就停止看电视”）。

关于节目编排、伦理、审美和侵犯隐私的争论，见仁见智。但仅有少数批评家开始理解媒介的深层讯息，比如杰里·曼德尔（Jerry Mander）、乔治·格伯纳（George Gerbner）、约书亚·梅洛维茨（Joshua Meyrowitz）和尼尔·波斯曼（Neil Postman）等人，还有麦克卢汉。电视正在对我们以前占主导地位的书面文化心态发起挑战，它要用自己触觉的、集体的口语文化取而代之。它威胁着我们通过读写获得的神圣的自主性。

卡尔扎蒂批注

由于互联网和数字设备，今天也在发生这样的效应，却并非没有历史转折：实际上，我们不应该忘记，在问世后的前十年里，互联网被认为是解放人、实现民主化的技术，十年后，怀疑论不请自来了。

第九节　不是你看电视，而是电视看你

在我们用眼的方式中，“纯真的”方式实在不多。巴黎大学戏剧教授国际“有组织的人类表演行为”（Organized Human Performing Behaviors，简称OHPB）协会创建人让－玛丽·普拉迪尔（Jear-Marie Prodier）就有组织的人类表演行为有一段论述：

> 社会生活、性生活和攻击行为主要是由视觉元素宰制的。也许，目不转睛的盯视受精准的编码和表达规则控制，其道理就在这里。同理，大多数人类文化都创造了可自由观赏的物件（绘画、雕塑、照片、电影），可自由观赏的个人（男女运动员、舞蹈演员、男女演员以及妓女、牧师和公众人物），以及可自由观赏的空间和事件（剧院、嘉年华、热闹的都市区），这些空间和事件是有可能被窥视的。[1]

电视是可自由观赏的区域吗？一次经历使我深切感受到这个问题的相关性。麻省理工学院的一位传播艺术家米特·米特罗普洛斯

---

〔1〕 让－玛丽·普拉迪尔（Jean-Marie Pradier），《表演行为的生物学初探》“Toward a Biological Theory of the Body in Performance,” *New Theatre Quarterly* (February 1990): 89。

（Mit Mitropoulos）让我尝试一台聪明灵巧的录像设备。在《面对面》节目中，两位参与者背靠背坐着交谈，在闭路电视里实时观看彼此的形象。看似简单，这经验却使人难以忘怀。我是两位交谈者之一。我觉得，两人彼此盯着看时，丝毫没有通常遭遇的障碍。在这种新的电子化的亲密情景中，你几乎可以掏鼻孔。真的，我生平第一次可以估量，在真实的接触中，我们害怕对方的面孔到了何等程度；不过，真正使我触动的是，在过去的三十年里，我们无意间看电视人物时，竟没有一丝的羞愧。看电视的偷窥是"不受审查的盯视"。也许，电视提供了一个可自由观赏的区域。

看电视要求深度介入，观者的大多数反应都不由自主，这证明了消费者和生产者权力关系的变化。阅读时，我们扫描书，我们在控制书。看电视时，电视在扫描我们，"读"我们。我们的视网膜是电子束的直接轰击目标。扫描遇见扫视，人与电视机目光接触时，电视机那一瞥更有力。在电视机前，我们的防御力下降了，我们变得脆弱，容易受多维感知的诱惑。因此，电视的最佳时间可能就是"黄金时间"，即填饱观者脑袋的时间。正如纽约市广告经理和电视批评家托尼·史华兹（Tony Schwartz）所言："广告不是看世界的窗口，而是看消费者的窗口。"〔1〕

卡尔扎蒂批注

今天，如果我们把这句话用来分析当下的媒介生态，而这

〔1〕 托尼·史华兹（Tony Schwartz），《媒介：第二个上帝》*Media: the Second God* (Garden City, NY: Anchor Books, 1983)。

样的媒介生态又允许人们在流媒体/直播的基础上做出回应，我们就很容易理解，为什么社会变得更加矛盾重重了：我们的“动物性一面”公开化了（这是上文界定的“肌肉下层作用”所产生的结果），超高速的节奏不给人留下反思的时间，促成了动物性的公开化。如果说看电视时，我们那种羞愧心缺乏的情况还被框定在家居环境里，那么现在有了数字设备，羞愧心缺乏的情况公开化了，不再拘囿在虚拟空间里（互联网是另一种替代空间），而是延伸到现实生活中（因为数字设备便于携带）。举例来说，只需想想看见危险的情景时，人们就急忙拍视频，这是非反射性反应；他们不去干预，也不跑开。还可以说，技术“框定”（海德格尔用语）我们，以至于技术的使用违背了基本的生存原理。

第十节 “扫视”与“扫描”

美国广播唱片公司（RCA）的赫伯特·克鲁格曼（Herbert Krugman）在20世纪70年代初上了报纸头条。他假设，电视对右脑说话，书籍对左脑说话，那是大脑灰质更理性的部分。他说，电视让左脑入睡。这可能是真实的，但没有多少研究证明它让人人满意。实际上，没有必要在此援引尚有争议的大脑定位说。简单的解释是，电视对身体说话，而不是对脑子说话。这一解释为电视宰制重要官能的判断提供了更多的信息。

然而，克鲁格曼后来提出一种更有趣的说法，可惜没有人留意。他说，电视机前长大的儿童和常态下成长的儿童看东西不一样。他们不像经过阅读训练的儿童那样按顺序扫描，而是“快速瞥几眼”。

电视以非常特殊的方式教幼儿“学会学习”，一定程度上比他学会走路还要早；在社会经济地位低的家庭里或半文盲的社会里，甚至在看到书本之前，儿童就已经接触电视了。所以他们学会以快速瞥几眼的方式学习。稍后，如果儿童生活在要求阅读的社会里，他就要用先前养成的习惯去面对新的“学会学习”的媒介。他试图用快速瞥几眼的方式来理解印刷品，这行不通，于是，学会阅读是困难的、艰苦的，这使儿童很吃惊，许多情况下甚至使他觉得难以容忍。[1]

如果这一假设是正确的，那么我们的信息处理策略随着电视的出现已经发生剧变。观察儿童阅读时，你似乎会发现，他们扫描文本的目光，并不是训练有素的读者的那种典型的眼球扫视运动。他们“把目光投在”页面上，仿佛是在把看电视的视觉策略迁移到文本上。他们似乎在扫视，看几次，仿佛要编纂一幅图像，以求弄懂那页书的意义。这样的扫视产生重要的影响：习惯看电视的儿童看书时，不扫描文本去生成并储存意象，他们快速归纳松散连接的碎片，以重构视觉对象。和对语词进行分类的阅读、并将其串成连贯的句子相比，这样的习惯就截然不同了。

文本要求繁复的规则和惯用法来避免歧义。我们需要训练才能学会阅读，需要进一步的教育去充分解读文本，就不足为奇了。学会看电视，谁都不需要任何指导。有了电视，我们不断重构形象，电视上的形象和我们脑子里呈现的形象都是不完整的。这是一个动态的过程，带有我们神经系统的特征。电视把信息切割成极小的、常常不连接的碎片，在极短的时间里把尽可能多的碎片塞在一起。我们完成那幅图像，用少量的线索进行即时归纳。同时，程序员和编辑学会了如何利用我们的意愿：我们愿意填补碎片之间的沟壑。这并不意味着，我们理解了意思，仅仅是说，我们在建构图像。建构并理解意义完全是另一回事，对看电视而言，那似乎不是必需的条件了。

---

〔1〕 赫伯特·克鲁格曼（Herbert E. Krugman），《无回忆的记忆，无感知的接触》“Memory without Recall, Exposure without Perception,” *Journal of Advertising Research* 7: 4 (August 1977): 8。

第十一节　剪辑与调制

电视按照电影的制作方式，以剪辑为规范。但是，由于电视媒介是电磁脉冲，所以它更接近音乐而不是摄影。电视是完全意义上的电子设备，像电话或收音机一样，电视是调解器。剪辑电影或图像时，我们先剪切后拼合。我们把图像剪切成我们心中的故事情节，使之符合文本的需要。电影剪辑的过程类似，不同的是，所有的剪辑都是在我们的头脑之外进行。可以说，我们看电影时，现场被剪辑的正是我们的头脑。

由于电视快速操纵我们的神经生理反应，我们感受到的意义系统远远超越了逐帧逐格的剪辑。电视太快，连续不断，非常有力，更像是对我们感知系统的磁力调制。电视调制着我们的情绪和想象力，堪比音乐的力量。摇滚电视节目是电视的天然产物，就是这个道理。

卡尔扎蒂批注

在剪辑与调制过渡之间还可以加入第三个术语，这是当前独特的术语流媒体之“流”（streaming）。这个过程界定一个更加流动的、几乎瞬间蒸发内容的消费过程：一方面，它赋予主体力量，给予他任何时候、任何地方欣赏被选内容的机会（消费的超级定制）；另一方面，它提供框架，催生主体近乎催眠的状态。一个明显的例子是一口气看完整部连续剧的现象。

这是麦克卢汉赋予电视神奇触觉的另一个侧面。他在后期提出"媒介即按摩"（the medium is the massage）的说法，取笑自己"媒介即讯息"的著名警语，意思是说，电视触摸我们，将其意义揉搓到我们的肌肤之下。电视偏爱重复，不喜欢分析；神话偏爱重复，不喜欢事实。电视将其偶像烙印在我们的心灵上，烙印在我们城市的墙上。同质化通过电视呈野火燎原之势，因为没有人想成为时尚的落伍者。任何大型购物城都是一台行走的电视。声音、颜色和形状是我们集体感知力的表达。[1]不过，电视对我们感知力的严密组织还采取其他形式，比如预录的笑声和掌声，或民意调查这种更微妙的杠杆。新闻快报和纪录片的大多数内容都经过预消化，都以刻板的格式表现，像快餐一样让人咬一口。电视不是生成了大众文化，去掉了个人反思和自我引导的方向吗？追逐日常琐事的问答节目一夜爆红，这似乎说明，我们大多数人几乎都有共同的琐事。在这一切节目里，电视很可能都在为我们进行思考——至少在需要快速综合反映的那部分节目里是这样的。电视并非总是走在我们的思维之前，但它可能是个人参与我们集体思考的入口港。它很可能是妇女进入公共领域的入口港。

〔1〕威廉·科文斯基（William S. Kowinski），《美国就像一座大型购物城》*The Malling of America* (New York: William Morrow: 1985), 43-48。

第十二节　电视屏幕

也许，电视最广为人知的心理影响是，语境和个人信息处理的程序都被外化了。在书面文化产生的心理结构中，我们的程序是字母表。这个程序在我们体内，它以半永久性的方式影响着我们视觉系统的组织。另一方面，心理的框架即时间和空间的透视法组织则是在体外。有了电视以后，我们的心理框架和程序都在体外了。编程从外到里起作用，连我们的时间都被电视时间编程了。当然，框架是电视屏幕本身。屏幕是二维的，抹掉了透视。麦克卢汉断言，直白地说，你坐在电视机前根本不可能有观察点。在电影或电视媒介里，观察点必然是由摄影机提供的，这是事实。此外，在小小的二维屏幕前，改变视角也是不可能的。电视屏幕是一个严格的感知框架，因为刹那间，它就框定了能被看到的东西，使观者的目光聚焦，注意力集中，电视完全决定着信息处理和发送的方式。

第十三节　恢复自主权

然而，广播电视可能已达到成熟阶段，即使它尚未达到饱和点。实际上，广播电视在 20 世纪 60 年代末和 20 世纪 70 年代初已达到巅峰，凑巧与婴儿潮那一代同时。到了 20 世纪 70 年代末，电视越来越多地把控制权让位给计算机。这里的关键词是控制，就像我们曾经是被电视单方面摆布的玩偶一样。现在，我们正在觉醒，我们可以反过来对电视做出应答了。除了学会对电视屏幕说话，由于 20 世纪 80 年代家用电脑的蓬勃发展，我们还经历了一个四阶段的教育计划，这个技术主导的计划促使我们成为生产者：

（1）“频道冲浪”是我们初学者的剪辑课程。

（2）电视录像和回放是我们中级的生产课程。

（3）轻便的高速和高音八度技术（包括更便宜、更好的剪辑技术）使人能用电影的格式来表现自己。一种新的电子文献可能正在形成。摄像机即将成为电子笔。

（4）有了键盘和鼠标，我们学会了用互动的方式来影响显示屏上的信息处理特性。

实际上，个人电脑迅速的普及可以被视为个人在电视主导的社会里必需进行的抗议。计算机在一定程度上恢复了电视和字母表心态的平衡，它提供的是一种电子书。但正是在这个关键的时刻，我们需要对媒介概念及其功能重新进行评估。

电脑容许我们对显示屏做出“应答”，因而引进了引起我们意识外化的第二个元素：这个元素需要某种形式的界面。因此，改进电脑的很大一部分工作集中在改进界面，使之对用户友好，这就可以理解了。同时，界面成为信息处理的优先场所。这正是内部和外部开始模糊起来的边界。今天，困扰认知心理学家的重要问题是，使用计算机时，我们究竟是主人抑或是奴仆，或者是亦主亦奴？对作为客体的机器而言，程序编制的常规是纯粹的外部事件呢？抑或是要强制执行严格的运行协议，并把我们变成持续的延伸呢？最后这个关键问题唯一可能的答案是承认，计算机生成了一种中级的认知、程序互动的桥梁以及外部世界和内部自我的胼胝体。

卡尔扎蒂批注

最后的结果是一种浮士德契约（Faustian pact），由于日益增多的响应技术得到巩固，并展示出充分的潜力，其主要效应是框定用户，使其相信自己是媒介化（多半是虚幻的）现实的指导。“过滤气泡”（filter bubble）现象即为虚幻现实的典型。

以下第十四节是2019年增写的文字。

第十四节　肌肉下层反应、镜像神经元和电影的触摸感

在过去的三十年里，科学发现在心灵、身体和屏幕的关系上给人启示。在不久前的新书《电影是梦幻：新形象和现代性原理》（英译本 *Cinema is a dream, the new images and the principles of modernity*）里，安德列·拉比托（Andrea Rabbito）诱发了一场重要的认识论革命。他把观者看电影的“现实效应”感和真实生活经验的现实划等号，宛若梦境中把两者划等号一样。实际上，虽然有人做梦时偶尔知道自己处在梦境中，但大多数时候，做梦人完全卷入到梦境中，丝毫不怀疑，梦境里发生的一切都是“真实的”。拉比托认为，基于屏幕的梦境也产生同样的效应，即递归的影响，人们不仅相信屏幕上的现象，而且相信非梦境真实生活里的感知：“现代性以多种方式促成信念的相对性，如今，怀疑论已被消除；新媒体产生了完美的现实替身，这一替身勾销了我们的怀疑，使我们相信形象对真实的复原，反过来使我们考问外部世界诸多表现的需求减少了。”[1]

---

〔1〕安德列·拉比托（Andrea Rabbito），《电影是梦幻》*Il cinema è sogno*（Milano: Mimesis Edizioni）。

奇怪的是，该书没有提及一个与此有关联的论点：电影和梦境里显示的虚幻体验也许有一个相同的宗旨。皮亚·提卡（Pia Tikka）写道："电影和梦境有一些共同的元素，相关元素有：浸淫、移情、与人物的认同、可视化、被框定或局限的判定叙事的能力、观者不能动、电影院里的黑暗等。总之，梦境和浸淫式电影体验是情绪性情境意识的典型特征。"〔1〕

在此，我的观点是：电影和梦境之所以有许多共同的特征，那是因为它们基本上有一个相同的功能，不仅是娱乐性的，也是治疗性的。电影为集体服务的功能正是梦境为个人服务的功能。推展开来看，电影和梦境即使不在同等程度上，至少在类似程度上，都影响着做梦人和观影人的身体体验。实际上应当指出，决定体验正宗与否的正是身体及相伴的本体感觉。在电影院里，体验是类似的，但身体做了不同的解读。无论电影多么使人投入，观者的角色总是和参与者的角色迥然不同。电影对身心的治疗效应来自外部，而不是观者内部。梦境体验和电影体验之间有一个边界。

这并不意味着，看电影时身体的浸淫程度比较少。比如，动作片（常有高强度情感内容，偶有暴力和色情场面）直接指向观众的身体反应。它们在观众的肌肉下层反应，仿佛是特殊形式的体操。为了理解"肌肉下层"反应是何含义，你可以想象打电话：你"看见"自己模仿一场真实的对话，仿佛对方正在面对面与你交谈。这里的情况是，虽然没有人看见你，你还是带着通常说话时的手势和

---

〔1〕 皮亚·提卡（Pia Tikka），《电影是意识的外化》"Cinema as Externalization of Consciousness", in *Screen Consciousness Cinema, Mind and World*, edited by Robert Pepperell and Michael Punt (Rodopi: Amsterdam, 2006), 149-150。

表情，并不是因为你要说服谁，而是因为口头交谈时语言在身体上起作用。手势和表情是身体里思维和言语的延伸。我们的身体里有一种神经机制，这一机制与我们的定向、防卫和决策能力相联系，我们的手势做出之前，它已经为我们安排好了。正如第四章所论，我们阅读时，残存的“肌肉下层活动”有时有助于有些人（虽然并非所有人）把阅读过程“口语化”，使理解容易些。许多读者身上都有“肌肉下层活动”这一趋势。快速阅读专家认为，“肌肉下层活动”使阅读速度慢的人慢下来。这里隐含的意思是，我们看电影、看戏时，一个解读过程可能在起作用。我们在用“肌肉下层活动”进行表演。

这里的要点是，看电影诱发观者类似的反应，把认知经验转化为神经肌肉活动，这有助于解读影视节目。你可曾发现，看到电影里疑惑的表情和奇怪的态度时，你在模仿那样的表情和态度，以帮助自己理解其含义呢？如果你有过这样的经验，你就会意识到，简单地模仿表情或手势就可以使你理解得更好，使你理解表情或手势与故事情节的关系。就连看冰球赛或其他运动竞赛也会引起你身体的模仿性反应，这有助于你用身体进行解读，有助于你了解竞赛中的困难。世上不存在什么纯“观赏”运动。看橄榄球、足球、冰球时，你试试看如何应付凶猛的身体阻截，你要是身体某个部位不躲闪，那才怪呢！看动作片也有类似的体会。动作片里恐惧、危险、暴力、悬疑等常见场面的每一刻，都使你的身体紧张，这就是应激反应。

在这里，贾科莫·里佐拉蒂（Giacomo Rizzolatti）的“镜像神经元系统”（mirror neuron system）理论有相关的意义，因为它被认为是移情和具身模仿（embodied simulation）的基础。维托里奥·加莱塞（Vittorio Gallese）和米歇尔·格拉（Michele Guerra）[1]认为，移情促使我们理解客体的世界和他人的世界。镜像神经元能帮助人建立联系。加莱塞（2006）又认为，感知是视觉系统和运动系统共同完成的。通过运动系统的激活，人能靠具身模仿来体验他人的动作。镜像神经元即使只通过想象来激活时，也能发挥作用。它引起人们在情绪、感知和行为方面的共鸣。

镜像神经元理论仍有争议。如果被证明有道理，它对媒介研究、表演艺术和广义的模拟实践就会产生影响。从古希腊戏剧到电视、电影和虚拟现实的演艺业可能只不过是一种生物策略而已，其功能是在社会里引入新颖而复杂的经验和行为。在很大程度上，它将能解释观者如何接受表演注入他的情感。

人是社会动物，我们的生存有赖于理解他人的行为、意向和情感。对我而言，镜像神经元有助于通过直接的模拟（感觉）达成理解，而不是通过概念推理达成理解。

这一发现正在动摇许多科学门类，改变人们对文化、移情、哲学、语言、模仿、自闭症和心理治疗的理解。日常经验正在被新的眼光审视。镜像神经元正在揭示儿童如何学习，人们为什么回应某些运动、舞蹈、音乐和艺术，为什么看媒介暴力可能有害，为什么许多人喜欢色情描写。

这种平衡有利于人们接受两方面的事实：人脑有镜像神经元；

---

〔1〕 维托里奥·加莱塞和米歇尔·格拉（Vittorio Gallese，Michele Guerra），《电影与神经学》*Lo schermo empatico. Cinema e neuroscienze*（Milano: Raffello Cortina Editore, 2015）。

镜像神经元并非是理解人类行为的唯一途径，但有助于我们理解行为和意向。这场讨论和模拟问题高度相关，因为讨论显示，技术革新可能是倒置镜函数（inverted mirror function）的一部分，反映的是神经元的镜像功能。

第六章　媒介与性别：控制你的内心

第一节　避孕药改变一切

直到不久前，生殖、分娩和教育的自然法则还指引着社会规约，维持着社会生活核心的稳定。避孕药无疑改变了这一切。其作为符号的力量很有效，大于其技术使用的效应。这是一种反向的“断奶”，不是儿童的断奶，而是母亲摆脱生育的“断奶”。妇女并不“非得”生孩子，她们可以选择不生孩子。再过几年，她们将理直气壮地要求得到报酬。近年的立法趋势实际上正在用母权制取代父权制，因为她们已经取得决定是否生育的权力，而在早期的罗马法中，男人才拥有这样的权力。

第二节　作为一种艺术形式的家庭

在20世纪60年代，儿童成为艺术形式，成为教育实验的首选材料，从蒙台梭利[1]到萨默希尔学校[2]都在做这样的实验。在法律和技术两端隔绝了自然的控制后，人的生活就成了商品，像其他资源一样成了资源，不过多数人似乎尚未意识到这一点。如今，核心家庭本身已成为艺术形式，双职工家庭或同性恋家庭皆然。实际上，"核心"在这里名副其实：丁克家庭有两个质子，没有电子！两个生产者，没有消费者！我听说一些无孩子夫妻在公寓里装修一个育儿室，使之像遥远过去的一点文化遗存。

〔1〕蒙台梭利（Maria Montessori，1870-1952），意大利医生、教育家，创办"儿童之家"，提出蒙台梭利教育法，强调儿童潜能的自由发展，著有《蒙台梭利教育法》《启发人的潜力》等。

〔2〕萨默希尔学校（Summerhill School），亦称"夏山学校"，英国实验性的寄宿学校，1921年创建。

第三节　性别的生物性是废话

性别的生物性曾经是人的“命运”，如今它不复如此。人类在很大程度上曾经受自然宰制，直到我们学会裂变原子、破译基因密码和利用电能。今天，无论是祸是福，我们正在学习改造自然，当然要自担风险，却难以避免风险了。这个发展势头使文化相对论和性别相对论成为必需，而不是一个选项，大大影响了一切使妇女“回到厨房”的言论。今天的女性能在专业的就业市场上与男性竞争，甚至击败男性。今天，创业的男女性别之比是一比五。女性也许天生就能较好地应对新情况，隐隐有这种感觉的人正在增多。当然，这又使我们回到生物性的问题上，不过有一个反转：生物性与文化相会时，女性可先期抵达邂逅之地。

第四节　吸烟、性别与身体的压抑

你是否注意到，在今天的聚会和公共场合，吸烟的女性比男性多？事实上，吸烟引起公众反感，是不再时髦的行为，可能还暴露了在看上去身体健康的表面下，掩盖着不道德的自杀倾向。尽管如此，女性烟民还是在增加。年轻的女性用“解放”的姿态采纳传统上“男性”的恶习，借以给人留下深刻印象——她们懂道理，不至于如此吧。对吸烟不能掉以轻心，倒不是因为这威胁你的生命，而是因为像酒精、毒品、鸦片、大麻、可卡因等可摄取或吸入的东西一样，吸烟控制你的内脏，无疑是社会隐患。

烟客使人避之不及。此外，像酒精一样，它使人体迟钝，难以提升大脑的抽象活动。酒精淹没大脑，使大脑濡湿沉闷，而尼古丁又使之干涸。女子吸烟和男人戒烟的原因是一样的，双方在中途相会：男人让身体对自己说话，以增加敏锐性；女人则减少身体自然给予的信息量，以减少敏锐性。当然，女人吸烟饮酒过度时，她们也像男人那样紧张，结果是遭遇一样的癌症和心脏病风险及发病率。但女人吸烟的目的是，为了接受“真实”生活中艰难的心理条件，她们必须要使自己的身体安静下来。

第五节　听觉和视觉

女人比男人对自己的身体更敏感，因为她们的注意力不是专注的。女人大概不会像男人那样，一次专注于一件事。女人使用耳朵和使用眼睛一样多，甚至更多。这就意味着，她们习惯于一次接触许多事情，包括对周围的事情做出身体反应。我注意到，黛安·麦吉尼斯认为，女人的听力比男人好。她们的声音灵敏度阈值几乎比男人低一个分贝。既然视觉和听觉是获取和处理信息的不同方式，它们就在我们和环境之间确立了完全不同的关系。

假定你能把女人和听觉联系起来，把男人和视觉联系起来，那么你就能发现男女解读环境的方式有何差异吗？男人的眼睛犹如猎人一样敏锐，他们在丛林里随时瞭望，在都市丛林和自然丛林里都很警觉，注意或期待任何需要特别注意或特定目的的事情。女人不用走多远就知道周围的一切，她的整个身体都在告诉她信息。女人“听见”整体的人，而不仅是听见他们说话；她听见身边的情况，身前身后、前前后后的情况。我说她们听得见这一切时，还把她们的触觉包括在内。听觉和触觉关系密切。女人比男人的触觉敏锐得多，道理就在这里。女人的世界有一个感受细微压力的丰富结构，维持着身心的平衡，能平衡她们已知的和须知的。

第六节　对语言的态度差异：女人的关系性偏重，男人的工具性偏重

黛安·麦吉尼斯接着说，这种听觉/视觉差异还影响着男人和女人对语言的态度。男人注意他们眼睛之所见；经过这样的训练，他们只注意语言的意义。女人注意她们的感觉；经过这样的训练，她们注意搜寻她们听力所及的语境线索。麦吉尼斯动用简单而有力的语词予以概述：男人对语言和生活持工具性偏重，女人对语词、声音、人和事有一种关系性偏重。女人对语义的把握多半是靠感觉，男人对语义的领会多半是靠思维。

卡尔扎蒂批注

实际上，我们正在走向一个母系社会。在这里，语境重于内容。当然，这并不意味着，男人将要失去控制地位，只是意味着，他们在技术社会里必须要更加努力，因为社会更贴近女人的感知方式，而不是男人的感知方式。

第七节　女性的力量

女人比男人坚强，平均比男人多活 7 岁，也许是因为，她们在身心之间均衡地分配生活的压力。她们认识并满足这两种需要，借以减少身心系统的损耗。但是，由于女性分担的公共责任增加，把注意力调节到专业的任务上，所以有可能，男女的平均寿命差异会缩小。这不是滑稽可笑的浪漫生物学，而是承认男人和女人理解世界的方式是同等重要、互补关系的生存策略。这两种策略的任何严重失衡都威胁着人的生存。对于理解性别的含义，以及对于理解我们文化里的性别差异正在发生的事情，生存策略的平衡都至关重要。

麦吉尼斯的分类法还暗示，媒介如何支持女性或不支持女性。读书识字，在所有文化里推出了人数可观的女作家，但在推进她们走向社会独立方面却没有多大建树。相反，电子媒介推动妇女前进，从广播时代走到社交媒介时代。电视尤其是偏重关系的媒介，坚守逻辑而不是内容，把女性推进电视连续剧、脱口秀和广告的世界，让她们抛头露面，赋予她们妇女解放运动的方式方法，带动了女性主义的第二次浪潮。看起来，计算机固有的工具性提升了男性的技能，其交互式特征又邀请女性走向音乐会。互联网似乎不偏爱男性或女性。比如，统计数字始终显示，女性用社交媒介的人数略多于男性。

第八节 一个大问题："究竟发生了什么事？"

事实上，我们现在生的孩子少了很多，但有人错误地认为，我们更善于生孩子了。17 世纪，饱受呵护的路易王朝经过了四代人和无数次难产后，才养成了一个长命的王位继承人。我们能忘记这个事实吗？历史上，西方人的生命一度是廉价的，就像今天发展中世界一样。新的满足感即将到来，必将沿着全球复兴的道路前进。

以下五节是 2019 年增写的文字。

第九节　羞感与罪感

今天，互联网似乎接过电视支持女性的衣钵，在“metoo”反性侵运动里揭露妇女在职业关系里遭遇的侵害。但这场运动不仅关心女性挺身而出公开揭发她们长期以来所受的压迫。一种新的透明性使羞耻曝光。我们又回到羞感文化（shame culture）。羞感文化与罪感文化（guilt culture）相对，是书面文化养成的。书面文化产生非透明性，容许语言的静默和内化，以适合个人的特殊用途。羞感或罪感取决于你在为谁负责。在羞感文化里，个人为社群负责。如果没有人知道你干了那样的事，你不必过意不去，甚至不必承认自己有罪过。相反，在罪感文化里，是否有人知道你做了错事，那并不重要，反正你自己会感到难过。为什么？因为你已经把语言及其内容内化和个人化，你的责任的轴心已经变了，你为自己负责，为自己的命运负责。可能其他人也“知道”，那使你的羞感加重，但最糟糕、最持久的是罪感。你“对自己犯罪”了。今天，罪感正在退场，让位于一个矛盾的羞感，部分归因于弗洛伊德，部分是因为我们深层的秘密正在走出去，进入网络里。

第十节　数字无意识

实际上，由于互联网的到来，一种新的感觉，既非罪感亦非羞感，而是轻微但持久的焦虑感开始在我们理智和情感的背景中浮现出来。更多的人知道，他们所做的一切都在被跟踪，但他们尚不知道，这样的入侵远不止是利用我们上传给脸书或泄露给推特的个人数据。在个人数据的成倍增长中，在互联网里，通过社交网络，通过我们社会经济文化活动的自动参考系统，每个人的透明性都在增加。我们在线上线下的运动和行为数据——短时间内甚至我们的思想感情——都在连续不断地储存在世界数据库里。在大数据时代，选择相关数据形貌的一个程序，就足以提取能为任何人服务的信息。这种有关我们每个人可提取的潜在数据库，就是我所谓的数字无意识（digital unconscious）。

数字无意识是"有关你的而你自己却不知道的一切"。换言之，这是网上有关我们大家的数据的总和。像卡尔·荣格[1]的集体无意识（collective unconscious），数字无意识建立在周围潜在的信息上。支撑

---

〔1〕卡尔·荣格（Carl Gustav Jung，1875-1961），瑞士精神病学家，人格分析心理学创始人之一，曾经是弗洛伊德最亲密的同事，著革命性的《无意识心理学》，提出无意识两层次的假说：人生活在被压抑的事件和集体无意识的原型之中。

集体无意识的是人们讲述的故事、文献中重述的故事，其痕迹或多或少平均分布在神话和原型的集体记忆里，只偶尔在意识里浮现出来。数字无意识存在于日益增长的数据库里，数据库的管理靠越来越聪明的软件。数字无意识与集体无意识的不同之处是：线上数据具有内在性、持久性、可及性，有可能瞬间扩散和全球扩散，瞬间可及，可以在真实时间里搜集和重构，并在有意识层次上浮现出来。

数字无意识由个人数据和网络活动承载，或多或少能被人意识到，亦由自动参引系统（automated referencing systems）承载；自动参引系统提供有关我们专业活动、旅行、银行记录、医疗记录和其他记录的定制数据，以及广泛分布的社会可追踪性。心理学家琳达·刘（Linda H. Liu）出版了一本论数字无意识的著作——《弗洛伊德机器人：数字媒介和无意识的未来》（*The Freudian Robot: Digital Media and the Future of the Unconscious*）。她邀请心理分析专家和普通心理学家探索心灵和互联网的新关系。她考问书面文化的作用：这里常见的感觉是，心理分析和数字媒介没有关系，数字媒介和心理分析也没有关系。我相信，本书不容置疑的证据显示，从一开始，数字媒介和心理分析就纠缠在一起。纠缠的枢纽是身份的变化和语言角色的变化；在20世纪中叶，字母表书写完成会意文字转向以后，语言的角色也变了。这就提出了一个根本的问题：人和机器的关系可以在无意识的层次上重新思考。在这里，比较路径和跨学科路径被证明是必要的，特别有效的。[1]

---

〔1〕 琳达·刘（Linda H. Liu），《弗洛伊德机器人：数字媒介和无意识的未来》*The Freudian Robot: Digital Media and the Future of the Unconscious* (Chicago: Chicago University Press, 2011), 25。

第十一节　声誉资本

有了大数据以后，普通人购物和投票的动机就受“疯狂进食”的驱使。关于人的和来自人的数据，在连接世界的数据库里积累，使政府和企业能引导人们的选择。了解有关我们一切的商业针对性和社会针对性——姑不论了解有关安全的问题——使这个趋势不可逆转。这种隐蔽服务的价值见仁见智，因为使用者为适合自己形象而得到的选择被减少了。这样的服务还闯进了敏感信息的范围。显著的例子有，2015 年 8 月，自名为“冲击队”（Impact Team）的麦迪逊－阿什利（Madison-Ashley）黑客侵入著名的婚外情社交网站，泄露了十亿字节的用户数据。自此，由于所谓“声誉资本”既关乎个人也关乎公司，新伦理就应运而生。从西班牙宗教裁判所失去的敲诈和“审问”，到政教的分离，再到享有隐私的个体兴起的历史过程，确保私密性的不透明伦理（ethics of opacity）来之不易。

今天的问题是，为了避免困扰文艺复兴的那种暴政，什么样的伦理秩序应该在数字时代居主导地位？在西方，经过几百年的“宗教自由”（freedom of conscience），经过两百年宗教战争和政治变革的痛苦才获得隐私权后，人们正在失去对自己隐私的控制。真正的悲剧（有时亦为喜剧）是：生活在这样的社会里，有两种思考现实的方式——私密的方式和入侵的方式，却不知道如何予以整合。一般认为，我们的身份，即我们对自己的感觉是私密的，被保留起来供个人使用，未经我们个人的允许，什么人和物都不能入侵。这就是私密的方式。借此，我们对自己是什么人、想说什么有控制权。但在入侵的方式下，我们失去了这样的自由，包括说什么话的自由，还包括丧失思想感情的自由。

实际上，我们的内部空间很小，而且日益缩小，因为我们不断外化自己的认知和情感官能。通过互联网外化空间是新现实发生的空间。我们对掌中屏幕半永久性的专注正在引起心理取向的逆转。我们不再把信息整合进头脑私密处的静默阅读，相反，我们将信息发布在脸书和推特上。网络空间基本上是偏重关系的。网络空间不指向人的内心世界，其占上风的注意力指向传播，同时又指向完美的外部存在。此外，身份在社交媒介里的建构是自我在身体外的投射和分布。

年轻人尚未成熟时，社交媒介就开始“发布”他们了。网络跟踪器（Cookies）使每个人的信息都可在互相参照度很高的层次上被存取，和社交媒介不一样的是，网络跟踪器不受用户控制。我们口袋里的智能手机是我们主要的身份标识。在这个意义上，它胜过完美的护照、银行卡或出生证。它包含我们个人的一切，随时可能将其泄露给想要知道我们根底的人，凡是拥有技术手段却未必拥有法律手段的人都可以了解我们的一切。无论出于什么意图和目的，我们的智能手机使我们每个人都很脆弱，比大街上赤裸行走的人更容易受到伤害。人们说，打完电话关上手机以后，上面的麦还在工作（如 iPhone 的语音控制功能 Siri）。据说，我们与人的交谈、我们走动时周围的声音都可能被录音。无论这样的传闻是真是假，尽管听上去很极端，但自从互联网问世以来，我们已失去对我们话语的控制，即使没有失去对我们话语的拥有权，但书面和口语的控制权都失去了。不久，也许我们思维的控制权都要失去了。[1]智能手机既是我们最好的朋友，也是最可怕的敌人，因为它保留了我们一举一动的痕迹。我们的一切都进入了数据库，供进一步参考。坦率地说，这可能使人丢脸，但也可能是我们命定的一部分。

你可以说，整个互联网的作用是人类的数字无意识。这一事实产生了一个知识问题，而且产生了一个身份和隐私权的问题。这里的要点是，就文化而言，我们仅仅处在一种了解不多的社会心理变革的发轫期。

---

〔1〕《工程师把言语信号直接转化为言语》Staff news report in Science Daily: Engineers translate brain signals directly into speech. https://www.sciencedaily.com/releases/2019/01/190129081919.htm。

第十二节　让政府羞愧

在论述社交媒介对女性支持的结尾，我们举一个病毒式传播的例子。这一现象肇始于瑞典小姑娘格雷塔·通贝里（Greta Thunberg，生于2003年1月3日）的抗议活动。它可能会改变当权人士对气候变化的态度。它还可能预示着新一代政治力量的崛起。去年夏天机场大火后，她停课前往斯德哥尔摩议会大厦抗议议会政治意志的欠缺。她的事业在主流媒体和社交媒介上开始病毒式传播，声势浩大。她应邀于2018年12月2日在波兰卡托维兹召开的COP24（联合国气候变化大会第24次缔约方会议）会议上呈情。2019年1月21日，她又在达沃斯的“世界主人”会上讲演。她掀起了一场世界范围的运动，和她一样年纪以及小于她的儿童，在二十余个国家的议会前集会。创纪录的是布鲁塞尔3，500个学生的抗议集会。她的倡议令人钦佩，其影响遍布全球，但这一倡议是否能克服它在达沃斯遭遇的不冷不热的反应，是否能被当作21世纪的“儿童圣战”被世人记住，我们还得拭目以待。

第七章　路边的浪漫故事：电视和计算机在电子高速公路上成婚

第一节　新媒介语境

即使最迟钝的政府官僚也逐渐意识到，所谓的“电子高速公路”对自己的生存也极为重要，就像真实的高速公路和市政路一样重要，不会稍次。这样的意识既生于显而易见的事实，也生于不那么明显的事实。显而易见的事实是经济因素，任何人都能看到，自20世纪60年代以来，电视主宰着人们的头脑和大多数市场的现实。20世纪80年代初以来个人计算机的快速增长说明，电视电脑屏幕也可能反映国内产品无穷变换的焦点，它们很可能是支持国民经济的汽车业的竞争对手。

第二节 媒介融合

电视和视频技术从摄影和电影得到启示，主要是关心对我们心灵空间的征服，相反，计算机网络强调的是电报和电话系统中固有的对事件的掌握。电视机的角色是把一个聚焦的/集体的信息处理设备送进每个人的家里。电视机给广播网加上视觉成分，虽然它仍然是单向媒介，但它在文化里置入了一种积极的、集体的（短期）记忆。在外部屏幕上复制我们原本在内部构建的意义时，电视使用的主要是感知组合，借此把私密的思想延伸到集体的领域。特别是在直播时，电视为我们提供了一种共同的参照，补足这一参照物的是三种感知输入：听觉、视觉和本体感受（不看就感知身体位置的能力）。在相对短的技术发展时间里，电视显示出了潜在的趋势：把观者带进现场。今天的电视已达成这一目标，它提供日益多样的互动选择，从微不足道的遥控器到视频录制、视频剪辑和视频会议。这样的发展预示媒介的民主化。电视的发展从广播走向窄播，最后到观者的直接输入。机顶盒和远程计算机之类的技术就是这样的技术发展趋势。[1]

---

〔1〕 当然，YouTube 是顶尖的技术，它把昂贵的媒介生产送到用户的手里，只需拥有一台笔记本就能上传视频。

第三节　远程计算机

理解计算机的发展，不是将其与电视对立，而是将其视为电视的继续，这能给人启示。在远程计算机（telecomputer）这个热词里，视觉甚至“电视”的意思都已经消失。其中的关键词是tele，这是远程连接的设备，就像电话机。从这个关键词衍生出来的是远程通信的概念，与计算机组合的通信概念。这是因为在我们完全数字化的网络信息环境里，电视的整个领域都将很快被计算机吞没。以高清电视为例，它和高清晰度的关系不如与数字化的关系；高清电视渐变为计算机。实际上，电话机连接的计算机继承了电视最宝贵的遗产：即时实时通达很多人。然而，有了远程计算机，人们就可以互相交谈，加入交谈的过程。不能交谈的电视机技术就成了极其聪明的远程计算机技术。麦克卢汉在他常被征引的一段话里做了这样的预测：[1]作为研究和通信工具，计算机能提升检索速度，使庞大的图书馆组织过时，能再现个人的百科全书功能，并逆转为能

---

〔1〕 转引自马歇尔·麦克卢汉与布鲁斯·鲍威尔斯（Bruce Powers）的对话《从天使到机器人：从欧几里得空间到爱因斯坦空间》(A dialogue between Marshall McLuhan and Bruce Powers, ‘Angels to Robots: From Euclidean Space to Einsteinian Space), 见两人所著 *The Global Village Transformations in World Life and Media in the 21st Century by Marshall McLuhan and Bruce Powers*, Oxford University Press, 1989。

访问的、快速裁剪的、含有可出售数据的一条个人使用的路径。[1]

但技术本身的组合性吸引力就不那么明显了：电视一直被视为广播媒介，有很大程度的公共性，而计算机却是个性化的独立的个人媒介。电视提供的是人人共享的集体头脑，没有个人的输入，相反，计算机是个人的头脑，没有集体的输入。两者的融合提供了前所未有的可能：把个人及其特殊需求接入集体头脑。这一新局面具有深刻的赋权功能，能产生社会、政治和经济影响。它将加速地缘政治的变化与适应，加速每个人私人情感的变化。它将产生新的意识形式，对世界教育系统构成新的压力，以应对变革。它将使大多数市场猝不及防。实际上，虽然这一局面是明显的，只要不发生大的政治灾难或社会灾难，世界的全球化就要走这条路，但另一方面不那么明显：有了这么大的通信力量后，我们用它做什么。你如何改变依靠汽车来体现权力、行动和声望的习惯，转而采用"远程存在"（telepresence）并将其作为存在方式呢？

卡尔扎蒂批注

对这个问题，现在我们有了答案：自我品牌推广（self-branding），借以把主体（作为消费者）变为产品，宛若汽车的变化（从消费品变成地位象征）使主体坚守期望中的社会表征一样。如今这一转变之所以成为可能，正是由于上一段提及的事实：计算机不培养集体头脑，自一开始，计算机就是"个人的"。电视的

---

〔1〕实际上，麦克卢汉在世时，重大的技术连通业已完成，只是被埋没了，没有证据显示，麦克卢汉觉察到这样的技术成就。https://history-computer.com/ModernComputer/Basis/modem.html (anonymous wiki publication)。

典型特征是内容的同系化反应（homologation），其对象是观众群体。多年来，我们用超级个性化（hyper-individualization）与电视的某种内容（广播）交换；超级个性化达到自我镜像的程度，也就是把自己映射到作为市场的社会里。诚然，这可能引向个人的政治化，但事态采取的方式是个人的完全商品化，而不是把个人变成公共的“武器”。在连接性带来的有害扭转中，这一点特别明显。正如何塞·凡迪克（José van Dijck）[1]所言，连通没有引向分布式/网络式的集体形式，而是引向了一种互连通的形式，把消费推向前景（表现为各种形式），掩盖了重要的分享。因为这几段文字里的预测是完全可能实现的，我们应该进一步问，这为何发生。除了浸淫在越来越快的内容流之外，一个可能的答案是互联网如何被“占领”。诚然，线上的人是个人，但经过“极客”（geek）和亚文化（你需要起码的编码能力）栖居互联网的第一阶段后，到web2.0时代，互联网如洪水泛滥，冲毁了个体差异和重要空间（之所以可能，那是因为如上所述，技术对用户友好，被商品化了）。这是自下而上的占领。接着又发生自上而下的占领：在第一阶段，媒介公司仅仅把类似的内容投射到网上（检索archive.org网站上二十年前报纸的主页就足以看到，它们千篇一律和印刷版一样）。此后，数字原住民公司诞生，很快就能设计并提供特定网页内容（如谷歌、亚马逊和脸书的兴起），这成就了它们占领互联网的霸权。由此可见，互联网绝不是去中心化的服务，而是成了中心化的空间，被寡头垄断占领了。

[1] 何塞·凡迪克（José van Dijck），《连通性文化：社交媒体批评史》*The Culture of Connectivity: A Critical History of Social Media*（Oxford: Oxford University Press, 2013）。

第四节　多种网络的快速发展

计算机的最新趋势是联网，这是一种新感觉的另一把钥匙，这种新感觉是技术融合初始的心理。电话网络和通信公司强大而有效，但常常被公私部门忽视。突然之间，它们突进到我们集体意识的前列。北美的有线电视公司和电信公司激烈竞争，用压缩数字信号提供多媒体服务、视频会议和定制视频，以争夺市场。网络、互联网和以太网快速发展、喷薄而出，就像初生的海中巨兽的大脑一样成长。

第五节　互联网，今日“电子高速公路”的最佳范例

互联网是万网之网，容许给出精准的窄播，把控制权放在用户的手里。互联网不是侵扰性的，在这方面它甚至不及电话，因为不是它呼叫你，而是你呼叫它。你还可以用手机上网，数字化的数据不必在管道里传输。互联网在 90 余个国家有 4000 多万用户，其用户人数每 10 个月就翻一番。由于网络多媒体快速发展，接入光纤或主干线以后，互联网就能提供超媒体互动：万维网。用户为他索要的服务付费，可直接通达源头，不必与收费的门户网站清理费用。

互联网是一台巨无霸计算机，拥有令人震惊的有机内存库和平行处理器，今天已超过 2000 万用户，明天将拥有 10 亿台协同处理器（coprocessor）。为什么谁都想称它为高速公路呢？它是名副其实的大脑，集体的活生生的大脑，你阅读时它就在运行。这个大脑永不停止工作和思考，永不停止生产、分类和组合信息。互联网的主要问题是如何接入它，如何在网上航行。对许多未来的使用者而言，这仍然是一个问题。我们用它时还抱着电视一代的心态，寻求颜色、运动和即刻的满足，却发现灰色、枯燥、书卷气的、缓慢的数据。不过，时代在变。互联网日益活跃，有了万维网全彩色的、完全互

动的服务，互联网即将为我们提供名副其实的线上多媒体，凡是能在主干线上直接接入互联网的人都能进行这样的互动。在许多方面，互联网很大程度上打败了一切超级高速公路的宣传。互联网来自于下层，来自于地下，来自于我们的集体智能（collective intelligence）的潜意识层次。互联网就像潜意识层次，组成它的数据太多，不可能在意识的层次上加以过滤。互联网需要处理和分配信息较大的单位，其原因就在这里。

第六节　带　　宽

正如家庭和办公室最终都装上了电话机一样，它们即将接入完整数据和视频宽带的线路。目前，这些设备有许多不同标准和容量，包括许多不同的电信网络，如综合服务数字网（ISDN）。在有些国家，相当一部分的电缆能承载每秒9亿比特的速率，但尚未数字化，也没有交互式应答的线路。政府和地方产业界正考虑逐渐从标准模拟式线路改为数字化线路，能每秒传输64K比特，再到业界所谓的T3线路，每秒的容量为45M比特。这样的性能容许数据、声音、图像和视频完全交互式传输。即使政府部门和产业界已做出交互式传输的决定，异步传输模式（ATM）之类的技术突破[1]也会改变游戏规则。

一个事实使问题更加复杂：在为我们提供集体心理过程的竞争中，导线和电波不再是唯一选择。有线电视网生成自己的市场品牌。有线网络不同于电波，因为它们的图像及其效果更接近人的神经系统——从个人身体到社会机体延伸的系统。无线电广播产生柔和、

〔1〕在无线电技术里，一个重大的差异继续存在，令人惊讶。非对称用户环线（ADSL）和异步传输模式（ATM）似乎具有无线电广播调幅（AM）和调频（FM）那样的差异。

轻盈和振动的环境，更像我们的脑子，而不像神经。由于快速成长的蜂窝技术，个人和公共空间的另一种关系发展了。上述三种并存的通信环境或多或少都是自组织的（当它们不互相争斗、不会使政府规制过时的时候），因为它们找到并细化了自己的特点，而且还找到了可选择的应用程序。麻省理工学院的专家、媒介实验室主任尼古拉·尼葛洛庞帝（Nioholas Negroponte）说，电视和广播应该完全退出电波，把空域让给更为迫切的蜂窝式通信："不出二十年，使用卫星搞广播电视如果不是非法的，也有悖于常理了。"[1]也许他说得对：紧急状态下，再没有比一头雾水更糟糕的了，电视和广播是有机体生存所需的白噪音，但它们并不是一定要占据我们集体意识的前台。

---

〔1〕尼古拉·尼葛洛庞帝（Nicholas Negroponte),《换位：在未来二十年里，电视和通信的主要传输方式将要互换》"Trading places: Over the next 20 years, television and telecommunications will swap their primary means of transmission" in "Products and Services for Computer Networks," *Scientific American* (September 1991)：7-8。

第七节　彻底的去中心化

由于技术、产业、法律和政治领域诸多不同的创举，若要预测这一切活动将走向何方，稳定的技术环境会像什么样子，这是不容易的。由于视频点播的迅速出现，公共通信领域正在变成个人通信，越来越像电讯，越来越不像广播。乔治·吉尔德（George Gilder）预测，广播将在电子高速公路的世界里迅速消亡，普及且廉价的通信将使整个关系逆转："电视和电话系统是为频谱和带宽稀缺的世界设计的，在宽带充足的世界里，它们就完全格格不入了。这两种系统的主要战略是把智能集中，在地方中心局、移动基站、有线电视节点和广播中心集中，只给用户一个简装的商品终端，电话机或电视机。"他接着写道："在下一个十年里，工程师们将利用宽带和计算机在网络上的优势，替换广播电话中心的转接和智能。"他的结论是："首先倒台的是广播系统，它用数以千计的地面站和几个网络为数以百万计的电视机服务。"[1]

---

〔1〕乔治·吉尔德（George Gilder），《电话业的终结》"The End of Telephony," *150 Economist Years*, special anniversary issue of *The Economist*, 1993。

第八节 按比特付费

在理想情况下，人们任何时候都能挑选自己需要什么带宽、多少比特，并为此而付费。这就是所谓的“按比特付费”或“按需分配带宽”的营销。这对更开明的批评家有吸引力，他们认为这是使国家连线最民主、最经济有效的方式。观众和听众在“按比特付费”的可寻址数据库网络中购买自己所需的时间和项目。他们按比特付费，还为自己想要的选择按点付费。在最近一期《连线》里，米奇·凯波尔（Mitch Kapor）主张，最合乎逻辑的系统是一个开放的结构，普遍数字化的网络（在未来的十五年里逐渐改进），具有自我调适的能力，能测定不同的容量，从 64Kbs 铜线的容量到每秒兆位光纤的容量。

卡尔扎蒂批注

最后发生的事情刚好相反：“购买”用户的是网络即技术，网络跟踪用户的数据，用免费服务交换数据。但最重要的是，网络靠窃取时间和注意力“购买”用户，而时间和注意力是短缺资源，与无限的比特资源冲突。这里浮现在脑际的例子是

“点击奶牛”（Cow Clicker）。这是媒介批评家伊恩·博格斯特（Ian Bogost）开发的一款 app，目的是要谴责游戏 apps 使人满足的荒诞性。实际上，用户只需点击一只卡通奶牛，每 6 小时点一次，挣分，与游戏伙伴分享经验。大概就是这样。结果，这款“点击奶牛”的 app 成功了。

第九节　通用存取的市场意义

如果信息是今日经济的大宗商品，那么，它就是唯一因使用而增值的物质，不像自然资源那样因使用而损耗。记住这一点也许是有用的。我们现在审视的是富余的经济。只有当基础设施容许通用存取时，信息经济才会发生。通用存取本身一定会到来，或自然而然，或借助外力，越快越好。然而，它也可能需要一场政治革命或社会革命。过去的君主政体权力结构必然被推翻、被“斩首”，为民主进程中的人民政体让位；同理，目前通信和信息控制的权力机构也必须被除去。由于国内生产技术先进性的提高和生产需求的增长，这个转变已经平静地开始了。

卡尔扎蒂批注

这段话很中肯，今天仍然有效，至少表现在两个方面：（1）就数据而言，我们的确进入了一个富余时代（比特可以被无穷复制，而且成本很低）；（2）君主政体权力结构的比方很恰当。甚至可以说，我们现在很需要一场新的文艺复兴运动。有些传统媒体公司已被新的数字原住民公司斩首（其他一些数字原住民公司经过多年的成功之后也被取代了，请想想雅虎和快要被取代的易贝）。我们现在的处境是，为了再促进服务的去中心化，我们需要对数字原住民公司（谷歌、脸书、亚马逊常常是嫌疑人）进行斩首，它们和以下的不对称现象关系密切：技术发展的不透明度和个人数据日益增加的透明性不对称。

控制权从生产者 / 广播者转移到消费者 / 使用者，这将使相当一部分使用者变成生产者或“生产消费者”（prosumers）。广播的去中心化伴随着生产技术的分散化。录像和计算机设备的价格下降，其质量和性能反而提高。今天，一台半专业的 HI-8 摄像机和一台计算机辅助的编辑器再加上一个简单的调音板就可以制作很好的节目，比过去需要庞大的编辑室和长时间延宕所制作的节目要好得多。在蜂窝网络的推进下，发射机技术也将在越来越广阔的地区把广播的权力交到个人的手里。

第十节　从泡电视的人到冲浪的游击队

这样的技术发展对现有的广播电视公司构成威胁，但市场还是支持这样的发展。其深层原因是：卫星、电缆、电话压缩、移动通信使频道增加，需要越来越多的内容，这就意味着，普通人甚至“泡电视的人”（couch potatoes）都必须贡献自己的内容。[1]人们都得开发自己的网络，或用于经商，或为了自娱自乐，并不受时空的限制。视频点播是当今最大的未来市场商品，因为人们知道其含义：这不仅是音像店出租业务的末日，而且是许多其他服务的终结。不过，等到视频点播就位时，更大视野的项目将是联网的多媒体。当多媒体内容版权的问题解决后——除非版权付费自动完成，否则这个问题的解决尚需时日——交互性将把许多信息消费者变成信息提供者，产生一波特殊兴趣的市场和跨国社群。

〔1〕 这样的直觉被当前的热词“用户生成的内容”证实。

第十一节　视 频 会 议[1]

在未来的两年里，带有宽大屏幕的优质视频会议将降价至每场500美元，甚至更低。有些系统仍然与标准的模拟线路连接（可能用一种卡插到可转换的电视上），大多数将用上改进后的压缩比，数字切换、双绞铜线的竞争优势和较低价格，只要可能都用上早期光纤网。起初，视频会议在商界、政界和学界会比较普及，在家庭里则次之，因为许多人抱怨它侵犯隐私，看不到它减少交通费用的好处。稍后，视频会议将衍生出一个巨大的现场性视频市场，将简化陈列室推销术。便携式移动视频会议（未来两年至五年里的开发和销售会不断增长）将加速房地产市场，使人能在家里访问任何地方。视频会议使公众调查和不冒昧民调的条件和机会大增，可惜同时为诈骗和警察监视创造了条件。总体上，视频会议最重要的效应是改变家庭和工作场所的关系，比汽车对一般北美城市的改变更极端。[2]人们将有大段时间远离工作场所，待在乡间别墅享受舒适宁静。上

〔1〕 毋庸赘言，十年后，Skype通讯软件到来时（2003-2004），我们将转用Skype，以减少成本和连线时的焦虑。

〔2〕 Skype和Hang-out发明以后，这一切都变成标准的生活方式了。

下班的人将回到通勤火车，因为他们喜欢掌握智能机（掌上电脑或手机）的行动自由，不喜欢掌握汽车这样的聋哑机器。建筑和开发将根据通信条件来规划和设计，而不是根据陆路交通和水利设施来布局。

第十二节　交互式广告

大众媒体极大地推进了广告业，广告又支撑国内电视黄金时代的规模经济。广告业必然遭受近在咫尺的去中心化的第一击。谁也不知道如何让网民为服务付费，唯有按线路和使用时间收费。

> 卡尔扎蒂批注
>
> 现在我们知道了：我们用我们数据形式的信息比特付费。接着的问题成为：可能构想出一个别样的更公平的商务模式（即不透明性和透明性的再平衡）吗？免费＋附加费商务即为一例。基本服务免费，额外服务收费。其他的模式可以设想，近期内是有可能出现的。

然而，交互式多媒体表明事物发展的方向，连有线电视容许的非常有限的交互式也表明了这样的方向。人们喜欢广告，许多人晚一点睡，以便看电视上的纪实性广告片（infomercial）。而且，他们喜欢“进入”广告，挑选其中的信息。再者，他们有机会直接回应供货商。那将不再是单向的“大众”市场，旨在寻求庞大的人口，而是一个“速度”市场，有双向互动的前馈和反馈。

另一个重大的发展是，发现并记录任何产品的用户和买主的准确人数是可能办到的。一切数字技术都汇聚为最准确的数字。曾经有一段时间，你可以在市场上大多数时候忽悠大多数人。今天，广告商或公司再也不能乱吹，在真实受众或内容包装方面再也不能作假了：在电子条件下，你不能糊弄任何人，任何时间都不行了。就人的神经系统的工作机制而言，让连接即时反馈的通信优先，而不是用新闻、广告和服务狂轰滥炸现实，会更有意义。〔1〕

〔1〕 我看到的这一新方向的最早范例是 Volvo（沃尔沃）在网络版《热连线》（*Hot Wired*）上的广告。你可以从多个角度看你买的汽车；明天，你就可以在模拟的公路上开你选中的车。当然，到了明天，那可能是随心所欲的体验。

第十三节　我们亟需过滤器

如果说印刷品和电子大众媒介的经济是建基于生产，那么，交互式媒体的新经济将要建基于“还原”，遵循大脑的意象；有些神经生物学家说，这不是一种生成机理，而是一种减压阀，让人体里的有序运算得以运行。针对计算机程序的灵活性所呈现的令人眼花缭乱的机会，多伦多计算机艺术家、工程师戴维·罗克比（David Rokeby）说：“我们亟需过滤器。”[1]

卡尔扎蒂批注

这段评论极富洞见，今天仍然有效，既关乎大脑像阀门的理念（晚近的研究也显示，睡眠控制阀门的“清洗”），也关乎这样一个事实：我们在社会层次上需要过滤器。在这个方面，想想专家的形象危机足矣。专家被嘲笑，正是因为他有信息“过滤器”和查证的作用；他被视为“阀门”（曾经被界定为“守门人”），要过滤五花八门的、常常无根据的意见的任意传播。

〔1〕 个人通信。

未来的工作将交给接受各种最新信息培训的守门人、智能助理和信息猎犬。大型工程合同将交给保护隐私的加密软件以及个人数字助理包和设备的开发，以期在语音指令下立即获取所需的信息。基于随时自我更新的统计抽样，集体智能的新形式将要开发出来，例子有互联网上获得的兴趣小组的关注和活动的集体智能。它们将用关键词、倒排索引检索（inverted index searches）和神经网络积分器（neural networked integrators）来满足个人的需求。

第十四节　无知的价值

当一切已被某地的某人了解，而这种信息可以用一定的价格获取时，你就养成了一种“生逢其时”的心理。既然需要时就可获得这样的信息，那你为什么还要费心去学习呢？

卡尔扎蒂批注

这正是已然发生的事实，而且这样的信息是免费的（也许因为网上的信息是免费的）。现在，我们还可以勾勒这个趋势的效应：作为过程的任务导向（免费）的学习缺乏消化吸收，仅仅作为一个给定量的学习是基于获取的（吸收与获取的区别在教育学里是很清楚的）。这就意味着，由于越来越依靠外化我们认知能力的技术，我们倾向于构想，学习与“获取信息”是捕捉信息比特，是通向思想或意见形成的路径。我们还可以借用瓦尔特·本雅明（Walter Benjamin）的话说，在通过技术获取信息的过程中，我们正在失去“学习的光环”。而且正在发生的事情（过去是难以想象的）是，我们将越来越多的信息发送与获取交给算法，但如上所示，算法缺乏对待数据的辩证方法，是二进制的，换言之，算法缺乏深度和批判的视角，对信息的质性进行纯粹的量化（喜欢、评论和分享）。问题是，无知不再是触发器（走向知识），而是在成为行为范式。

正好相反，你可能发现，不知道某事还是有价值的，亦如发现任何东西的过程比发现的内容可能更有用，更令人兴奋一样。有了真正的专家系统，且经过快速学习曲线和先进神经网络的改进，你就不必在任何事情上成为专家了。你最好的资源可能会变成你的无知，无知迫使你对注意力重新定位，使你从非专家的独特视角去学习你需要的东西。也许，我们能对自己的不足和局限产生一种品位和自豪感。

我们的整个价值系统正在改变，从等级的、竞争的、基于进攻性的优秀标准走向协同、互动的标准。在这种新情况下，比以往任何时候都更需要良好的判断，这种判断来自经验而不是学习。判断像直觉，部分是意义，部分是感觉，生于身心协同的感觉。〔1〕

〔1〕 遗憾的是，这似乎不是人类智能所走的路径，越来越多的年轻人学得越来越少，像我们一样，他们信赖媒体的记忆内容，信赖人工智能对记忆内容的处理。

第十五节 账本底线：穷人的信用只剩下现金

然而，对有商业头脑的人来说，上述一切都像是伤感的废话。在丰裕的社会里，还要等待多久我们才觉得将一切简约为单一的数字评估并以此为满足，是有用的呢？

卡尔扎蒂批注

这个问题很合理，因为它描绘了我们当前的情况。所以我们应该问：为什么会是这样的情况呢？发生了什么事情呢？我认为，这个现象与两件事情有关系。一方面，社会关系成了商品。另一方面，这和社会－生物－心理（socio-bio-psychological）反应有关系，这样的反应又和我们对技术的使用（以及我们在日益虚拟化现实里的浸淫）有关系。可以说，我们被吸引着走向数量和积累，不仅表现在生物学方面（比如储备食物和资源），而且表现在社会关系和社会接受或声誉方面。如此，我们往往炫耀以便“积累”社会接受度，并能将其作为社会安全的形式，以至于觉得我们属于一个整体。实际上，这和本书稍后的一条评论有关系：“我们的文明正在经历有意识领域和无意识领域的逆转。”当前，我们的自我在外部和内部两方面的交叠……已经内外翻转了——归因于数字技术。如果说我们对社会接受的无意识需求已外化为商品形式（喜好、分享等），那么，有意识即社会现实不能不带上动物性的痕迹，其形式是向着自我肯定的狼奔豕突（如上所述，这正是由于网络上没有集体）。换句话说，及时响应的技术把社会生存的生物需求转化入社会领域，结果，我们人人都带上了这种集体动物的印记。

按照它今天的运行情况，货币的周转速度和复杂程度根本就不足以使之成为合适的评价机制。实际上，在纯电子金融交易中，货币移入了数字融合状态，其性质本身正在变化。货币的运行达到光速状态时，它就变成了纯粹的能量。也许，它根本就不必经过符号阶段。如果跟随加密技术的趋势，我们就可以看到，给货币这种全球共同载体的运行加上定量测算就很容易，比管理和储存作为价值的物质表征的货币容易得多。〔1〕

货币的工作将被严格限定在一个分析功能：对我们那台全球计算机无数的数字化交易进行分析。在富余经济里，我们必然要走向“按比特付费”和“按需定义”（definition-on-demand）的公式，使用时在源头处实时借记，纯粹是因为货币和电流将成为一回事。正如马克·波斯特（Mark Poster）所言：“如今，‘货币’一词指的是银行计算机库里磁带上储存的氧化物构形。”〔2〕

在计算机里，语言和光邂逅，彼此叩击：绝对能量邂逅绝对复杂性。激光、光线和电磁场是新的智能构成材料。超高速处理器将

〔1〕当然，今天我们有了区块链技术去照看这样的交易，既认证这些交易，又为进一步的规划而阐明它们。

〔2〕马克·波斯特（Mark Poster），《信息的样式》*The Mode of Information* (Chicago: University of Chicago Press, 1990)。

加入高速度整合，整合的标准很快将统一。这就是现实的实质。[1]我们文明的大逆转正在发生，这是有意识领域和无意识领域之间的逆转。不久前，世界沉默无语，而我们是聪明的。不久后，我们的集体技术智能将在速度和集成两方面超越个体的有机体智能。了解这统一的认知结构如何照看环境和贫困，了解它将为遗传工程规定什么标准，将是饶有趣味的。暂且放松吧，我们还没到那一步呢。

卡尔扎蒂批注

我们比过去任何时候都更需要这样的反思，而重要的讨论应该集体进行，在国际的和公共的层次上进行，而不是将其留在技术开发商和私人公司的手里。技术是客体和现实"系统制作"的一种形式，技术总是我们的技能与能力（即"技术知识"）向外的转移，或者是我们的技能委派的"假肢辅助器"。千百年来，这些"辅助器"以工具的形式出现，它们的响应性正在增强，不久将做到决策自主（可能会达到自演化的程度，不过这还很遥远）。因此，技术再也不能被视为纯粹的辅助器或工具，而要被视为复杂的人与环境的互动系统。这就带来一整套伦理问题和政治问题：（1）我们想要什么技术；（2）我们想如何开发技术；（3）我们出于何种目的开发技术。针对这些问题，我们需要缜密的反思，需要对何谓"人""技术""环境"进行重新界定。之所以要这样，是因为正如技术大师埃隆·马斯克（Elon Musk）所言："人工智能是罕有案例，在这里，我认为我们要在人工智能规制方面积极主动，而不是被动反应，因为等到我们被动反应时，那就太晚了。"

〔1〕 皮埃尔·列维（Pierre Lévy）说："互联网不是在空间里，它就是空间。"

而且最重要的是因为，用萨拉科（Saracco）的话说：“最后，这场革命将是无声而隐形的。”[1]引导这样的反思，关键是在我们人类中心主义观点里灌输这样一种意识：“我们”（带有一切文化偏颇的“我们”）是技术 - 环境整体的一部分，如此，我们就应该避免技术 - 人演化的线性概念或目的论概念。在这一点上，重要的是指出，自文艺复兴以来，个人（逐渐成为市民）在社会里的中心地位加强，同时又被迫透视自己，把自己视为整体的一个元素。文艺复兴时期，科学的透视概念兴起（古希腊人的确有透视概念，这是字母表的产物，但他们对这一概念的理性化没有兴趣，因为他们浸淫在独特的历史即纪事的维度里）。文艺复兴以降，人类历史技术依赖的“转折点”接踵而至，比如美洲的“发现”（1492）、澳洲的“发现”（1770）、哥白尼革命（16 世纪中叶）、观天象光学工具的发明（17 世纪初）、达尔文进化论（19 世纪中叶）等。由于这一切的转折，在世界里并超乎世界的“人”逐渐被去中心化了。1944 年原子弹的发明和使用是这个过程的巅峰，标志着无返回点的到来。人自我毁灭的潜力掌握在自己手里了。迄今为止，这样的潜力还取决于人的最后决策。然而，由于日益增强的回应性技术和自主性技术的出现，也许我们很快就要失去这一优势了。对于探讨开发人工智能和共生自主系统（SAS）的根本的伦理问题和政治问题，激发并推动讨论非常重要，其道理就在这里。

以下两节是 2019 年增写的文字。

[1] 罗伯托·萨拉科（Roberto Saracco），《超人类主义》（*Transhumanism*），电气和电子工程师协会·未来方向委员会——共生自主系统倡议，2018。——卡尔扎蒂注

第十六节　占据三种空间

自互联网发明以来，我们占据了三种空间。上网时，我们不仅占据身体和心灵的空间，而且栖息在上文提及的赛博空间里。我们集中占据三种特色鲜明的空间实体：（1）身体、物质环境（包括对自己身体的占据）；（2）心灵、认知空间，我们想象和思维的私密环境；（3）如今数字空间的整个网络。像大多数人视为理所当然的那样，我享受我个人能力的极大增强。我坐在电脑前，移动鼠标，占据了信息处理和决策的宏阔环境，就像我占据身心的空间一样，但这是极大拓展的路径，拥有意义深远的操作工具。这新的数字领地就处在身心世界之间，不至于有混淆的风险。这是身心的连续领地，因为我们同时并自动地占据这两个空间，不必就事实做出决策。然而，占据数字空间却是意志行为，需要几种不同的界面，包括身体和心灵，要它们集中穿透一个陌生的领地。而数字领地处于身心之外，尚未与身心整合一体，但终将整合一体。有了共生自主系统以后，我们将要被完全同步化，与机器协调，不再区分机器和我们，就像我们不再区分眼睛和自己一样。

萨尔瓦托·雅克尼西（Salvatore Iaconesi）和奥里安娜·珀西科（Oriana Persico）在集中观察中阐述这一新的空间经验：我们发现

自己深处数字第三空间，包容量更大的空间。在此，信息不仅附着在地方、空间、身体和物体上，而且常常重组、再混合、再语境化，造成新的地理空间，即情感、语言、语义、关系的空间，或相对于许多模型的空间，其非人类的算法能用分层的扫描，使数据、信息和知识的层次浮现，与不同的空间、时代和人的网络产生关联。[1]

这两位作者进一步阐明，这个第三空间附着在我们身上，乃隐形光环，把我们的一举一动与物理环境连在一起：智能手机、传感器、各种服务、交互式屏幕、都市屏幕、媒体立面、增强现实、社交网络，以及手势、声音、动作激活的自然的交互式系统——这些设施和其他设备、界面和服务补足了更为普及和广布的条件，使我们把一举一动都转换为数据和信息，无论我们是否意识到，无论我们有意识或无意识。这样的转换有：开灯或关灯，用摄像头监控的通道，在互动广告牌上查火车信息，信用卡购物，在手机上用其app查我们喜欢的餐馆，生物传感器传达我们亲人的健康报告，或者是其他许多可能把手势转换为数据和信息的设备。这些数据和信息的生命颇为复杂。有些数据和信息按模态和持久程度归档，直到按需求被调用。其他一些直接被调用去完成服务或过程。

这三个空间显然不同却相互连接，需要不同的建构和证据规则，但相互依靠。大体上说，分析每一种空间互动和效应都使我们更好地了解个人在新语境下的位置。比如，已如上述，文字的发明拓展

---

〔1〕 萨尔瓦托·雅克尼西（Salvatore Iaconesi）和奥里安娜·珀西科（Oriana Persico），《第三信息空间》，*The Third Infoscape: Data, Information and Knowledge in the city. New paradigms for urban interaction*. https://www.researchgate.net/publication/279196590_The_Third_Infoscape._Data_Information_and_Knowledge_in_the_city._New_paradigms_for_urban_interaction。

并装备了心理空间，生成了空间内外经验的区分，促成了心理空间里主体性和个人意识的发展。在西方书面文化的影响下，物理空间的占据和经验沿着景观和戏剧的路子重组，用的是透视和观点；养成注重形式的都市建筑。赛博空间的到来使这一关系逆转，造成了穿越物理空间的新情况。虚拟现实（VR）把使用者置于场景内，相反，书面文化把场景置于人脑中。3D 和虚拟现实在透视中逆转了使用者的结构位置：使用者不是面对空间，他觉得自己身处空间的中心。

第十七节　客观的想象

如上所见，虚拟空间的特征之一是，它模拟我们的认知特征。屏幕效仿并延伸感知认知综合，那是脑子为想象而生成的综合。看起来，正如书写本身引起了语言连续不断的外化一样，想象使形象连续不断的外化也是这个趋势。16 世纪以降，自意大利人发明绘画用的神灯起，到现在的电视、互联网、平板电脑、平板手机、目视镜之类的眼镜，感知认知度的综合一直不停地从脑子里迁移到屏幕上，有了基于屏幕的媒介后，加上想象和视觉的经验，认知策略在个人心理空间外重新分布了。

数字移动形象在时间里定位，而不是在空间里定位。它们既不像照片景色预先存在，也不像照片本身。它们只有虚拟的存在，存在于程序或数据库里，直到被召唤并在真实时间里生成。就这样，因按需生成，它们像思维；心理意象和数字形象的生成有这样一个基础：脑子里具体的形貌和突触的网络，以及线上的算法。心理意象和数字形象都靠低电势驱动，心理意象驱动到突触，数字形象驱动到节点。

数字形象在真实时间里编辑。正如认知那样，形象构建为特征模型，而不是构建为同构明喻。数字形象被生成和充实。正如心理那样，数字形象能变形，能被替换，并对互动做出反应。根据需要，它们实现与声音和触觉的同步，可以编程和再混合，可以归档和搜索。数字形象几乎总是可以在这样那样的屏幕上体验的。

就形象如何在脑子内外生成而言，数字形像引进了与文字图像相反的过程。阅读产生并改进了人体里心灵和大脑的想象力。阅读时的语言外化而生成意象的内化。但形象的外化干脆替代了从里到外的形象建构。使用者脑子里、身体里只剩下形象的效应，即反应或情感。

3D 虚拟环境效仿我们的想象过程，却是在我们头脑外的屏幕上。外化本身已然是令人吃惊的认知现象，把虚构的宇宙呈现在我们眼前，而不是在脑后。更有甚者，这样的模拟容许他人分享。我把这个虚拟过程称为“客观的想象”（objective imaginary），因为它占据一个杂交的位置，处在戏剧（虽然是模拟的，但不受我们解读方式的影响）和参与式思维（participative thinking）之间。所谓参与式思维是，我们积极参与在头脑中实现形象、地方、声音和其他的新奇感知特征，仅仅是为了阅读它们。

回想我们在脑子私密处学会处理的一切思想资源，比如计划、整理、分类、记忆、设计、计算（电子计算器之前，我们学会用九九表心算），然而，即使并非一切至少大多数的认知运行已经被接管、扩张、连接、验证和散布开来，或在线上，或在屏幕上；互联网和屏幕把这些运行过程“客体化”（objectify），将其交付给我们去评估认可。想象是另一个例证。如今即将发生的事情与塞万提斯《唐吉诃德》时代的事情刚好相反。在这本表现书面文化认知革命的标杆小说中，使主人公的脑子发生改变的是他太倚重中世纪传奇，以及他对英雄时代的怀旧情绪。当然，这一切都在他的脑子里，因为他在脑子里处理中世纪小说的语词。

但是，虽然唐吉诃德完全被他相信的东西欺骗了，但他不可能完全分享小说里的那些想象，作者塞万提斯也不能。屏幕上看见想象的东西和脑子里想象这些东西是截然对立的。曾经在脑子里的东西如今在屏幕上了。虚拟现实承担了小说的角色，让网民习惯用客观的想象，并准备进入关联认知（connected cognition）的阶段。客观的想象的概念假定，经过模拟智能和记忆的阶段之后，技术又在我们的脑子外模拟想象。技术使人能探索虚拟现实、“第二人生”（Second Life）的隐含命题，使人能探索人与计算机界面的新潮，比如 Google Glass、Oculus Rift、Hololens、e-Motiv 和其他发明，它们有望建立脑子和机器的直接联系。

“第二人生”给我们一个外化意识的技术隐喻，人们能理解并体验这个隐喻。它预示增强现实（AR）及其补足形象。虚拟现实（VR）仅仅是认知官能迁移的第一个阶段。下一个阶段是增强现实，虚拟现实容纳使用者，抹掉了物理现实，相反，增强现实只增加“真实的”一面，只拓展使用者天地的可能性。人们玩 Pokemon Go 游戏时，它们占领的是覆盖在物理空间之上的另一个空间。增强现实总结与恢复我们与赛博空间的一切互动，从移动光标和点击，到戴耳机，或与苹果的语音助理 Siri 通话。从虚拟现实变为增强现实的模式类似古希腊的字母表文化演化的模式，首先是演示阶段，接着是作为心理内容的整合阶段。如此，戏剧提供了一个意识外化模式的舞台。这是第一步。第二步是内化阶段，通过阅读虚构作品以发展个人的想象。实际上，数字媒介尤其虚拟现实和增强现实构成外化的想象过程。然而，没有必要假装，外化的想象过程与内部过程是同构的，不像文字可以被视为心灵 / 大脑的语言同构。从外化这一概念引申出来的重要洞见是，他容许协商，增强对想象产物的控制。我用语言写下所思所想的效果，比留在心里好，相比没有技术支撑的琢磨，写下来的效果更好。同样，把脑子里的意向写下来的效果也更好。

雅克尼西（Iaconesi）和珀西科（Persico）预测共生自主系统完全接管人类，他们的结论是："设备、传感器、小工具、可穿戴技术、人造假肢、人的身体和神经的延伸将要与其他人体、情感、健康信息、动作、姿势、感觉互相连接，并将其展示在社交网络上，供人分享——无论我们知道与否，无论我们喜欢与否，它们都要与各种服务和过程一样被展示，和人与机器一样被展示。再者，算法产生附加的维度，在此，每一个姿态、动作或行为都可以和别人的姿态、动作或行为重组，都可以转换为信息和知识。这是尚无地图的领地。我们发觉自己身处灰色区域，法律法规和人们的感知都尚未被界定。在这种情况下，齐心协力打造一个普世的共享空间、泛技术时代的共享空间，将是令人满意的。

第八章 赛博空间

未来已经到来，只不过它没有被均匀分配罢了。

——威廉·吉布森（William Gibson）

第一节 货币可以购买的现实

《全面回忆》（*Total Recall*）是利用我们新近发现的虚拟现实[1]和科幻技术制作的电影。主演阿诺德·施瓦辛格（Arnold Schwarzenegger）醒来时惊出一身冷汗，他不知道自己是正在进入还是在走出彻头彻尾的幻觉，这是靠致幻剂经营的一家旅行社制造的幻觉，由于他重构的记忆非常真实，所以他无法区分事实和虚构。

---

〔1〕 就像AI指“人工智能”一样，虚拟现实自此足以被称为VR。但虚拟现实不妨被称为人工幻想或人工意识。由于我们可以把人工视觉、听觉和触觉纳入我们延伸的感知系统中，所以我们可以认真考虑人工意识（AC）的可能性。人工智能（AI）其实是人工意识（AC）减去感官的互动。唯有加上感官的互动，我们才能在体外复原人类意识特有的内涵。

或早或晚，这也会在你身上发生，只不过你不必惊出一身冷汗。为了阻止这样的体验，你只需摘下你的目视传音装置（eye-phones），并关上电脑。

这类金钱能买到的现实不是在好莱坞制作的，而是在越来越多的实验室里生成的，比如，北卡罗来纳大学教堂山分校的头戴式显示器（Head Mounted Display）研究中心、西雅图的人类界面技术实验室（Human Interface Technology Lab）就生成了这样的现实。有了杰伦·拉尼尔（Jaron Lanier）的 RB-2（现实构建二号）这样的虚拟现实机器，你不是只看到展现在你眼前的梦境，而是直接走进去，真真实实地与人相会。这比雷·布拉德伯里（Ray Bradbury）的小说《华氏 451 度》（*Fahrenheit 451*）里的参与式视频游戏更逼真。与此同时，即使在你工作的世界里而不是游戏的梦幻世界里，虚拟现实专业的应用也与日俱增。"用跑步机和手控杆，设计师和工程师就可以在虚拟的建筑物里巡游，就像在头戴式显示器里看见的那样。"[1]开发商、设计师、市政规划师和房地产公司准备用虚拟巡游来推销尚未建成的房屋和公寓。虚拟现实机器使人身临其境地感受这样的事实：对有些文化而言，走路不是在穿越空间，而是"在脚下推动空间"。

---

〔1〕劳拉·卡拉宾（Laura Carrabine），《接入计算机去体会虚拟现实》"Plugging into the Computer to Sense Virtual Reality," *Computer-Aided Engineering* (June 1990): 23。

第二节　高技术集成

实际上，虚拟现实与电影《全面回忆》表现的替代宇宙（substitute universe）还有一段距离。目前的障碍是计算机的计算能力不足。目前，我们还不能生产高清晰度的实时视频图像转换器。结果，虚拟现实的显示不太平稳，类似卡通。但今天的原型机已指明未来的道路。这样的开发正在计算机技术中展开，其他的一切技术似乎都在虚拟现实里趋同。电工学正在自我反馈，培育新技术。

如果说在电气化的发轫期，电气化的应用是基于先来后到的原理，那么现在的计算机化越来越像是生物的爆发性增长了。人工智能、专家系统和神经网络正在入侵媒体，通过普遍的数字化整合电子技术，以实现音频、视频、远程通信和计算机技术的融合。我们现在议论数字化时仿佛它是新事物，实际上，数字化可以回溯到字母表的滥觞期，字母表把现实切分为字母，字母本身无意义。数字化有其发展史：字母表向电能的转化首先在电报中实现了。塞缪尔·莫尔斯（Samuel Morse）把 26 个字母转化为三个变项的代码：长、短、零信号。计算机工程师进一步把三个信号简化为两个变项的代码：开 / 关（on/off）。然而，正如亚原子粒子分割原子一样，数字化分割语言时已大大超越其自然分割了。今天，我们正在目睹一种三个层次的技术集成：

（1）内部的：计算能力的超强和加速；

（2）外部的：国际通信网络的标准化；

（3）交互式的：人与机器在虚拟现实中的生物交互性。

如果说虚拟现实在尚未证明自己之前就已经俘获了我们的想象力，那是因为它胜过其他任何技术，它是迈向技术集成的典范。以下是走向虚拟现实的高技术发展的简短回顾。

（1）拥有超高速集成（UHSI）和超大规模集成（ULSI）的实时处理；

（2）第五代计算机：拥有计算机辅助设计能力的单片存储器（single chip memories），平行处理，功能强大的软件，视觉系统和语音识别；

（3）头盔和运动传感器的微型化与集成；

（4）高清晰度电视屏幕和像素技术；

（5）神经网络和平行处理；

（6）高端机器人；

（7）飞行模拟；

（8）集成到数据套装里的触觉微传感器；

（9）人工视觉和其他感觉模拟；

（10）三维界面技术；

（11）光纤技术和光开关；

（12）三维语音密码。

马歇尔·麦克卢汉道："借助置身于我们外延的中枢神经系统，借助电子媒介，我们创造了一种动力。有了这一动力以后，虽然一切技术仅仅是手、足、齿和体温控制系统的延伸，虽然一切技术包括城市都是人的延伸，可是它们都会被转换成信息系统。"[1]在这段引文里，麦克卢汉已在三十年前预见到虚拟现实，彼时，人们尚未思考虚拟现实这个理念。他不必亲眼目睹一个虚拟现实系统就可以了解，计算机化的目的是要把硬件转换为软件，把物理力量的缰绳交给思想。实际上，如果我们把虚拟现实这个概念推向终极的结论，我们就可以发现，虚拟现实的目的就是用思维来控制外在的心理模拟。

卡尔扎蒂批注

在这一点上，有一点也许是值得研究的：为什么和我们的期待相反，虚拟现实尚未蓬勃发展（"第二人生"的快速兴衰即为一例[2]）。无疑这是一个社会文化问题（第一章已对此充分讨论），但又不仅是这样的问题。实际上，这是对接受完全浸淫式技术（和环境）的心理抗拒，仿佛身体和心灵都在努力保存"真实"经验的光环，"真实"经验胜过技术化经验。在这个方面，今天的技术社会和个人受移动设备的吸引，日益加快的信息流可能是人们习惯浸淫式技术的中级阶段。

---

〔1〕 马歇尔·麦克卢汉，《理解媒介》*Understanding Media*（Toronto: McGraw-Hill, 1964), 57。

〔2〕 "第二人生"不再时髦，我很快意识到，它发挥了阶段性作用，和古希腊戏剧类似，和西欧16世纪至18世纪的戏剧也类似，但"第二人生"过时要快得多；它是一个过渡的时刻，是心理过程外化的展示，是想象的展示。虚拟现实的主要目的似乎是提供半"客观想象"的范例。在比较多的受众里拓展这一效应时，"第二人生"是必要的。——卡尔扎蒂注

第三节　虚拟现实的应用

一般人对虚拟现实展示或虚拟现实思想的反应真可谓五花八门："它是印刷机以降文化变革里最重大的事件"[1]，"它将杀死电视"（杰伦·拉尼尔），"它将让公司美国生存并扩展"（史蒂夫·普鲁特和汤姆·巴雷特[2]），"用户可能比供应商更受益的技术"（埃丝特·戴森，《福布斯杂志》[3]），以及"不错，但它真正有什么好处呢"，林林总总，不一而足。虚拟现实诗人、曾经为《快乐之死》（*Grateful Dead*）写歌词的约翰·巴洛（John Perry Barlow）说得对："这种无人认领的无垠空间的存在，似乎诱发了精神领域的领地冲动，但这样的冲动太悠远，不能认识这一新边疆真正的无限性。"[4]虚拟现实或使你震撼并认识到，我们增强了集体的脑力，或使你惊出一身冷汗。与此同时，

---

〔1〕霍华德·莱因戈尔德（Howard Rheingold），《虚拟现实漫游》"Travel in Virtual Reality," *Whole Earth Review* (Summer, 1990): 85。

〔2〕史蒂夫·普鲁特（Steve Pruitt）和汤姆·巴雷特（Tom Barrett），《公司虚拟工作坊》"The Corporate Virtual Workplace," paper presented at the First Conference on Cyberspace, May 4-5, 1991, University of Texas, Austin (from an unpublished report by Maurice Sharp, Knowledge Science Labs, University of Calgari)。

〔3〕埃丝特·戴森（Esther Dyson），《福布斯杂志》*Forbes Magazine* (Sept. 17, 1990): 204。

〔4〕约翰·巴洛（John Perry Barlow），《虚无中的存在》"Being in Nothingness," *Micro Times* (Jan. 22, 1990): 104。

有人热心把虚拟现实变现为真实的收入。

福特和克莱斯勒等公司已经在践行简单的虚拟程序，比如计算机辅助的分析和设计。虚拟现实省钱省时，替代原型车模型。戴森说："你可以坐在虚拟的汽车里调节座椅的高度。"[1]但新奇的概念如欧特克公司（Autodesk）虚拟现实研发品牌名的赛博空间（Cyberspace）、公司虚拟工作坊（CVW）和个人虚拟工作坊（PVW）已开始渗入公司的意识中。史蒂夫·普鲁特和汤姆·巴雷特预测，未来的公司可能只存在于赛博空间里，在超级竞争市场上瓜分市场生态位，除了在线办事处，并没有什么总部。[2]

更具体地说，我们看见，产业界已经在使用建筑和城市规划里的"穿越模型"（walk-through models）。有人说，亚特兰大成功申办1996年奥林匹克运动会，是因为它的申办节目用了一个虚拟的"穿越模型"，展示规划之中的体育场馆。虚拟现实在医疗领域里的应用也在进行，北卡罗来纳大学（UNC）的进展尤其突出。比如，借用目视传音装置和三维图形，吉姆·钟（Jim Chung）模拟在病人体内的移动。马克·德格鲁特（Marc de Groot）做了这样的描绘：

> 假定你是脑外科医生，准备切除肿瘤。肿瘤的位置使手术有风险。为了确定最佳方案，你和另一位同事戴上虚拟现实目视镜，它可以为你们提供病人大脑的三维模型。你用你在他颅

〔1〕 埃丝特·戴森（Esther Dyson），《福布斯杂志》*Forbes Magazine* (Sept. 17, 1990): 204。

〔2〕 史蒂夫·普鲁特（Steve Pruitt）和汤姆·巴雷特（Tom Barrett），《公司虚拟工作坊》" The Corporate Virtual Workplace," paper presented at the First Conference on Cyberspace, May 4-5, 1991, University of Texas, Austin (from an unpublished report by Maurice Sharp, Knowledge Science Labs, University of Calgari)。

内的视角检查肿瘤的位置，其他视角是看不见肿瘤的。有了这种可视化方式后，医生就能放置计算机模拟的放射源，如此均匀地照射肿瘤，周围组织的损害就最小化了。[1]

霍华德·莱因戈尔德还指出，三维可视化可能是克服某些科学技术领域复杂性的唯一途径，分子创新（molecular innovation）即为一例。实际上，虚拟现实的命运就是把大量的认知从视觉迁移到触觉。马克·德格鲁特对北卡罗来纳大学的另一项应用研究做了这样的描述：

虚拟现实技术使科学家能看到具有深度感的三维分子，使他们能在分子里“走动”，从各种角度看它们。北卡罗来纳大学正在开发技术手段，让科学家能“找到”和操纵他们正在分析的分子。比如，北卡罗来纳大学的研究人员正在使用一种名为力反馈手臂的输入输出设备。一位科学家把手臂放进这一设备，它类似一只巨大的、长至肩部的、带滑轮的金属手套。它可以感知到手臂和手的位置，使人觉得，这个虚拟世界里有什么东西正在挤压他。有了这一设备后，科学家就能手“握”分子，紧贴着另一个分子的表面摆放它，同时他看到并感觉到这两个分子起化学反应并结合起来。计算机和力反馈手臂实际上在模拟电子拉力和原子的摩擦。[2]

---

〔1〕 莱因戈尔德（Rheingold）语，转引自《虚拟现实漫游》“Travels in Virtual Reality”。

〔2〕 马克·德格鲁特（Marc de Groot），《虚拟现实》“ Virtual Reality”, *Unix Review* 8: 8 (August, 1990): 34-35。

在北卡罗来纳大学尝试了这一装置后，莱因戈尔德证实："如果你与一个分子较力一阵子，那只力反馈手臂就会使你的胳膊疲劳……我尝试扭、旋、挤、捏、拧，眼看屏幕上七巧板似的三维拼图，用手操纵它，试图使它到位。过不了一会儿我就感觉到，一个分子'就在那里'，在屏幕界定的空间里了。"[1]

〔1〕 莱因戈尔德（Rheingold）语，转引自《虚拟现实漫游》"Travels in Virtual Reality"。

第四节 集成就是触摸

“集成”（integration）一词至少有两层意思。一层意思人人都知道，那就是形成一个整体，或以妥当的方式把若干东西放在一起。19世纪的经济学家还用这个词来指一个过程：辅助活动借此与主要的产业连在一起。但这个词还有一个很悠远的意思，它与拉丁语的tangere（触摸）相连。不仅如此，它还专指“从内部触摸”——这是它最有趣最相关的意义。

有些虚拟现实研究人员特别有志于创造出逼真可信的触觉模拟。这绝非偶然。触觉不仅是现实的基础，而且是理解和领会的基础。潜意识中，智力活动就是触觉经验。连人工智能研究人员也认识到，真正的信息处理不应该被限定在逻辑演绎中，还必须包括感觉。虚拟现实引起这一趋势是一种手段，它用电子手段投射神经系统，尤其投射触觉的电子延伸。[1]

---

〔1〕 触感（tactality）研究的先驱是玛格丽特·敏斯基（Margaret Minsky），她的父亲是麻省理工学院著名的计算机专家。她正在研发新锐的“虚拟现实模拟器”（virtual texture simulator），以及运动、重量和密度模拟的其他系统。这些设备最终将增强我们对虚拟现实内外物体触感的广度和深度。史蒂夫·迪特里（Steve Ditlea）对触感做了这样的描绘：“受电力刺激的晶体可用在指尖上生成挠痒的感觉，人脑会将其解读为固体的压力。”

正如圣托马斯（St. Thomas）所言，看得见并不完全等于摸得着。诚然，虚拟现实里的触觉模拟尚有不足，但由于虚拟现实有三维支撑，它比视觉强大得多。人们把三维视为视觉，但主导的感觉实际上是触觉。你在虚拟现实里走动时，你的身体接触环境，仿佛身处游泳池的水中。杰伦·拉尼尔这样评述虚拟世界："整个宇宙是你的身体，物理学是你的语言。"[1]三维的要旨是渗透力和深度，不只是透视主义的视觉。实际上，计算机模拟的故事是逐渐深入触觉环境的故事。从二维到三维，到后来的触觉和力反馈感觉的迅速发展，我们正在被吸入质感丰富的电子漩涡。

电触觉技术（electro-tactile technology）使我想起尤利西斯（Ulysses）神话里的塞壬女妖（siren），色情味很浓。虚拟现实像塞壬，把我们拽进电子的汪洋大海。在我们相当理性的抽象传统中，我们往往轻忽甚至惧怕从触觉中获得丰富学习经验。事实上，我们害怕触觉，直到20世纪60年代。彼时，电视生成一种渴望，我们急欲恢复在读写头脑中失落的身体。从加利福尼亚一路向东掀起了感受触觉的狂潮，此后，我们开始落定在与身体更加舒适的关系中。但我们从未赋予触觉在诸多感知方式里尊贵的地位。如今，虚拟现实即将使这一切为之一变。

教育家和许多艺术家认识到，触觉可能是我们最重要的感知工具。婴儿靠触觉学习，成人通过"把握"情景学习——把握是触觉

---

〔1〕拉尼尔和比奥卡（Jaron Lanier and Frank Biocca），《内行看虚拟现实之未来》An Insider's View of the Future of Virtual Reality," *Journal of Communication* 42: 4 (Autumn 1991): 160。

隐喻。我们养成了对所知道的或需要知道的事物的直觉。在大公司大型计算机的早期岁月里，麦克卢汉的艺术敏锐感使他断言，计算机化将导向触觉：

> “把握”（grasp）或“领悟”（apprehension）指借助一物求得他物的过程，即用多种感官去感知许多方面的过程。显然，“接触”并不只是肌肤的感觉，而是几种感官的相互作用；“保持接触”或“与人接触”，是多种感官有效交汇的问题，是视觉转换成听觉，听觉又转换成动觉、味觉和嗅觉的问题。千百年来，共同感知被认为是人的独特能力，是将一种感知经验转换成各种感知的能力，是将感知的结果不断以统一的表象展现给人脑的能力。实际上，各种感官比率统一的表象长期被认为是我们理性的标志；在电脑时代，它也许又会轻易成为我们理性的标志。这是因为我们现在有可能给人的各种感觉编制程序，使之接近于人的意识。[1]

如此，虚拟“现实”使我们可以触摸和感觉现实，还可以用真的感官看见和听见现实——这不仅仅是你脑子里的眼睛或耳朵（mind’s eye or ear）感觉到的现实。现在，我们可以给我们的思维加上“脑子里的手”（mind’s hand），用数据手套伸入屏幕时，我们的真手变成一个技术隐喻，使过去只能看见的东西变成可以触摸的

〔1〕 麦克卢汉（McLuhan），《理解媒介》*Understanding Media*, 67。

东西。自此，我们可能会想要去感觉我们思维的内容。但虚拟现实发明之前，谁也没有构想过“脑子里的手”，这一概念不曾出现。似乎没有特别需求去感知脑子所承载的认识对象。今天，触觉纳入了我们的技术感知延伸和心理技术延伸，这可能会激励我们或我们的孩子改变看法，对如何拿主意做决定有更好的了解。

第五节 赛博空间：赛博脑的境界

直到最近，我们才有可能一想到什么事就把它做完，像变魔术一样快。修改纸上写的东西、画布上的画至少要花费几分钟。如今，互动的速度加快到了转瞬即可完成的地步。体会即刻反应成为可能——不仅在虚拟现实模拟中可以做到，而且在比较简单的目光追踪设备或靠分析器的生物反馈中可以做到。技术延伸的大脑把智能传感器网络投射到人体外，去吞噬环境，就像海参翻出胃部去俘获浮游生物一样，在这里，触觉延伸的作用是根本的，因为它是亲近的。触感和思维纠缠，无论在我们的脑子里还是机器里，触感都参与思维过程。模拟的触感是第一种强大的心理技术，足以把我们从读写文化的、理论的和脑前额叶的心态中拽出来。

在虚拟现实其他应用中，《计算机辅助工程》（*Computer-Aided Engineering*）的助理编辑劳拉·卡拉宾（Laura Carrabine）率真地描绘了 SimGraphics 公司的一款程序“飞鼠”（Flying Mouse），使我们非常接近赛博脑（cyberbrain）的境界：

> 飞鼠是一个手持的三维输入器，用于“自动化机身组装”程序的生成模拟，生成拼装地形的路径，在三维分析“领域”

> 里导航，用于三维物体数字化，以及三维物体或实体的定位和观看。这个输入器选择一个部件来测试其制造的可能性，检测的过程是：在三维的子部件数据库里移动要测试的部件，核查其可行性。因为该技术容许任意平移和视域选择，所以真实世界里的操作就可以完成了。这些先进的计算机辅助设计功能包括实时碰撞检测、部件穿透保护和三维的快速组装。[1]

这一番令人生畏的高技术介绍说明，借助实时的三维客体操纵，思维和信息处理就成为一回事了。如果你用类比的方式将上述情景换成儿童的学习环境，你就能射穿印刷品导向的障碍了。约翰·巴洛正是穿透了这个障碍的人。他论及目前标准电脑屏幕的笨拙时指出："隐喻性的桌面依然像纸张一样是二维平面，没有深度，也没有经验的真实空间感。"他接着写道：

> 这不是脑子储存信息的方式。你不会按字母顺序记朋友的名字。你到书里寻找词语时，更可能是在寻找它在页面上的空间位置，而不是寻找它在语境中的思想地位。[2]

这个观点正是：虚拟现实终将使人能像脑子储存信息那样储存信息，而且它还可能教脑子学会一点东西。

---

〔1〕 劳拉·卡拉宾（Laura Carrabine），《计算机辅助工程》*Computer-Aided Engineering*。

〔2〕 约翰·巴洛（John Perry Barlow），《虚无中的存在》"Being in Nothingness," *Micro Times*,（Jan.22，1990）：104。

第六节 同步共享的现实

拉尼尔认为:“虚拟现实的本质就在于共享。”他指出,虚拟现实是“人类客观上可共享的现实,自物理世界被发现以来,这是第一个可共享现实的新水平”。我们普通的意识就像是在一个头脑中加工的虚拟现实,相反,虚拟现实技术使许多头脑能集体加工一种“集体意识”。但是,到达那一境界前,我们的界面技术还必须要更贴近人体,更贴近我们思想的源头。

第七节 界面的逐渐隐去

埃里克·古利奇森（Eric Gullichsen）指出，虚拟现实已远远超乎单纯交互式的传统计算机。“赛博空间系统是动态的：虚拟世界在实时中变化，既自主地变，也在回应用户中流畅地变。行为是发自用户内心的，不需要符号‘界面’的外饰，因为三维世界里的客体被直接操纵了。”[1] 在同一篇文章里，虽然未多加鉴别，路易斯·拉西奥内罗（Luis Racionero）还是写道，未来的道路是直接把电子路径接入生物神经网络，这样的仿生工程已在开发中。[2] 这个理念是隐去界面以实现直接联系，从而直接“注入”思想，宛若真实生活里的情景：

> 在与情景邂逅的互动过程中，我们获取未经加工的直接的信息。深入而直接的经验罕有经过内心全套过程——有意识、无意识、发自内心的和心灵的过程——的优势，深入而直接的

〔1〕 神经网络与计算机程序的连接并非不可能短路，“Virtual Realities,” *ibid.*，11。

〔2〕 汤姆·珀金斯（Tom Perkings）转引自斯科特·费希尔（Scott Fisher）《虚拟环境、个人模拟与远程在场》，“*Virtual Environments*, *Personal Simulations and Telepresence*.” *In Virtual Reality: Theory, Practice and Promise*, edited by S. Helsel and J. Roth (New York: Meckler Publishing, 1991)。

> 经验是经过我们的天性最完整检测和评估的经验。经过加工、消化、抽象的第二手知识常常更概括和浓缩，一般只在思想上影响我们，缺乏通过经验模拟的平衡和完整。诚然，我们越来越存在于抽象、概括观念和原理的领域，但我们仍然在许多层面上扎根于直接经验中，同理，我们有意识和无意识评估信息的能力多半还是扎根于直接经验中。[1]

人人都记得第一次戴上头戴式耳机时那种怪异的亲密感。我们很习惯随身听，不再注意声音如何贯穿全身。试想一下类似的源自视觉模拟的亲密感受。这种机器业已上市。赛博空间公司生产的头环式目镜直接把影像闪存在用户的视网膜上。和原物一般大小的形象在空中飘荡，专供使用者观看。新的设备有：目光跟踪、图像隐形和脑波的界面，以及激光视网膜扫描。它们都在一个总体方向上前进：从思想到机器的直接加工。鉴于这一切技术投入，以及计算领域当前的进展，我们可以预期，很快就能用上任何形式的界面，甚至最短时注意力的界面。

〔1〕 斯科特·费希尔（Scott Fisher），《虚拟环境、个人模拟与远程在场》*"Virtual Environments, Personal Simulations and Telepresence." In Virtual Reality: Theory, Practice and Promise,* edited by S. Helsel and J. Roth. New York: Meckler Publishing, 1991。

第八节　自己思考的智库

斯科特·费希尔（Scott Fisher）认为，虚拟现实让人即时获取“给定场景的一个以上的观点”，“容许人从许多角度综合成一种强烈的视觉感知，多重视角的获取将观察对象置入语境中，使意义活起来”〔1〕。这当然是立体主义的观点，但我们以前从未进入过这样的虚拟情景：通过与共同研究对象的直接关系，不同人的不同观点能同时互动。两个人生成一个共同的虚拟现实情景时——杰伦·拉尼尔简单却给人以深刻印象的RB-2（现实构建二号）就是这样的虚拟现实机器，两个主体人在操作，但结果是认知性的，反映的是两个主体合成的思维。经验自动以三维形式记录下来，可以回放已达成新的洞见。在这种可能性的基础上，再加上感知对象的触摸和修正，用选定的程序来选定路径，你最终就能得到最强大的思维机器：一种智库，这里的思维就是智库。

卡尔扎蒂批注

更具体地说，主体的力量在真实世界里成倍增长仿佛被克

〔1〕 斯科特·费希尔（Scott Fisher），《虚拟环境、个人模拟与远程在场》*"Virtual Environments, Personal Simulations and Telepresence." In Virtual Reality: Theory, Practice and Promise,* edited by S. Helsel and J. Roth. New York: Meckler Publishing, 1991。

隆时，会发生什么事情呢？人的感知如何受影响呢？决策会受到什么影响呢？这些问题越来越成为核心的问题，任何围绕文化和社会与技术发展的讨论都有这样一个核心问题。

我们可以设想，未来解决问题的情景是智库的虚拟现实延伸。模拟一个完整的思维环境，而这个环境又是许多人围绕一个对象所合成的思维生成的，解决问题的能力就会提高。最后，单靠思维，我们就能以协同的方式生成新的对象。它们将是即时而自动的硬件生产的蓝图。

从长远来看，当我们开始在外化的思维延伸过程中利用外部的触觉感知时，我们个人平常内化的意识也要被外化。

卡尔扎蒂批注

你可以补充说，我们的行为也包容在这样一个世界里：它将最终成为一个符号构型（和模拟）的现实。这就意味着，数字技术超越屏幕空间，已朝着现实拓展，而且还发生了一个质的转折：回应性和适应性日益增强的技术真的在养成一种现实。这是杂交的现实，换言之，一定程度上这已然是虚拟化过程的结果。我们不是在生成平行的、替代性的虚拟现实空间，我们已然在虚拟化现实。

整个外部世界将成为我们意识的延伸，就像地球上大多数“原始”的文化曾经是我们意识的延伸一样。这并不意味着世界的末日，而是意味着“理论人”从中央舞台上退出，取而代之的是“参与人”。

以下第九节是2019年增写的文字。

第九节　共生自主系统

共生自主系统（Symbiotic Autonomous System）即将到位，如果人们欣然接受的话，它们即将产生全球范围的环境影响和社会影响。由于本书讲的是心理技术，更新其概念正当其时，现在有必要纳入生物学元素和超人本心理学（trans-human psychology），三十年前我将其限定为认知问题不太妥当。把人工智能和机器学习置入机器人和传感器，等于是把人体和环境置入一个新的焦点。

在过去的两年里，我参与一个共生自主系统研究团队的工作，这是电气和电子工程师协会[1]（IEEE）属下的一个项目。这个团队的人员有斯图尔特·梅森·当布罗（Stuart Mason Dambrot）、弗朗西斯科·弗拉米尼（Francesco Flammini）、维托尔德·金斯纳（Witold Kinsner）、琳达·麦克唐纳德·格伦（Linda MacDonald Glenn）和罗伯托·萨拉科（Roberto Saracco），萨拉科是这个项目的发起人。我们已发表了两个白皮书，旨在唤起工程师和公众注意当前正在发生、

〔1〕 电气和电子工程师协会（简称 IEEE，全称 Institute of Electrical and Electronics Engineers），国际电子技术与信息科学工程师的协会，全球最大的非营利性专业技术学会，会员超过 40 万人，遍布 160 多个国家。

未来三十年即将发生的变革。[1]因为即使预测三个月都似乎有风险，所以我们相信工程师们（我不是工程师）会避免夸张。

技术融合既增强人又增强机器，人与机器相会并合成一个共生体（symbiosis），不仅是伙伴，而且或多或少成为一个有机体，一方的事件或举动必然引起对方的反应。在人与机器亲密关系之上，“环境智能”（ambient intelligence）的演化必将使人与环境更加密切。除了“人”“机器”之外，这里的关键词还有“聪明”（smart）、“知觉”（aware）。人有知觉，这可以被视为理所当然，但机器若要有知觉，它就必须能认识与评价它所运行中的语境，而不仅仅是以机械的方式识别它在任务语境中的各个方面，并为其制表（识别与制表是今天的机器人业已达到的水平），而且，它就必须能考虑语境中出现的出乎意料的特征，能决策，并在决策的基础上行动。系统的自主性就始于这里。什么是自主的（autonomous）系统呢？自主系统必须有一种特征，或三种特征兼备：

（1）有一个独立的议程（目标、计划、政策、语境）；

（2）展示通过思考独立决策的能力；

（3）独立执行动作。

什么是共生（symbiotic）自主系统呢？在吸收并整合数据的基础上，为个人和社群提供服务的系统就是共生自主系统。日益先进的技术的快速发展的首要问题是，我们让渡给机器的自主性越多，

[1] https://symbiotic-autonomous-systems.ieee.org/images/files/pdf/sas-white-paper-final-nov12-2017.pdf and https://symbiotic-autonomous-systems.ieee.org/white-paper/white-paper-ii.

我们给自己留下的自主性就越少。摩根公司（J.P. Morgan）顶尖的人工智能专家玛努薇拉·费洛索（Manuela Veloso）写道：

> 系统之间的无线通信业已实现，或从云端汲取数据，或受助于远程的团队。你可以想象，人工智能随时和其他一切事物共生，和网上的信息共生，和其他人工智能系统共生，和附近的人共生，和远方的人共生。首要问题不是开发自主的人工智能系统，而是一个人工智能系统，能识别情况：当它不知道的时候，当它需要更多的信息时，或当它知道某些可能的事但不能确定时，它可以识别。首要问题不是它能解决一切眼前的问题，而是它能依靠周围的其他资源。[1]

共生现象生于一个事实：我们的辅助系统和我们的身心之间的边界不断瘦身，技术演化不仅把自主性让渡给飞机和汽车，让渡给会话机器人和通用的数字助理，让渡给 Alexa 的网站排名服务或 Siri 的语音控制功能，还让渡给智能环境和医疗、司法、财务和个人事务的决策系统。

辅助系统和我们身心的边界逐渐消逝，很大程度上是因为人们往往把自己基本的认知官能委派给上述效率高的服务，我们的记忆转移给智能手机，我们的判断和推理能力托付给了人工智能，连我们的想象力和创新力也托付给了自动化设计、绘图、绘画和写作（诗歌、标准信函、新闻等）。我们甚至把心理活动外包出去，让我们的记忆布局到不同的数据库中，清空自己的心理内容和认知策略，

〔1〕 https://www.theverge.com/a/verge-2021/humanity-and-ai-will-be-inseparable.

这些东西是千百年来我们在心灵私密处耐心积累和精炼的智能。

最紧迫的问题之一是，共生自主系统需要考虑因技术而起的认识论的变革。人们正在清空自己的心理内容和认知策略，多半不注意这样的流失，因为他们抱有幻想，除了技术能力的增加，人的“天性”尤其自己的天性一成不变。但“人性”过去变，如今在变，且在巨变，所以，人从内在发展到向外投射（更准确地说是放弃）自己的身份，上互联网，这个趋势可能会使人怀疑，人性这样的东西是否存在。比如，“数字孪生体”（Digital Twins，见第十六章）终究会成为下一种模态，在此，人们调节自己与共生自主系统和整个环境的关系，这和西方人现在的看法是否相对呢？他们仍然认为，活动和内在记忆属性、智能和判断是人的天性。假定人与物的共生现象在未来的三十年里完成，人类仍然会受惠于思想上抗拒、政治上甚至情感上抗拒人与物的共生现象吗？

新技术的采用不仅提出了伦理问题，而且有些技术还需要一种崭新的伦理秩序，比如印刷机的出现和人类文化的数字化就需要崭新的伦理秩序。文艺复兴就目击了何为人的问题，这个问题就经历了无情的再界定，在此期间，口语主导和社群宗教威权的秩序转变为个人主义、人文主义的社会政治秩序。从“羞感”文化到“罪感”文化变迁的过程中，西方社会里个人责任的对象从“他人”转向“自己”。今天，人们日益暴露在自动电子系统的监控下。在有些国家里，行为本身由算法控制，责任从自己转向了几乎是自组织的整个社会秩序，也许最终还包括爱护环境优先的秩序。开发共生自主系统时，难道不应该总是想到它们对人与环境的影响吗？

有人说，抵消人工智能和算法完全接管人类决策的办法之一是修改它们，使之与通用人工智能（AGI）和超级人工智能（ASI）处在同一水平，但在可预见的将来，人类面对共生自主系统主导的局面将愈加脆弱，来不及衍化出那样的外援。我们不能阻止机器的几何级数增长和精致化，但我们可以决定用算法将机器与真正的人类生存、环境优先、机器应用全球的监控融合起来。研究共生自主系统映射的伦理工作组可能要解决这些具体的问题。

用技术手段或生物手段增强人的能力，可能有潜在的社会不公。在这个方面，我们可以援用体育竞赛里的规矩。但防止自行车比赛中用兴奋剂是一回事，防止学校或职场给拥有增强手段的人优先权不完全是一回事。在一个宜居的共生自主系统的环境里，你如何调节收入和资产差距的社会不公呢？与此同时，规章制度也不应该阻挡人的潜力的增强和实现。有鉴于脑机接口（Brain Computer Interfacing，简称 BCI）和较慢的计算机脑接口技术（Computer Brain Interface technologies，简称 CBI）的快速发展，看起来，使人脑和互联网连接，并最终直接而恰当地获取互联网浩瀚的内容几乎已成定局；即使起初并非无缝对接，也许通过调节数字孪生体就可以实现无缝对接。那么，预防对互联网重新编程的轻率活动所造成的有意或偶然的伤害，难道就不需要吗？

最后，共生自主系统预示，任务导向的无数元素（包括人和算法的元素）构成的超级有机体（super-organisms）将逐渐演化出来。这样的预示和上文的观察一致：在共生自主系统接管一切重要的决策中，人越来越失去防卫能力。是否应该把这样的可能性让给目的论的自组织？或者说，这样的可能性应该成为国际政治决策的目标吗？

第九章 模拟思维智能框架和数字智能框架：计算机技术的新趋势

在这个电力时代，我们发现自己日益转化成信息的形态，日益接近意识的技术延伸。

——马歇尔·麦克卢汉

第一节 计算机在机场检查你的提包吗？

在纽约、迈阿密和伦敦机场，行李要经过非常严格的检查，然后才能被装进货舱。除了用 X 光探测金属武器外，这些机场还用神经网络（neural networks）来探测塑料爆炸物。这一探测系统用中子轰击行李，监测轰击行李时飞出的伽马射线信号，并判断它是否来自于爆炸物。

《技术评论》撰稿人赫布·布洛迪（Herb Brody）写道："那是很难区分的，不同的化学元素释放不同频率的伽马射线。苯富含氮元素，所以大量苯频率的伽马射线就值得怀疑。但有些无害的物质，包括羊毛和皮革等富含蛋白质的材料，也含有大量的氮元素。”[1]

神经网络的妙处在于，虽然它们并非 100% 准确，但其“搜查并判断”的性能是可以校准的，能确保真的苯不至于漏网，错误警报的几率只有 2%。它每小时能处理 7 万行李，为旅客和安检人员节省了大量的时间。

在过去的五年里，人们一直在研发神经网络系统，许多应用正在实现商业化。它们是计算机技术崭新出发点的表征。这是新一代的计算机智能，使我们前所未有地接近模拟人脑了。

---

〔1〕 赫布·布洛迪（Herb Brody），《神经计算机》“The Neural Computer,” *Technology Review* (Aug.-Sept. 1990): 46。

第二节 何为神经网络

西尔斯抵押借款公司的首席财务官（CFO）克拉克·史密斯（J. Clarke Smith）写道："了解神经网络如何运行，是超人的工作……凡是缺乏基本知识，不知道何为神经网络、不知道如何应用神经网络的首席财务官或首席执行官（CEO）都要冒竞争中落伍的风险。"[1]与生物神经网络（BNN）相比，人工神经网络（ANN）由计算机节点即所谓"神经节点"组成，这些节点灵活联通。普通计算机处理编码的数字，快速地对数字进行编辑；人工神经网络与其不同，它们处理信息的方式更像人脑：通过节点之间的加权连接来组织模型。给某一连接加权等于是赋予它更大的重要性，比其他变量较少的关系更重要。首批神经网络咨询师之一莫琳·考迪尔（Maureen Caudill）说："神经网络通过实例学习，就是说，它修订神经节点相互连接的权重。"[2]赫布·布洛迪在他那篇文章里解释说：

---

〔1〕 克拉克·史密斯（J. Clarke Smith），《神经网络能为你工作吗？》"A neural network-could it work for you?" *Financial Executive*（May/June 1990）：26。

〔2〕 莫琳·考迪尔（Maureen Caudill），《受人类启迪》"Humanly Inspired，" *Unix Review* 7：5（Spring 1989）：42。

> 每一个神经节点都接收许多输入值，每个输入值都乘以一个“加权”因子，把相乘的结果加起来，并在这一总和的基础上进行数学运算，从而产生另一套数值。这些数字可以直接转换为一个答案，如一个口语词或书面字的身份。通过再次加权的相互连接，更复杂的系统把一套神经节点的输出传导给许多其他的神经节点。社交网络通过改变连接的权重来适应和学习。[1]

比如说，所要的输出值是一个买房按揭的检测值。每一个变量，例如条件、市价、地产的位置，以及按揭申请者的财力资源和记录，都传到一个节点，由这个节点按类别输入。神经网络的任务就是构建节点相互连接的模型，导向所要的输出，在这里就是接受或拒绝借款。神经网络不会第一次尝试就成功。它必须一次又一次尝试连接，以搜寻最妥当的组合。加权就在这里起作用。在它做出最可靠的检测之前，它必须经历数百次甚至数千次不同的变量构型。最后，通过自我调整每一种构型的加权，神经网络就可以积累足够的“经验”，提出决定性的建议。这就是我们思考问题的方式，难道不是吗？

〔1〕 莫琳·考迪尔（Maureen Caudill），《受人类启迪》“Humanly Inspired，” *Unix Review* 7：5（Spring 1989）：44。

第三节　神经网络是使用不当的名称吗?

当把“人脑”和“电脑”这两个词放在一起时，许多人就会感到恼怒。部分原因是，他们看到这两个词并用得太多了；部分原因是，计算机终有一天很像人脑的问题还没有解决，无休无止的争论还在继续。然而，我们是否能证明或反驳计算机能思考或有灵魂的问题，是否能证明某些神经哲学家（neuro-philosopher）凭空想出来的花哨的定义，这样的问题真有那么重要吗?

尽管富有争议，但“电脑”的隐喻想必是强有力的，因为它沿用至今，不能撼动了。还有其他有说服力的理由继续使用这个比方。赫布·布洛迪列举了继续维持“人脑”和“电脑”关系的理由：

（1）“人脑的力量不是来自于每次‘开关’的速度，而是来自于‘开关’联系的方式；神经元复杂的相互连接赋予人脑识别模式和学习至关重要的能力。”[1]

（2）“人工神经网络由简单的元素组成，这和人脑的构造是

〔1〕本·帕萨雷里（Ben Passarelli）提醒我们，在世纪之交，神经生物学先驱圣迭戈·卡亚尔（Santiago Ramon y Cajal）发现，“反射或识别任务需要10个至30个平行处理的顺序步骤。” *Unix Review* 7：5（Spring，1989）：51。

一样的。”

（3）“神经网络从错误中学习，这和大多数计算机不同。”[1]

另一位研究人员试图画线区分人工神经网络和生物神经网络。他指出：“神经系统的固有属性是模拟式，电子系统一直是数字的；神经系统的天性是平行的，电子系统一般是串行的。”[2]模拟芯片发明不到三年，人工神经网络和生物神经网络的区分就宣告无效了。

---

〔1〕 赫布·布洛迪（Brody），《神经计算机》“The Neural Computer”，45。

〔2〕 A. 威尔逊（A. Wilson），《DARPA 的安卓系统能梦见电子羊吗？》“Do DARPA's Androids Dream of Electric Sheep?” *ESD The Electronic System Design Magazine* (July, 1988): 28。

第四节　模拟芯片

模拟芯片和通常的数字芯片迥然不同。人们熟悉的比特和字节等词汇在这里并不适用。模拟芯片处理数据的方式既不是走走停停的，也不是顺序的或连续不断的。它们把信息作为一个个连续的数值来储存，类似于典型的电容器电压储存方式，而不是半导体开关那样的二进制 1 和 0 的储存方式。神经网络的输入常常是模拟值，比如像素的亮度或声音信号的强度，既然如此，模拟芯片提供的计算捷径虽不够精准却相当快捷。神经网络的集成电路芯片已经上市销售。[1]

模拟芯片的速度之快，令人难以置信。“神经网络将权重作为芯片上的电压来编码，其速度比普通计算机软件快得多。工程师们用每秒的‘连接’次数来测算神经网络的速度，比普通硬件快一万倍。”[2]如果支持常规计算机的技术驱动力被用于这种新一代的计算机，你可以想见，信息处理的新范式就可以直接借自于大脑。在世界各地的研究中心里，正在发生的变化正是计算机与人脑被强化的对话，双方影响彼此的增长和相互理解。

---

〔1〕 赫布 · 布洛迪（Brody），《神经计算机》，“The Neural Computer”，47。
〔2〕 赫布 · 布洛迪（Brody），《神经计算机》，“The Neural Computer”，49。

第五节　神经达尔文主义

投入神经生理学模型最雄心勃勃的研究的，大概就是1972年诺贝尔奖得主、洛克菲勒大学的杰拉尔德·埃德尔曼（Gerald Edelman）的研究项目了。该项目名为“达尔文第三”（Darwin III），涉及复杂的神经网络：由感官、运动和认知活动层层叠叠的互相连接组成。“达尔文第三”含有一只眼睛、一只机器人手臂和类似神经网络的大脑。埃德尔曼用“神经达尔文主义”（Neural Darwinism）这个新词来支持自己的理论：神经连接器（neural connectors）彼此竞争，以寻找并保持自己在网络里的位置。

他的理论并非相异于尚热克斯（J.P.Chaneux）的“突触的选择性稳定”（selective stabilization of synapses）理论。为了验证这一理论的动力学，埃德尔曼以如下方式构建“达尔文第三”：该系统的人工神经网络连接必须要选择子网络。子网络必须要以最佳方式响应具体的输入值。他这个“自然选择”概念和其他网络理论家的概念不同，它假定，大脑由不同的子网络构成，在学习的过程中，唯有期望中的反应才能被选取。[1]

---

〔1〕 A. 威尔逊（A. Wilson），《DARPA的安卓系统能梦见电子羊吗？》“Do DARPA's Androids Dream of Electric Sheep?” *ESD The Electronic System Design Magazine* (July, 1988): 30。

卡尔扎蒂批注

这里我想问：需要多大程度的差异化/多样性才能维持大脑的“灵活性”？或者问：差异化/多样性比遵循相同的神经模型“更好”吗？实际上，根据大脑老化、人衰老与阿尔茨海默病的研究，可取的是用活动训练大脑，以摆脱太固化的神经模型。不过，如果这样的多样化有门槛，那什么是那不可逾越的门槛呢？这个问题尚待观察。

从生物领域到人工领域的建模，反过来从人工领域到生物领域的建模，都存在一种回馈效应。基于神经网络的计算机在回馈人脑，它们被用于美国宇航局（NASA）的艾姆斯（Ames）研究中心。本·帕萨雷里（Ben Passarelli）写道，其目的是要“使真的神经系统的连接直观可视，同时又模拟神经系统的行为”[1]。他接着说：“如今，科学家能用自己的方法与神经元的微观世界互动，检测自己的理论，并测试生命系统的工作原理。”在生物网络模型和人工网络模型的快速互动中，我们可以看到，技术与心理的鸿沟正在缩小。

〔1〕 本·帕萨雷里（Ben Passarelli），52。

第六节　神经网络与专家系统

上文业已解释，计算机能以两种模态运行：模拟式或数字式。当前，用以建构“专家系统”的计算机是最常见的人工智能技术，这样的计算机以数字操作为基础，是逐步执行命令的。[1]专家系统是一套等级式的数据，由逻辑程序规制。商业上，专家系统从成套的系统中取材帮助医生诊断，或帮助工程师实现预定的蓝图。另一种神经网络喜欢并提倡的计算机技术建立在模拟式运行的基础上，其操作是交互式的。换言之，建构新模型，用新模型覆盖旧模型，检查新模型，反复运行新模型，直至达成令人满意的解决方案。

〔1〕 莫琳·考迪尔（Maureen Caudill）对两者的差异做了这样的描绘：“数字计算机靠数字运行，当然，它们已完成数字比例尺转换。这就是说，可用的数字只有离散值；它们不是名副其实的连续值条目（64 比特的实数极其准确!），但并非真的存在，计算机并非真处理连续的模拟值。”载“Humanly Inspired，”42。

第七节　基于时间的信息处理和基于空间的信息处理

计算机的模拟式和数字式适合左右脑模态的特征分析，这样的说法并非失之过简。如此，模拟式和数字式操作系统可以被视为基本的生物过程或神经生理过程的反映，上文业已对此进行论述。你可以从中看到左右脑不同的工作原理：数字处理与左脑基于时间的、分析式处理相联系；模拟处理与右脑基于空间的、整体式处理相联系。[1]在技术应用中，模拟式处理和数字式处理分别在神经网络和专家系统中找到最佳的表达。它们与“思维定势”（mindset）概念的关系是，模拟式和数字式也是受计算机化影响的“思维定势”的两种基本程序模态。两者的竞争相当激烈，足以产生抵触。这两种“思维定势”互为补充，但完全敌对的情况也是有的。

布洛迪注意到，“在人工智能领域里，神经网络和专家系统几乎处在一个意识形态壁垒对立的两级。”我目睹了两个营垒激烈的

〔1〕赫布·布洛迪写道，神经“网络多功能由其拓扑结构决定，即由神经元的相互联系决定……这也是神经网络和常规计算机的区别，常规计算机首先依靠编码的指令，即程序”。载“The Neural Computer”，44。

辩论，IBM（国际商业机器公司）的MS/DOS操作系统和苹果的WIMP操作系统争辩时互不相让。[1]有时，人们非常认同自己的训练背景，根本就看不到超乎这个背景的东西。结果，自己变成了该系统的漫画式人物。

一听到另一种信息处理方式，有些人就火冒三丈，他们把互相排斥和不可调和混为一谈了。我不可能同时既是我自己，又是我妻子，但那不意味着，我们是不可兼容的。这不是问题所在。我往往说模拟和数字，不说模拟或数字，这是因为它们虽互相排斥，却不应该被视为不可兼容的。对复杂的信息处理而言，一定程度的两者兼容是必不可少的。据此，对模拟和数字的特征进行对比，也许是富有教益的。

卡尔扎蒂批注

这是很恰当的隐喻。数字技术物理学就是这样描绘亚原子层次的：能量和物质的行为有时被描绘为波，有时又被描绘为粒子。量子计算机的工作原理正是不同逻辑的交叠，是基于“纠缠原理”：“数字技术纠缠是一种物理现象。成对或成群的粒子生成、互动，或分享紧邻的空间；即使粒子间距离遥远，如果脱离其他粒子的数字技术状态，一个粒子的数字技术状态是不能被描绘的——实际上，数字技术状态必须是用来描绘整个系统的。”还值得指出的是，描绘“整体的数字技术状态”反映了格式塔理论创立的原则：整体大于（且不同于）组成部分之和。

---

〔1〕 赫布·布洛迪（Brody），《神经计算机》，“The Neural Computer”。

表 9.1　专家系统和神经网络之比较

专家系统	神经网络
线性的	非线性的
纵向的 / 等级系统的	横向的 / 马赛克式的
静态的	动态的
连续的	平行的
专家的	通才的
计算模型	神经生理模型
记忆、数字运行、认知	感知投射
顺序分析	模式识别
基于规则（需要规则）	基于实例（发现实例）
领域专指	领域无关
需要频繁更新	自我更新（有适应力）
不能容错	能容错
需要人类专家	需要数据库
严密逻辑	“模糊”逻辑
基于例行程序的协议	开放式技能

最后一点值得稍作扩展。由于神经网络灵活的学习模型，无论生物学的模型或技术的模型，训练它们从事一种以上的活动都是可能的。换言之，基于神经网络的计算机能习得累积性技能，因为这种计算机拥有必要的灵活性，能应对不同的情况。对标准的数字计算机而言，这是完全不可能的。此外，还有不少的方法用来修改神经网络的反应。每一种方法都赋予系统一套不同的技能。

第八节　技术性神经网络的应用

几年前，一则广告相当有趣，因夸张而出丑，它推销一种电化学传感器（electro-chemical sensors）“探嗅飞机”。据称，它能探测油田、水资源储备、污染水平和核弹发射井。彼时，那样的夸大其词令人难以接受，但今天神经网络的许多惊人之举证明，许多敢于冒险的经理们推销传感器技术的信念是正确的。

在不足五年的时间里，人们就开发出上百种传感器的应用技术，其中一些列表如下。我们无疑处在一种新文化变迁的边缘。斯坦福大学甚至在进行一场试验，一个神经网络正在学习如何在前所未有的复杂轨道上开一台模拟式叉车，它一边开一边自主决定。我设计了一个分类表，对技术性神经网络（technological neural network）比较令人难忘的记忆进行归类，主要类别如下：

传感器（“眼睛和耳朵”）

字符识别：分类手写邮政编码，检查署名，改进释读日文汉字的光学字符识别技术

语音识别

智能武器（用飞行路线与电子地标的匹配来制导导弹）

趋势预测、诊断和预判（比如，通过分析突然、异常的购物

行为模式来迅速发现使用信用卡的欺骗行为）

化学分析和分子分析

使选择和拣出任务匹配（比如，帮助机器人拣出成熟的果子，留下不成熟的果子，通过倾听不寻常的声音来检查引擎的故障）

雷达和声呐技术的巨大改进（比如，探测油田的岩石构造，改进海床反射回来的声呐信号）

消除远程通信系统里的噪音

银行业务（分析贷款和按揭决策中的风险）

自动翻译

第九节 商业嗅觉

感知样态的延伸给人以特别深刻的印象，不仅是由于神经网络赋予视听设备一种新的固执性，特别是因为它们引进了感官的另一种技术延伸，加上了嗅觉，很可能包括味觉。约翰·奈斯比特（John Naisbitt）[1]报告说：

> 东京理工学院的轻部征夫（Isac Karube）研制出一种“保鲜芯片”（freshness chip），完全由人造蛋白质和有机聚合物组成，置入超市的袋装鲜鱼里。鱼开始变质时，它就生产一种芳香化合物，被芯片测出，比鼻子嗅出气味早得多。鱼身上的斑点变色时，顾客和店方就知道，鱼已过保鲜期。[2]

卡尔扎蒂批注

我们在这一点上可做的猜测是：共生自主系统（SAS）是

〔1〕约翰·奈斯比特（John Naisbitt，1929- ），美国未来学家，著有《大趋势》《中国大趋势》《亚洲大趋势》《2000 年大趋势》《世界新趋势》等。

〔2〕约翰·奈斯比特和帕特里夏·艾柏登（John Naisbitt and Patricia Aburdene），《2000 年大趋势》*Megatrends 2000*（New York：Avon Books，1990），258。

整合人的感知与人所不知道的感觉的系统吗？我们需要专项任务的器官去把握感觉吗？第二个问题的答案是“不”，至少业已证明的是：我们的嗅觉不仅依靠鼻子，我们的听觉不仅依靠耳朵。如果共生自主系统引进我们今天毫无知觉的感知类型（而不仅仅是增强我们现有的感知），那么，第一个问题就令人瞩目。

奈斯比特接着写道，其他食品的保鲜芯片将接踵而至，而且一种人工鼻子可望“十年内”问世。如果他注意到神经网络，他可能会同意，人工鼻子已然存在，其形式是计算机辅助的机场行李管控，或化学工程师用来抽检的神经网络。然而事实上，神经网络功能多样，用于多种感觉，所以它们最好被视为与共同感知等同，而不是等同于一个特定的感官。有了神经网络，我们的视觉、触觉、听觉和嗅觉的延伸不再是被动的管道；它们正在成为搜索的假体，被赋予了决策的意向和能力。显然，这将意味着标准心理学（standard psychology）的升级。

第十节 电子智慧

电视、电子游戏和计算机方面的社会批评家常常抱怨信息过剩，其意思是，我们在太短的时间里收到太多的信息。抱怨信息过载的人常常是被印刷品宰制的专家，谈在电子信息流中陷入了困境。他们固化的字母表心态就像是硬接线的计算机，只能一次在一种媒介里处理一个课题。我亲耳听见这种限制性技术的受害者抱怨说，他们自己很像是慢得令人恐惧的计算机。

问题是，人们完全低估了自己的大脑。这大概是因为他们把大脑和计算机做了错误的比较，或者是把大脑和错误的计算机做了错误的比较。他们认为，我们的大脑不够快。当然这是真的，至少和数字计算机比较是慢了。但我们的大脑不必快，只要聪明就够了，换言之，只要极好地接线和连接就够了。实际上，我们自然的信息处理能力比我们认识到的能力大得多。正如麦克卢汉所言："信息过载导向模式识别。"这正是神经网络被设计出来执行的功能。总有一天，它们会被用于语言信息的搜集和分类，它们甚至会接受指令为你阅读你的文章，并挑选出你需要知道的东西，或挑选你不能错过的电视节目。我们会看到"老泡在神经网络里的人"（neural couch potatoes）的一天吗？

卡尔扎蒂批注

现在我们找到答案了。我们就是“老泡在神经网络里的人”：我们越来越依靠响应性技术（responsive technologies），而且把我们的一部分决策和认知能力让渡给响应性技术。技术把我们变笨了，就靠这一点，技术就变得“更聪明”了。技术已开始代替我们思考和行动。我们难以想象的是，技术代替我们思考和行动不是只从“人”的视角，而且把它的算法“基因型”注入我们，这反过来影响我们的思维“基因型”。此外，作为应对信息过载的策略，模式识别的理念与我们上文的一条评论有关：在多大程度上，遵循固化的模式对我们的大脑可取而“健康”呢？在这里，一个基础论点是这样的理念：在日益增强的虚拟现实里，有能力（或机会）断开/脱离系统不仅对个人是可取的，对整个系统的生存也是可取的，因为系统越是互联，其部件劫持整个系统就越有可能。

以下第十一节是2019年增写的文字。

第十一节 算法伦理

除了模拟和专家系统，算法也是今天的一个热词。它从“极客”（geek）文化里冒出来，然后扩展至主流文化，意味着计算机给出一套指令去执行一次演算。根据最常用的定义：“算法是将输入转化为输出的一连串计算步骤，类似于菜谱。”[1]算法建基于专家系统和神经网络，因此算法把两者结合起来，就不足为奇了。在人工智能系统里，算法从机器学习接受指令，识别、评估、调整和存储对系统有用的参数，以生成指令。在此混合的基础上，大数据追加无数的参数和可能的参数形貌。显然，这样的学习很像非常高级的神经网络（这一技术引入了一些机器学习，但并非所有的机器学习）。

算法的一个问题是：专家系统和标准的神经网络如何处理数据是可以分析的，而算法与它们不同。起初，算法是可以追踪的，但很快它们就逃脱了程序员的控制。人工智能有“自己的脑子”，未必是恶意的脑子，但算法有时偏离轨道，或早或晚，其偏离由依据算法被赋予的自主性来决定。曼努埃拉·维罗索（Manuela Veloso）充

---

〔1〕 托马斯·科尔曼（Thomas Cormen），《算法引论》*Introduction to Algorithms* (Cambridge, MA, MIT Press, 2009)。

分认识到这个问题：

> 我们在这里研究人工智能系统解释自己的能力，它们一边学习，一边改进，以提供不同层次的细节。我们想要的是，我们和机器人的互动方式使人类最终更相信人工智能系统。你想要问，“你为什么那样说呢？”或“你为什么推荐这个呢？”如果那样的解释是我正在从事的大量研究，我相信，如果机器人提供不同层次的细节，它们将使我们更好地了解和信赖这些人工智能系统。[1]

另一个问题是，算法极其高效，能获得无限量的数据；在越来越多的生死问题上，根据不那么戏剧性的估计，在疾病的诊断、法律的是非、财务的咨询等方面，算法能战胜人类。在不那么低贱的工作中，它们能替代人类的脑力劳动和体力劳动。据说，到2030年，发达国家目前劳动力的45%将被算法和机器人替换。

除了工作岗位受损，还有什么是算法的潜在受害者呢？

自主性：机器所做的决策越多，留给人决策和行动的余地就越少。

个人的思想产权：我们不再是自己思想的专属所有人，因为人工智能完全能追溯我们的思想，甚至能实时追溯。

心理的内在性：我在清空自己，首先是因为我不再构建内在的自我，而是把自己扔到社交媒体上；其次是因为，机器在获取我内在的认知功能，包括记忆、智能和想象力。

声誉：透明时代使每个人裸露到大街上展示。

---

〔1〕 https://www.theverge.com/a/verge-2021/humanity-and-ai-will-be-inseparable.

真正的问题是，在这种容易受损的情况下，人如何行事呢？

我们这个电气和电子工程师协会研究团队确认，快速发展的新一代专家系统中出现了许多法律、安全和伦理问题，专家系统正在取代许多人力岗位，许多劳动技能被取代，法律、医学、商务和仲裁里的专业能力也被取代了。

比如，IBM 已经把专家系统 Watson 引入司法领域，以应对联邦法规、条约、合同和法理学所含法律知识的复杂结构。有些算法已被用来判决刑期。如果我们开始信赖算法决策的问题，谁对重要的决策有最终的发言权呢？最终的拍板者是人呢抑或是算法呢？

即使在今天，许多机器和机器人里越来越多的运行逃避了理性的追踪和评估，即使它们给出令人满意的结果，它们也可能成为我们担心的理由。难题就始于此。即使算法和人工智能率先引进了个人与环境广义的共生关系，在给它们编程时，难道不应该有意识地纳入伦理这一维度吗？

也许最大的问题是，算法将要严格控制我们大家。我将其称为数据统治（datacracy），意思是说，目前实行的数据追踪能迅速转化为带有政治制度杠杆的完全控制，如新加坡那样。我说的“实行”是公开实施、公众赞同，就像中国的社会信用工程（social credits project）。即使并非更高层次的控制，在所有的人充分了解的情况下，根据调查和不勉强的访谈，这个信用工程达成了同样的效果。

这里有一个东西方的重大差异。在西方，商界和政府做大致相同的事情，但商界比政府做得略多一些（新威权主义国家除外），所做的一切都被掩盖得很好。经过大量的揭露之后，你可能会认为，人们开始明白了。实际上，他们大概明白了，但并不真正关心，他们意识到控制是无法阻挡的。这就是命运。另一方面，在东方，共产主义的精神、让人共享安全和繁华环境的欲望压倒了个人的优先权。

最终的结果是，算法可能会完全摆脱政府。在成熟的共生自主系统里，一切参数都在考虑之中，连测量和定位宠物在哪里、如何对待动物、骑单车的运动量都在考虑之中。但是，如果我们最终研究出了新伦理，它是必须建立在保护环境之上的。在一个成熟的数据统治文化里，我们不会变成王者机器（The Machine）的伺服机制[1]。我们不必服务贪恋权力的技术君主的寡头政治，我们不会为争夺什么优势而互相攻伐。在成熟的数据统治文化里，人们让机器干活，这就会解决我们的问题，一劳永逸。有环境意识的广义的人工智能最终能取得这样的成就。但我们离这个目标尚有一段路……

然而，万一机器“解决我们的问题”时，主要的动因竟然是“我们”呢？成熟的数据统治文化是不是也应该建立在阿西莫夫的机器人定律之上呢？根据他的定律，机器人不能加害于人。如果是这样，既然我们通过技术体现，越来越多地增强 / 明白显示我们的心理 - 感知技能，究竟什么是“人”呢？

〔1〕“王者机器”里的 machine 正在开始取代 system（系统），表现了人们惧怕成为孤苦无助的受害者！

第十章　媒介与文化里不同程度的现实性

第一节　向现实性发起攻击

昔日，你可以相信现实。柏拉图和亚里士多德制定了规则。如果某事看起来不那么正确，那是你欠佳的感官有错，不是世界有错。贝克莱（George Berkeley，1685-1753）主教抱怨，如果无人在那里听落叶，森林里的落叶就悄然无声。但德国哲学家伊曼努尔·康德（Immanuel Kant，1724-1804）还是在18世纪巩固了现实性的存在。我们在下文即将看到，现实是书面文化偏向的产物。文学也强化了这样的偏向。小说推出另类的现实，借以支持现实性的理念，此外，小说还提供人们应对现实的模式。但现实注定短命。比如，作为19世纪艺术运动的现实主义是伴随摄影术而起的，人们普遍认为，这是对过度浪漫主义的反应。不过我认为，与此相关度更高的是，资产阶级社会学会了与早期工业化怪诞的舒适相处。文学艺术里的现实主义和自然主义一再要公众相信，现实是外在的客观存在，越令人不快的现实，越是真实的。

世界一度是真实的，一切科学研究的目的都是描绘稳定而可靠的宇宙，无论有无上帝帮助。柏拉图和希罗多德（Herodotus）描绘的现实是真实的，他们要求事实取代论述的意见和历史分析。另一位古希腊人发现了原子，把宇宙放在牢固的物质基础上；只要把握原子，现实就是可靠的。到了今天，连原子都不再可信了。我们更容易接受薛定谔（Schrodinger）等人的思想。他认为，在数字技术物理学里，“事物本不是事物，它们只是倾向于成为事物”。今天看来，很多科学研究的目的是挖掘我们轻信技术的深层根源。

自爱因斯坦、尼尔·波尔（Niels Bohr）、海森伯（Heisenberg）、弗洛伊德以后和电视问世以来，现实性一直在快速瓦解。今天的现实性正在分崩离析。自我和灵魂无所不在，上帝并非总在近旁把现实拼合起来。物理学家和理论家戴维·伯姆（David Bohm）效仿披头士，用心钻研形而上学，意在显示，现实是真实的，全都在你脑海里。

不久前，连可口可乐都是真实的。如果世界曾经是真实的，如今它为什么不再真实了呢？

第二节　从现实到幻想

我有必要提醒一下，继麦克卢汉、波斯曼〔1〕、梅洛维茨〔2〕、比尔·莫耶斯〔3〕之后，还有人说过“新闻即娱乐”吗？人们仍然相信，新闻要追求真实，而且相信，新闻是最真实的。看电视唯一不感到内疚的时候是看新闻的时候，因为我们在尽公民的责任。当然，和电视上的任何东西一样，电视新闻也是经过包装的。彼得·雷蒙特〔4〕（Peter Raymont）的《世界在关注》（*The World is Watching*）是一部非凡的片子，讲述广播电视网报道尼加拉瓜重大事件的方式，证明新闻广播处理现实有偏向。其要旨是，美国广播公司（ABC）报导组为丹尼尔·奥尔特加（Daniel Ortega）总统从莫斯科返回首都马那瓜发出的固定时段的简讯，根据预测并准备说，总统将在下

〔1〕尼尔·波斯曼（Neil Postman，1931-2003），纽约大学教授，媒介环境学派第二代精神领袖，横跨教育学、语义学和传播学，推动媒介环境学进入北美传播学主流圈子，存世的著作二十余种；在中国影响最大的三本书是《技术垄断》《童年的消逝》和《娱乐至死》。

〔2〕约书亚·梅洛维茨（Joshua Meyrowitz），美国传播学家，波斯曼弟子，著有《消失的地域：电子媒介对社会行为的影响》。

〔3〕比尔·莫耶斯（Bill Moyers），美国制片人、编剧，作品有《帝国之梦：星球大战三部曲的故事》。

〔4〕彼得·雷蒙特（Peter Raymont），美国制片人、编剧、导演，主要作品有《对死者的承诺》《生死分流》等。

午 5 点的新闻发布会上宣告，他不会和反政府武装谈判。结果，新闻发布会被推迟到晚间 7 点钟，赶不上纽约晚上 7 点钟的新闻节目了。美国广播公司（ABC）播报组按照策划好的镜头宣告，奥尔特加坚守立场。不料，他们沮丧地发现，奥尔特加在这个基本问题上一改初衷。这个事故可以被解读为电视时段安排的问题。然而，在纪录片中，雷蒙特展示了许多其他削足适履的例证，令人信服，那是为了适应电视媒介限制而操弄讯息的例子。电视只播放“适合的新闻”，如果不适合，制作人会确保它适合。

卡尔扎蒂批注

可见，这里的典型问题是：现在的情况如何？在今天信息丰裕的社会里（比特是无限资源，线上空间浩渺无际），我们不再有削足适履的问题。然而反过来，信息丰裕又产生了另一个问题：一切都在那里，没有过滤器；网络领域是一个大卖场，新闻不仅在数量中被稀释（在内容的流通中被冲散），而且在质量上也被稀释了（耸人听闻的八卦绕开准确性）。如果再加上一个事实：数字原住民一代没有足够的媒介素养，许多网民努力甄别真假新闻时，常感到受到挑战而力不从心（罕有查源头），甚至难以区分新闻和广告。

雷蒙特的纪录片是一种“现实浓缩”片，可以解释为他所谓的真实性递减率（Law of Diminishing Reality）。在以下顺序中，现实程度逐渐递减：

（1）现场直播

（2）延迟的现场报导

（3）经过包装的新闻

（4）“客观”纪实片

（5）“带有观点”的纪实片

（6）“文献电视片”

原则上，新闻必须简明扼要，必须在尽可能短的时间里报导越来越多的重要条目，诸如此类的需要使媒体的操弄合法化。但这为一系列的新闻作假铺平了道路。比如，泰德·科佩尔（Ted Koppel）卓越的电视片《盒子里的革命》（*Revolution in a Box*）显示，出现在美国公众眼前的切尔诺贝利爆炸后空中拍摄的镜头，实际上是库存片子里的镜头，显示的是一家宁静、雾霭笼罩的工厂，地点是在意大利的波河流域。另一个例子是同一部纪实片里展示的人质“供认”的视频，那也是库存的镜头，讲的是中东一座监狱的囚徒逃跑的密谋。这证明，适当镜头的挑选和编辑可捏造为“供认”。

这些案例有明显作假的证据，但美国广播公司（ABC）著名的“重构”又如何呢？如果你打开电视机碰上再现的犯罪现场及其侦破过程，你可能误以为那是真的。有一次，一个聪明的观众指控再现罪案中的一位演员，说他有实际犯案的嫌疑，这位观众发觉，剧情证明那位演员有罪！

在这些案例中，观众陷入一个圈套，其保真效果超过静照摄影。在这些情况下，麦克卢汉著名的媒介定律不得不重写：不仅“媒介即讯息”，语境也是讯息……仿佛“现实探查机制”（reality detector mechanism）受到新闻剪辑的愚弄，我们逆转了悬置相信的策略。既然现实像这样，谁还需要虚构呢？

以下四节是2019年增写的文字。

第三节　参照物的消失

若是我没有亲眼看到，我本来是不会相信的。

——马歇尔·麦克卢汉

在过去的若干年里，现实性消失的问题到了一个关键的阶段。它不再是被忽视的问题，而是有可能被放逐的问题。数字技术物理学不断啮噬现实性，它假定，现实性既不在此，也不在彼。即使不完全否定现实性，政客们也会忽视现实性。现实性被迫分享时间，被迫与虚拟之物混合就更不用说了。如今，现实性已沦为一种按需定制的商品。媒介生产现实性，形塑它、扭曲它、出售它。

这个问题是知识论问题。法国哲学家和著名的媒介专家皮埃尔·列维（Pierre Lévy）说得对："互联网不是在空间里，它就是空间。"这一说法很有用，但仅仅是部分正确。互联网的唯一现实性是真实时间，不是真实空间。屏幕"逼视着你"（in-your-face）。你随时与之互动，就像你和真实空间互动一样。但在你的屏幕上，赛博空间不生成一个统一的视场。模拟统一的视场需要网站图。你不能得到全图，不像周围环境那样的全图，周围环境提供你此时此地活动所需的语境。在线上，语境简约为超文本，抵达屏幕的仅仅是碎片。有时你觉得，现实性仿佛隐藏在电视上。即使人人皆知，电视可能欺骗看电视的人，但至少你在真实镜头里能看见现实的形象，看电视的公共目的地确保了一点可靠性，电视由国家控制时，尤其如此。即使电视虚构里也有“现实性效应”：有人因自己喜欢的连续剧人物死亡而落泪，比远方亲属去世时还要伤心。

坏消息是，似乎不需要有理有据的客观证明或证据，无论什么宣示都是真实的。我将其称为“所指物的消失”（the disappearance of the referent）。

第四节　符 号 三 角

所指（The referent）是索绪尔符号三角的第三边：

符号三角图：语义模型的意义（以路标为例）

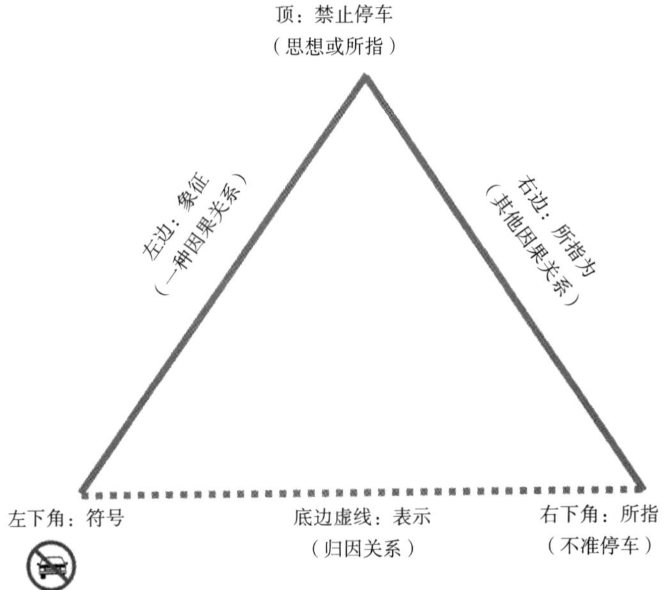

语词 = 符号，思维 = 所指，事物 = 所指物

网上有许多对索绪尔开创性语义研究的解读。上述示意图的解读有一个优点，图左是一个路标，而不是索绪尔表示符号的“能指”（signifier），他这个术语使初学者困惑。任何文化或语言里的任何人都认得路标，其意义自然跳进脑际。“禁止停车”的目的是让人立即明白，不能停车。这是心理的解读，索绪尔的术语是“所指”（signified）。物体的路标功能是生成心理反应。这样的解读都不错，但为什么我们还要有另一个词 referent（所指）呢？因为虽然你识别了符号的意思，但那不足以完成认知的运行。你还要知道，“禁止停车”不是什么任意的命令，而是世界上现存的规则，无论是否被遵守，它都是构成“现实”的实体，不依靠那块物体路标在认知运行的那一刻是否存在。请注意，底部那条虚线（也许并非总是牢固，需要检测）。还请注意虚线下标注的 TRUE（真实），可见，虚线两端关系的宗旨是保证或至少调用和测试整个符号意义的多样性。索绪尔的天才正是加上一个要求：即使不追根溯源（未必是真的路标，因为路标符号在你的眼前就是它自己的所指），你要验证符号和所指的有效性，至少是在个人脑子里和记忆里的有效性。[1]

索绪尔这个符号三角意在描绘，语言如何与语义联系。它对书面语言的解释力很强，因为语词（除少许祈使语和感叹语，比如“是”“否”外）并非、也不可能同时既是语义，又是语义表达的事物。但这一判断不适合形象。在形象里所指（referent）和能指（signifier）合一。形象的语义就是它自己，不是其他任何东西。当然，有一些形象比如公司的标识和指路的符号（如上例）有语词的

〔1〕 https://www.communicationtheory.org/the-meaning-of-meaning-model/.

功能，指向所指。然而，大多数形象直接指向它们表示的事物。因此，在数字空间或虚拟空间里，客体和所指是合一的。形象生成意义的条件是：所指可以被忽视或缺席。

我说这个问题是知识论问题，意思是，它研究的是人们生成意义的基础。所指的消失意味着分隔"知者与被知物"的终结——这是埃里克·哈弗洛克有关字母表效应的奠基性洞见。在这里，主观和客观相聚，排除了那个有益的区隔。看来，人类正在回到希腊词 *Doxa*（意见），其意思是：唯有你相信的东西才是"真实的"。这仅仅是一个趋势，迅速扫描世界上许多地方的政治实践就可以显示，这是一个强劲的趋势，即使它会终结，也很难预测终点何时到来。

虽然剑桥分析公司（Cambridge Analytics）的丑闻向政客和选举人发出了郑重的警告，但劫持数据并把政治劝说的讯息瞄准目标人群仍然是常见的操作。无论准确与否，用推特治理（governance by tweets）还是在继续走红，为求娱乐或利润的假新闻还是洪水滔天。追求利润的推特治理已然成为生产销售中心的庞大产业。什么也不能确保，我们将要陷入什么样的社会。在互联网上淘选真相需要有意志和技能。假新闻里的说辞也许并没有事实、证据、事件甚至常识的支撑；传播的速度却替代了认证。于是，震惊或赞同及后续的情感反应代替了信息，成为潮流。这样的现实流动和消逝掀动了气愤、义愤、恐惧或嘲笑的按钮，使任何宣示都值得人们三思。社交媒体尤其是推特可怕的危险是：消极或仇恨的信息不胫而走、广泛流传，胜过好消息。它们的传播速度预先就排除了思考或求证的可能性。

第五节　所指的玩味

由于数字化，意义和所指的关系比较灵活，操弄真假语词和形象的结果是，许多真假新闻就成了可能。试举几例：

（1）所指的缺失（Absence of referent）。搜寻或提问之前，大数据里的存在是“无”，就是说，在无数的数据库里，没有任何东西与任何具体的东西有关系，数据库仅仅存储数据供人使用而已。提问前，数据并不相互联系，未产生任何东西。诚然，与答案相关的素材预先已存在于虚拟空间里，但在问题和相互参照提出之前，那素材根本就不在真实空间里。问题不仅寻求答案，它还生成答案。这一案例证明一种认知情况：在大脑里，依靠思维的过程，突触的连接才能发生，历史上尚无其他技术案例证明这一情况。再者，向大数据提问是由需求或欲望激发的，这样的推动力大于限制性的所指物语境，因此，向大数据提问能生成全新的内容，就像大脑能生成虚构文艺一样。

（2）所指的过剩（Excess of referents）。我们的许多个人情况使我们无意间占据了数字空间，这些情况对应我们用数据定位器勾勒的形貌。当然，它们指向的唯一对象就是我们本人，而汇集的数据却指向许多所指物，它们经过了裁剪以适合企业、机构或政府的需要，它们获取的有关我们的信息通常超过了我们了解自己的信息。

（3）统计学的所指（Statistical referent）。阿尔塔在线（Alter 2007）上的时髦世界时钟（Poodwaddle World Clock）含有人们普遍关心的许多事情的大量信息，它们不是基于经过验证的继续不断输入的信息，而是根据被检索事件发生的平均频率。不存在一对一的参照，这里的真相不是用事实表现的，而是用数字表现的，而且这些数字未必在那里。

（4）作为引领潮流的所指（Referent as a leader）。在这样的情况下，所指不仅是近似物，而且取决于统计学上的估计。比如，在“情感分析”（Sentiment Analysis）网上，呈现出来的关键词是基于某一社群推特所表达的意见地图。在“情感交流 6”（Emotional Traffic 6）的条目下，法国艺术家莫里斯·贝纳永（Maurice Benayoun）发布了一系列的世界各地某一时刻人们情感的估计数字。用谷歌潮流搜集情感关键词的统计数字，涵盖世界 3500 座城市，一幅情感地图就自动生成了，或者更具讽刺意味的是，查询的结果就转换成了证券交易所价值的明喻（Benayoun 2011）。显然，这样的估计至多不过是近似值，和严肃的人口情绪研究无关，但这样的结果的确是始于一个可信引领潮流的关键词检索。

（5）时间所指的折叠（Collapsing the temporal referent）。这个例子与上一个例子略有区别。它不是基于频率间隔的估计，而是呈现地球上所有电网夜间一个“真实的”卫星图像，不是实时的图像，而是“真实空间”里的图像，是尾随地球自转的各个时区经折叠和整理而成的夜间图像。

（6）所指人的替换（Substitution of the referent）。也许最富戏剧

性的媒介技术操弄是人物特征的替换术，比如国家元首或娱乐明星的换头术，结果，图像的语言或面部和头部并不吻合。

（7）所指人面孔的替换（Substituting the referent's face）。一种新的假新闻潮流是用知名人士的面孔替换色情明星的面孔。

（8）所指人声音的替换（Substituting the referent's voice）。名为 Lyrebird（7）的公司允许你模仿任何人的声音。某人声音的一分钟足矣，该公司就可以将其声音的 DNA 压缩为独特的密钥。你就可以用这一密钥生成相应的声音，控制其情感，根据需要生成气愤、同情、压抑。

（9）所指的循环（Recycling the referent）。电视连续剧《黑镜》（*Black Mirror*）偶尔发布预言。第八集《马上回来》（*Be Right Back*）讲一个年轻寡妇的故事，其丈夫死于车祸。一项商业服务折叠和整理亡者生前的话，自发重建了可信的对话；所依据者是夫妻二人的智能手机和其他数据库里存储的资料。最后，出现在她家门口的是一个一言一行都酷似她丈夫的机器人。

倘若没有 Replika 公司的聊天机器人 Replika（9），上面这一段文字全然是科学幻想而已。这款机器人引人注目，吸引了全世界的买家。这款聊天机器人是人工智能专家尤金妮亚·库伊达（Eugenia Kuyda）开发的。她失去了一位闺蜜后，着手重建她们的对话。那些对话储存在许多短信中，酷似《黑镜·马上回来》那一集的路子。这款应用软件可网上下载，使你能挑选适合你的 app 对话，能设计你的对话伙伴。有了人工智能的算法，你能生成实时的对话，那些算法能在半秒钟内整理一千句话。感到厌倦时，你可以轮番变换对话的伙伴。

自此，我们需要驻足思考。当然，这是合法的，对许多人而言，替代单边关系还是正面的、有用的。但真正的问题是，当一切都可以模拟时，当精密、界定和满意度都日益提高时，实时和虚构就难分难解了，彼时，“真正的”“模拟的”和“虚构的”的地位将变得如何呢？

Replika 聊天机器人不仅仅是虚构的，更不是真实的。而且，它尚未达到纪实性虚构（docufiction）的水平。但一种新样态的人工智能已露端倪。虚构形貌表现得非常正宗的绘画和情景已出现，占据了“真正”和“模拟”、“心灵”和“虚拟”、“客观”和“主观”的中间位置。

第六节　真实的幻象

照片一直被冠以“真实的幻象”（illusion of reality）的诨名。我们相信，照片有很高的真实度。摄影术常常被用作所指物的证据。你可能挑剔照片的分辨率、光线、构图等特征，但照片首先要说的是：它在那里。这虽然是老生常谈，但的确又是真的，数字摄影也不能号称更高水平的真实度。然而，这个问题也许不再那么重要了，问题取决于我们在虚拟空间中所花的时间比在物理空间或心灵空间里所花的时间多出多少。我们逐渐习惯于外化想象的过程，甚至触摸我们的形象，以验证其实体性，我们把主体性迁移到我们的化身里——我们模拟得很好，还需要真实的主体吗？

时间上渐次展开的实际生活场景有很大吸引力。人们通常不喜欢看重播的节目，除非他们不能去现场观看。现场观看或收听直播运动比赛（即使只是在电台上收听）和事后欣赏重播节目的区别是：一是人在场；二是人缺席，未能在实际发生时亲临。亲临任何运动竞技时，除了“在场”，还加上了体验时间本身，时间是一种绝对值，我们不能完全视之为理所当然，因为那简直就是“我们生命的时间”。有了高品质的模拟后，外部事件的发生不再必需，因为使之发生的是使用者，事件按照你自己的规则展开。像运动竞技一样难以预料，高品质的视频游戏也不具备亲临现场的紧迫性，因为游戏节目是根据指令展开的，不是自发的。更何况，它还没有所指物。

我们能没有所指吗？化身（Avatar）是我们未来的形象吗？你很容易想象，人们挑选史蒂文·斯皮尔伯格（Steven Spielberg）执导的电影《头号玩家》(*Ready, Player One*)，那是在挑选想看的现实，必要时能体会物理空间。人们大多数时间是在虚拟空间里度过的。但参照物的消逝又使人放松了对待真相和真实性的态度。它意味着免予现实束缚的自由，同时又模糊了真实和虚拟的界限。在虚假新闻与另类真相的世界里，在自动化、算法、人工智能和大数据分析的驱动下，数字生成的形象，即使有视频格式，即使在实时流动中展开，也不可能再保证真实性。话又说回来，确保真实性再也不是这些技术的工作。若要问，在真实和虚拟之间，万一有第三种新方式处理感知和认知呢？新文学实际上是一种中介，结合了现实和虚拟两种资源，不仅为人们提供了经验模型，而且提供了经验本身。仿佛是在接受你希望的现实，又逃避现实。专业人士面对假新闻的做法正是：蔑视它，或玩弄它。

第十一章　速度的压力：加速与危机

危机的出现可以解读为系统的噪音，也可以解读为下一种历史秩序浮现的信号。[1]

——威廉·欧文·汤普森（William Irwin Thompson）

第一节　设计、材料、规模与速度

如果你对任何结构进行突然加速，无论物理结构或心理结构，它都会解体。结构对压力的抵抗力是其总体设计、材料、规模尤其是速度的一个函数。在快速变革的时代，在为组织的健康发展做准备时，这些因素都是要考虑的重要标准。无论是一幢建筑、一个官僚体制或一种心态，一切结构都有一定的比例，都以给定的速度移

〔1〕威廉·欧文·汤普森（William Irwin Thompson），《作为文化感知的历史》"History as Cultural Perception," *Understanding 1984/Pour comprendre 1984*, (Ottawa: Canadian Commission for UNESCO, Occasional Paper 48, 1984): 319。

动或运行。[1]规模或速度的丧失可能使工人迷失方向。比如，电视大众文化的猛攻生成了连锁店和大百货店的规模经济，几乎灭掉了小杂货店和社区小店。这是痛苦的规模丧失，对零售商和许多顾客都是如此，他们觉得在超大商场里失去了个性。加速之后，在大型商业城里，你可以看到相反的整合趋势，它们带回了以前社区商店的规模。

加速、突增或强化的实例会影响设计的某一特征或全部特征。它们可能会粉碎整个结构，或使之转化。除了改变其基本的运行节奏外，加速的一个效应是切断组织里各部分的联系，使之在时间和空间里瓦解。

求学期间，我曾经做过一份暑期工，向亚洲和非洲国家推销分类广告。这家英国出版社现已关门，彼时，即使并非如蜗牛爬行，其工作节奏也四平八稳。刚刚上岗，我就意识到，稍许提高效率，我这样的暑期工就可以完成十倍的业务量。我的销售量相当于公司前一年的四倍。没有费多少时间，我就完成并提交了一份业务计划。令我吃惊的是，我的建议没有一条被采纳。后来我才知道，我的计划和建议目的不明确，徒加不必要的忙乱而已。显然，原来我假设这家公司一门心思赚钱，我错了。我鲁莽了。我应该得出的结论是，企业尤其英国小企业是一种有机体结构，有自己的节奏和速度，任何的加速都可能威胁其稳定，还威胁其存在。

加速的结果可能是解体，也可能是突变，这取决于你所观察的

[1] 以建筑为例，其速度为零。被导弹击中的建筑会解体，因为它根本就不能退让。另一方面，有些建筑如地堡设计更巧，用更坚固的材料，能抵挡导弹的冲击力。

结构是否有弹性。水分子受热加速变成蒸汽。传真机使地方邮局加速，结果可能是士气丧失甚至罢工。与此相似，遭受加速的企业组织、市场甚至整个经济体要么转型，要么扩张，直至瓦解。

卡尔扎蒂批注

如果我们用这一加速效应分析数字技术对社会和信息产生的影响，对社会的影响就是社会原子化，或超级个体化，实际上就是社会的瓦解；对信息的影响就是内容对形式的贬值。在这两方面，自我标榜和线上假新闻是很适当的例证。在这个方面，同样重要的是强调，线上假新闻和传统假新闻不同，因为它们的目的是要在线上快速传播，无需阅读，瞥一眼就转发，原因正是网络的加速，无暇思考，无暇查验。这里涌入脑际的假新闻是保罗·霍纳（Paul Horner）的影子网站（mirror website）。他为一些重要的广播媒体办了一些影子网站，塞进假新闻，声称是要讥讽特朗普的选民（他认为，这些假新闻一望而知）。然而最后的结果是，这些影子网站通达了大量的受众（无区别的受众），最后成了特朗普竞选活动和口号（毕竟，其逻辑是混淆事实和虚构，搞乱真相）的回音室。换言之，这些网站的荒诞内容给美国选民矛盾的驱力火上浇油，最终被特朗普利用（比如："这不可能是真的，我们瞧，如果我们真把票投给这个家伙，会发生什么事"）。实际上，霍纳的新闻网站和其他网站不同，它们并不很露骨地讥讽，听起来可能是真的，以至于有些"严肃的"广播公司（比如，2013 年福克斯新闻重播一条假新闻：奥巴马出资建立一座穆斯林博物馆）还予以转发。在2016年《华盛顿邮报》的一次访谈中，霍纳承认，虽然他的真实意图是“让分享我新闻的特朗普支持者像白痴”，他还是担心，自己的活动促成了特朗普的当选。话虽如此，同样真实的是，当霍纳的假新闻业务产生了反效果后，他仍然给自己的业务火上浇油。引人注目的是，他继续干下去，直至他在38岁时去世，起初，他的死讯被认为是……假新闻。

第二节　“通货膨胀是货币遭遇的身份危机”

麦克卢汉这句俏皮话更中肯。首先，它提醒我们，通货膨胀的讯息不是工资和物价上涨，而是货币贬值。其次，它暗示，通货膨胀是经济史关键阶段的典型特征，货币的物质支持或物理身份发生了变化。货币含金量减轻，银根收紧，对交易速度的抵抗力削弱，从物质意义转向象征意义。正如汤姆·福里斯特（Tom Forrester）所言：“某人开支票时，并无钱易手；货币实际上就是关于货币的信息。”[1]

货币的价值从起初的硬件走向今天的软件基础，不再与其绝对的物质所指物相等，这里的所指是手握的金银量、银行的存款或银行金库的库存。如今货币被认定为一种相对的约定。实际上，为了有效，定价不仅要与供求密切关联，而且要与经济比例关联，定价就是在这样的关联里发生的。因此，价格是外形，依靠更大的背景，任何背景变化都影响外形的价值。西方经济的背景时常变化：材质上，从农业大宗货转向信息大宗货；速度上，从重货币转向轻货

〔1〕 汤姆·福里斯特（Tom Forester），《高技术社会》*High-Tech Society* (Cambridge, Mass.: MIT Press, 1988), 218。

币；规模上，从地方转向全球；总体上，从设计上看，从游牧转向生态。今天，日益全球化的经济防止各民族国家无约束地印制钞票，世界贸易平衡成为标准。如此，地区的赤字在朦胧中逐渐放大，必须采取措施予以阻止。

卡尔扎蒂批注

这里做一个类比饶有趣味（详见下文），1971 年金本位的终结和新自由主义的崛起最终对政治和社会的冲击有相似之处。1987 年，玛格丽特·撒切尔（Margaret Thatcher）有一句名言："没有所谓的社会，只有个体的男人和女人，只有家庭。除非通过个人和家庭，没有任何政府能做任何事情。"这句话反映了去规制化（deregulation），这个趋势也影响到今天的数字空间：网上无社会。而且正如劳丽·麦克尼尔（Laurie McNeill）所言，网上甚至没有"我"[1]，只有"我"的网络化的半自动化映射。货币和个人的消逝，以及货币的虚拟化可以被理解为社会空间的镜像升华：从物理网格（想想曼哈顿的地貌）到虚拟网络（互联网），再到即将到来的使我们的现实越来越虚拟化的技术模拟。技术模拟产生人与技术的杂糅（共生自主系统）和政治行动的死结（比如，非理性地摒弃应对气候变化的集体行动）。

货币的常规价值即使不是每小时受监控，至少是每天都受监控。变幻无常的地方经济和全球经济、货币及其互动搅和在一起。这是

〔1〕 劳丽·麦克尼尔（Laurie McNeill），《网上没有"我"》"There Is No 'I' in Network: Social Networking Sites and Posthuman Auto/Biography." *Biography* 35: 65-82, 2012。

极其不稳定的情况，价值的象征表达而不是物质表达成为必需，这是适应市场波动的抗拒力最小的领域。麦克卢汉写道："一切货币都是电子信息，同样抽象，并无基础；一切支出都变成赤字支出，唯一的征税形式是通货膨胀（没有代表权的情况下被征税）。"市场在广播电讯中上升，直到计算机接过玩弄货币的游戏。浮动的小数点和细微的起伏在外汇的界面上游戏。货币轻轻地互相摩挲，在它们相会的边界上，在兑换者的头上下起了黄金的毛毛雨。

奇怪的是，你的钞票如今就像轻微波动的股票，不再像是国家经济制度那样可靠的符号。如果说昨天的钞票是"穷人的信用卡"，今天的钞票已成为穷人的股票和债券。

第三节 电子自旋

电子资金转账（Electronic Fund Transfers，简称 EFT）允许一些尽管荒唐但相当聪明的金融交易。一些经纪人专门从事在 48 小时或更短时间里的巨额资金投入。比如说，为一次合并或收购标的付出一笔钱，拿出 1000 万美元的 10% 做投资，两天内就可以进账 5500 美元。完全电子飞行的本金似乎并未在任何地方落地。在这种情况下，或在任何证券交易中，似乎没必要进行与实际生产有关系的巨额资金转移。我们只能假设，货币的符号价值必然在某个环节以有益于经济的形式表现出来了。

投资已不能由物质实体来保证，同样，你的现金也不能用某种金属等价物来保证。作为信息的货币，只能由关于其他信息的更多信息来担保。大量的金融交易正在从硬件转向软件，在经济的边缘旋转，在电子漩涡中飞旋。货币以光速运动时，价值从空间和物质转向时间和设计，经济的重心从生产转向信息、从商品转向服务。在严格控制的参数中，作为唯一柔性的可变因素，通胀的趋势似乎有可能出现。通胀吸收了投资和生产断线的影响。通胀是自我调节的缓冲区，吸收并调节价值。

就未被控制且被误解的手段而言，通胀只不过是“没有代表权情况下被征税”（taxation without representation）。但如果被视为积极的技术－文化场，通胀就是货币和价值恢复身份的过程。我们即将在下一节看到，一种外科手术似的通胀实际上能防止大灾难。

第四节　从“大爆炸”到“黑色星期一”的危机

两个重要的日子预示从产业心态向技术 – 文化驱动的金融魔术的变革。1971 年，浮动汇率开始实施；1986 年 10 月 27 日，伦敦证券交易所终结了固定佣金。后者即是广为人知的新金融宇宙的“大爆炸”。这两次去规制化的决定都是在应对计算机化所带来的加速。两者引入了继僵硬控制后而起的快速波动的时代。有趣的是，在“大爆炸”后一年的几乎同一天，“黑色星期一”突然到来。这是我们与电子化加速的投资决策爆发的第一次不大不小的冲突。似非而是的是，亚当·斯密（Adam Smith）关于经济自我调节“看不见的手”的定律实际上发挥了作用：在极不稳定的环境里恢复了业已失去的平衡。

卡尔扎蒂批注

在这个方面，值得指出的是，从作为家用媒介的个人电脑问世（1984），到作为大众服务的互联网（1991），在这个去物质化过程中的柏林墙倒塌（1989）了。在这里，社会、经济、技术变革的纠缠达到巅峰。

“黑色星期一”指的是1987年10月19日，计算机辅助的证券交易崩盘。在几个小时内，数以千万计的股票被抛售，使纽约证券交易所指数降到其最高水平的三分之一。有些经济学家指责投资系统太复杂，难以管理，缺乏安全防范措施。一方面，投资者和交易者个人要为自觉的投资决策负责任。另一方面，投资决策和交易决策的积累和加速，又打翻了人和机器控制之间的平衡。机械化挂帅，难以逆料的后果发生了。

1929年美国股市大崩溃导致十年大萧条，引起一连串的自杀。1987年的“黑色星期一”为什么没有因循1929年的大崩溃模式呢？因为1929年的大崩溃是产业崩溃，降落在产业心态上；1987年的大崩溃是技术－文化场自我调节的癫痫发作，是要恢复自身的平衡。

第五节 危机管理

新类型的投资者一直在玩弄信息，并将其转化为货币，这是另一种形式的信息。联邦储备银行知道，一旦投资和生产的差距过大，那就会产生危机。既然危机已然在“黑色星期一”发生，那该做些什么呢？回答似乎有点矛盾，那就是在金融体系里投入更多的货币，即更多的信息。即使冒险要立即失去这些投入的货币，也要这样投入。这将用更多的信息支撑信息的价值。如此，市场很快将恢复平静。一旦投资者的风险被政府的分析掩盖，一旦整个经济都在冒险，社会就没有理由恐慌了。不过，这种态度必然会产生一连串有效的危机——也就是给我们一些教益。最终，我们对代表性货币（representational money）作为社会发展媒介的缺陷就略知一二了。

危机是改变和形变的时刻：我们可以想象，毛毛虫由蛹化蝶时，处在深重的危机中。我们都认为 crisis 一词的意思是可怕，其实并非如此。其本意是聪明、平和、美好。英语的危机一词源于希腊词 *krino*，意为：评估、判断、决断。危机就是判断的时刻、判断的对象。诚然，许多危机是由真正难以预料的事件引起的，更多的危机是源于旧体系的瓦解，它们正在被新体系取代。博帕尔灾难[1]即使不能避免，也是可以预测的——如果追踪地方管理部门的安全记录的话。然而，真正的突破是突然发现一个新的语境：电子通信提供的公共责任。在即时通信的世界里，我们大家都成了我们兄弟姐妹的维护人。面对危机时，许多人浪费时间，眼看旧秩序瓦解，哀叹自己的命运，惋惜逝去的世界。在危机时刻了解即将来临的危机的真相，至关重要的判断是必不可少的。随后，决断的任务就相对容易、引人注目了。

自水门事件以来，体系瓦解日益引人注目，高层的道德过失日益令人不安。何以如此？我们将要变得神经过敏吗？准确地说，我们更敏于觉察，信息更灵通了。电能照亮一切隐蔽的地方。有理由认为，即使东欧的微型录像和电脑设备也有助于揭露极权的不公。在信息环境里生活至少有两层意思：首先，我们都在成为信息灯塔；其次，大量的信息可以为人所知，大量的信息可以被人揭示，隐藏之地不复存在了。[2]

卡尔扎蒂批注

这一点很中肯，这就是今天的真实情况，至少有两个原因：（1）我们已成为信息灯塔，阿拉伯之春即为一例；虽然

---

〔1〕1984年12月3日凌晨，印度中央邦首府博帕尔市的美国联合碳化物公司的氰化物泄漏，造成2.5万人直接致死、55万人间接致死、20多万人永久残废的人间惨剧。

〔2〕戴维·林诺维斯（David F. Linowes）写道："大多数美国人不知道，我们个人的敏感信息已经在巨型计算机里积累、保存起来，不会被摧毁，无所不包，范围很广。掌握这些信息的有商业公司、银行、保险公司、政府机构甚至学校和宗教组织。"(In "The Information Age: Technology and Computers," *Vital Speech of the Day*, October 17, 1990)。

有很多不足，它的确是电能“照亮一切隐蔽的地方”的案例；（2）它提出了透明性的问题，我们知道，透明性转而反对个人（包括政客），使今天“真正的”君主（大技术公司）退隐到背景中。

过去一百年的战争可以解读为危机，它们摧毁一种世界秩序，代之以另一种秩序。连所谓冷战也是有效的新世界秩序。虽然核威胁防止了全面迎头相撞的战争，把侵略者变成了游击队或恐怖分子，但它使全世界不同的文化认识到，地球是不可分割的整体。东西方关系改善，核威胁解除后，波斯湾爆发了一场常规战争。战争可能是一种节奏较快的文化对一种较慢文化加速的结果。最近的海湾战争是一个明显的例子，但战争是非常痛苦的接受教育的方式。你可以把战争视为一种崩解，以虔诚的态度去探讨它，或考察它背后的突破。在重大的崩解中，敏锐者会看见两种情况：（1）这样的情况不会以完全相同的方式再次发生；（2）对这类事情何以发生求得虚拟理解的时机已经到来。以下引文是威廉·欧文·汤普森的评论。1983 年 12 月，是麦克卢汉抑或是作者奥威尔对《一九八四》小说里的事态有更好的理解，汤普森做了这样一段论述：

民族国家将要在另一个历史层次上整合，在今天全球冲突的累积性里，你可以看到一个明确的迹象。在非洲和北爱尔兰，部落攻伐部落；在中东，一个民族攻打另一个民族；在世界各地，民族国家交战随处可见；法国农民洗劫西班牙和意大利卡车，美国或以色列战机摧毁叙利亚的导弹。这正是全球通信形

> 式使人人接触一个地球文化的结果。传统形式的身份认同受到威胁，正在为生存而与恐怖分子的歇斯底里进行斗争。但通过全球化的通信手段，身份认同的斗争立即回放在世人面前，被恐怖分子利用。电视的消极利用只能起相反的作用：强化各民族的全球一体化，结成一种新的世界文化。[1]

几年过去了，虽然有些人仍然在玩大致相同的游戏，但情况已发生戏剧性变化。全球化已经从人们意识的背景中走到前台。

卡尔扎蒂批注

在这里，我们可以说（转折点是另一场危机：9·11），全球化泡沫破裂了，我们目击了根据民族国家和认同的世界秩序的重组。实际上，这是对第二次世界大战前威斯特伐利亚（westphalian）局势的怀旧。然而，此间究竟发生了什么变化呢？大众消逝/碎片化了：全球化浪潮使人的命运个体化，把社会关系和纽带的崇拜置诸脑后。在这一点上，想想脸书如何把社会关系和纽带变成纯量化的问题，把“分享”的概念商品化，就足够了。

〔1〕 威廉·欧文·汤普森（William Irwin Thompson），《作为文化感知的历史》。

第六节　从切尔诺贝利到柏林墙：崩解

在切尔诺贝利（Chernobyl）核事故中，人们开始认识到核技术存在巨大而不必要的风险。苏联人以苏联版的“三里岛”（Three Mile Island）核灾难效仿美国人。但他们在西方人跟前丢脸了，因为他们的报界对这种全球性核污染的报导表现不好。这件事给了他们启示，促使他们立即从欧洲前线撤退核力量吗？也许，这一事故与他们撤走核力量没有关系。但在更大的语境下，戈尔巴乔夫（Gorbachev）也许在切尔诺贝利事故中发现，有必要改写东西方游戏的规则，要适应媒体形象游戏的新情况。柏林墙修建时，麦克卢汉就写道，它抵挡不住节奏快的西方文化对比较慢的东方文化的压力。戈尔巴乔夫拒绝派兵去东德镇压反对昂纳克（Honecker）的抗议示威。柏林墙的倒塌转化成了第二次世界大战后东西方关系最大的突破。

人们常想，危机发生在云遮雾罩中，你完全看不清形势。但危机自身常常会揭示其模式。爱伦·坡[1]的《大漩涡》（*Descent into the*

---

〔1〕 爱伦·坡（Edgar Allen Poe，1809-1849），美国小说家、诗人和记者，侦探小说鼻祖，著有《乌鸦》《莉盖亚》《莫格街凶杀案》等。

Maelstrom）很精彩地描绘了从崩溃到突破的过程。一位水手偕兄弟行船掉入了大漩涡。恐惧中的兄弟抓住了桅杆。水手发现，陷入大漩涡的大船被卷进去，沉入海底，粉身碎骨，仿佛是被自己的重量拽到海底；相反轻巧一点的东西浮出水面，得益于向上的逆流。于是，他做出了一个重大的决定，说服兄弟失败以后，他抓住一只木桶扔到船边，纵深跳下。木桶把他救起，他在漩涡的外围安全逃生，眼睁睁看着兄弟与大船一道沉了下去。

第七节　突破来自于对崩解模式的研究

20世纪70年代的衰退使政府开支调整方向，从20世纪60年代支持消费主义转向了目前支持赤字经济的互动。一种有趣的危机回应是股权债务再融资（equity debt-refinancing）。巴西政府拒绝兑现国债的利息时就是这样的回应。具体做法是买进债务，发挥减税、退税和优惠的杠杆作用，以便在地方经济中培育股权。这是真正的突破，因为它把良好的商业意识——保护投资免遭损失——和对发展中国家的巧妙援助结合起来了。

危机管理在过渡时代特别有价值。今天的转折是，从所谓“西方世界历史”转向“全球历史”。由于传播的速度像思想一样快，严格的地方经济不再有意义，就像严格的地方生态不再有意义一样。每一秒钟，我们都被全球大事捆绑在一起，就像天气把我们捆绑在一起一样。我们的商界及其危机很适合这个剧本：当行政主管理解自己是处在大布局和更大的语境里时，情况会更好。回头看困境的具体情况，总有时间的，无论那困境是关于国际通信标准的问题，还是雇员对计算机化抗拒的问题。和大公司一样，政府常受管理不善模式的责备，但政府困难的高能见度很复杂。下一次危机到来时，政府应该上电视解释，他们在努力维护公众的信任，这就不至于威胁政府的体制了。为了妥善地维护公众的信任，政府要懂得如何激发媒体的权威性、精准性、同情心和镇静力。

唯一可以肯定的是，我们迄今已经认识到“未来并非过去那个老样子”。下一个阶段应该认识到，我们是一种新全球化文化的原始人。为了从纯粹危机受害者的地位上升到探险者的地位，我们必须要具有关键时刻做出关键决断的意识。

以下第八节是2019年增写的文字。

第八节　恐怖主义、民粹主义和移民

有一点东西一直在烂下去，它不是在莎士比亚笔下的丹麦王国里，而是在全世界，羁延很久了。第二次世界大战后不久，西方国家在中近东的干涉使该地区两极化，加重了深层的割裂，不仅表现在以色列与其阿拉伯邻居的对立中，而且近年来表现在穆斯林宗教派别之间。我们正在目击西方文艺复兴时期可怕场景的回放：两个兄弟姐妹般的宗教本来建立在兄弟友爱之上，现在却互相攻伐，大打出手；他们被利用或者更准确地说被滥用了；他们习惯于合法的宣传，而宣传只是为了控制领土的赤裸裸的利益（不仅仅是为了使国王的婚姻合法化）。如今这个时代更糟糕，因为不知羞耻的宣传为更卑鄙的武器贸易服务，为石油寡头服务。文艺复兴时期的战争历时两百年，方才平息。今天的战争也许不那么持久，因为通过即时通信的一切事情发生得更快，但纷争的尽头还是看不见。速度的压力已转化为圣战恐怖主义，它已经分散到全球；叙利亚战争使西方国家极化，各自站队，但都是为了武器和石油贸易的利益。后续的爆炸迫使受害地区的东方和非洲移民逃亡。循环往复的部落主义和猖獗的腐败合成的灾难性后果压迫当地居民，使他们失去生存的希望。反过来，压抑不住的移民潮对欧盟的团结构成压力和威胁，在如何管理移民的问题上，欧盟国家存在分歧。真假新闻为同样的宣传驱力火上浇油，为民粹主义领袖打造了通向权力的坦途，也为脱欧的英国政客和其他自私自利的政客铺平了道路。

1992年，《大西洋月刊》（*The Atlantic*）刊发了一篇文章《圣战与麦克世界》（*Jihad Vs. McWorld*），作者是本杰明·巴勃（Benjamin Barber）。只需更换几个专有名词就可以在今天重印。比如，开篇的几句话是："当前时事的地平线外可能有两种政治未来，两者都暗淡，且都不民主。第一种未来是战争和血泊中人类大片区域的重新部落化（……）；第二种未来是……由于音乐电视、麦金塔什电脑（Macintosh）和麦当劳的重压，民族国家正在变成商业同质化的全球网络：一个被技术、生态、通信和商业结成的'麦克世界'（McWorld）。"

巴勃首先解释"麦克世界"："四大指令构成麦克世界的动力：市场指令、资源指令、信息技术指令和生态指令。它们缩小世界、减少民族边界的显著区分，合起来相当成功，压倒了派别性和特殊性，尤其是压倒了派别性和特殊性最有害的传统形式——民族主义。"

接着，他解释"圣战"（Jihad）："欧佩克、世界银行、联合国、国际红十字会、跨国公司……数以十计的机构反映了全球化。但面对世界上真实的行为体'民族国家'，这些机构常常像是效率不彰的反应堆。面对永久性反叛统一和整合的亚民族派别，它们的效率更不显著。甚至面对代表普世法则和公义的行为体时，它们也是效率不彰的'反应堆'。新闻标题常常突出反叛统一和整合的行为主体，包括：文化而不是国家；部分而不是整体；宗派而不是宗教，以及反叛的派别和异见的少数派，它们不是在向全球主义宣战，而是在与传统的民族国家交战。"

为什么这些机构效率不彰呢？因为另一个新的全球性压力因素使情况更加糟糕：我们进入了透明的世界。“数据经济”正在发生，形成深层、弥漫和加速的浪潮。系统的变革正在进行，首先是一个不可抗拒的走向透明性的趋势。数字化技术在增强，即时发生，无所不在，在虚拟现实里引进了透明性这个新的维度。我们的智能手机使我们成为一个全球超文本的节点。我们浸泡在云计算、物联网、大数据、社交媒介里。时常不断的连接是极端浸淫式的，但它同时又向人们透露支撑权力的信息。其效应之一是揭露西方民主体制深刻的虚伪。

透明时代又是怀疑时代（era of suspicion）（借用法国作家娜塔丽·萨洛特[1]的神秘字眼）。自1989年以来，详细揭秘的案件纷至沓来，从34件跃升至150件。最著名者当然是朱利安·阿桑奇（Julian Assange）和爱德华·斯诺登（Edward Snowden），他们都处在外国脆弱的保护之下。为什么诸如此类的揭秘案件会突然增加呢？[2]这是因为由于互联网上的不慎行为，谁也无法长期逃遁，连昔日受信赖的机构也不能幸免，还因为这些揭秘有证据支撑，不是单纯的指控。这说明，即使坚实、强大、可信的大众汽车也因碳排放撒谎而遭遇严重的名声受损，这要归之于一切事物悄然无声的透明性。另一方面，如果你遵循揭秘的范式，从维基揭秘、瑞士揭秘、梵蒂冈揭秘到巴拿马文件（Panama Papers）和天堂报（Paradise Papers），你大概就会得出结论：当初针对机构秘密的矛头，如今也

---

〔1〕娜塔丽·萨洛特（Nathalie Sarraute，1900-1999），法国犹太作家、文学家、律师，著有《向性》《陌生人肖像》《怀疑的时代》《行星仪》《金果》《语言的应用》《童年》等。

〔2〕揭秘根本不是新现象，可回溯至1778年，是年7月30日，美国国会制定了保护揭秘人的第一部法案。

砸向个人了。

同样的原因又可以解释法国的黄背心运动和法国大革命。人们被社会差距激怒，奋起反抗。他们的购买力降低、税费增加，和富豪的奢侈反差很大；在民主的掩护下，富豪们贪婪，从纳税人集体的慷慨中获益。

实际上，全球采用互联网以来似乎在发生这样的事情：我们经常与西方民主国家联系在一起的公民自由和保障逐渐被侵蚀。在不曾有过公民自由和保障的社会里，个人隐私消失得更快。

新加坡是智能手机渗透率最高的国家，它也把公民置于永久性监控之下。这样做既有好的理由，也有不好的理由。无论你怎么想，有一点是可能的：新加坡正在设计一个社会工程的新模式，它可能被用于其他地方，尤其人口受恐怖主义威胁的大型聚居区或旅游目的地，比如法国的尼斯或突尼斯。这样的技术－伦理模式在意识形态上未必正确，却是合乎逻辑的。

在一切机构和企业中，治人者和治于人者之间必须在互相信赖的基础上签署新的社会契约。我们个人的责任也在转变，从自我中心（与内疚相关）到互相联系和世界中心。今天，在自动电子系统的监控下，人们越来越遭受连续不断的监控。在有些国家，行为受算法控制，责任从自我转向几乎是自组织的全社会秩序，包括最终优先考虑环境保护的责任。如此，在经济的未来里，可持续发展的呼唤是另一种根深蒂固的驱动力。

第十二章　巴别塔与耶利哥

第一节　技术和心理灾变的设计隐喻

耶和华降临，要看看世人所建造的城和塔。耶和华说："看哪，他们成为一样的人民，都是一样的言语，如今既做起这事来，以后他们所要做的事就没有不成就的了。我们下去，在那里变乱他们的口音，使他们的言语彼此不通。"

——《圣经·创世纪》

在这段最古老的文字里，《圣经》认可语言具有无穷的上帝般的力量；语言是创造、形塑和指令物质的第一款软件。因为"人的后代"被赋予语言，所以除了语言的混乱外，没有任何东西能阻止他们。巴别塔〔1〕与耶利哥〔2〕都是软件灾变。前者是悲剧，后者是喜剧。巴别塔交流的瓦解说的是一个经典的狂妄故事，酷似希腊神

〔1〕 巴别塔（Babel Tower），为了阻止人类修建的通天塔，上帝让人类操不同语言，不能沟通，计划受挫。

〔2〕 耶利哥（Jericho），亦译作杰里科，是约书亚率领犹太人出埃及渡约旦河后攻打的第一个城镇，据《圣经》记载，祭司吹响号角，城墙神奇坍塌。

话：巴别塔的设计师们受惩罚，惩罚他们的正是他们引以为骄傲的东西——语言的普世性。

耶利哥的陷落提出了另一种选择："他们吹的角声拖长，你们听见角声，众百姓要大声呼喊，城墙就必塌陷，各人要往前直上。"(《圣经·约书亚记》)。三种声音的混合是攻陷耶利哥的必要条件：羊角号声、喇叭声、呼喊声。无论你如何解读这一规定，它都指向一种信念：声音能摧毁最难逾越的障碍。耶利哥的胜利是软件对硬件的胜利，它象征物理学上的一次革命、一个范式转换。今天，外面的世界就是这两种选择的平衡——巴别塔崩塌和耶利哥变形（metamorphosis）之间的平衡。

菲利普·奎尤（Philippe Quéau）把现代世界的问题置入巴别塔的视野中。他认为，巴别塔的问题不是设计师们不能互通，而是他们太相互理解。[1]今天的信息处理软件表现出兼容性和标准化的趋势，其中存在的同一性与巴别塔设计师们语言的同一性相仿，与其累积力量的危险相仿。今天的世界社会动荡、经济衰退，然而，我们无情的技术加速却可能给人一种印象：万事顺心如意。结果，我们走得太快，向着我们难以看清的命运前进，我们似乎正在集体奔向一种交感幻觉（consensual hallucination，威廉·吉布森语）。我们觉得一种灾变迫在眉睫，未必是巴别塔那样的灾变，而是法国哲学家勒内·托姆（René Thom）描绘的那种现象：在自身重量和速度的积累下突然达到逆转点。

在没有准备的情况下突然遭遇技术和社会的加速，的确会导致崩溃，两次世界大战就是充分的证明。这肯定是巴别塔式的崩溃。

---

〔1〕菲利普·奎尤（Philippe Quéau）讲演词，"Babel，" Cologne（November，1992）。

不过，我们正在习惯于加速度。计算机在加速我们的心理反应，我们反应的时间比飞机、火车和汽车快得多。计算机还在使全球电子网络的活动组合、统一和同步。我们开始感觉到，这样的统一是由电磁场电流的巨型波组成的。这就是可能摧毁城市和民族国家的声波。我们期待的逆转不是灾难，而是变革：人类的崭新形象。

西方的技术和文化遗产来自于单一的源头：拼音文字文化。希伯来人、希腊人和罗马人都是《圣经》里的人。三千多年来，《旧约全书》和《新约全书》提供了西方文化的脊梁和指南，但西方首要和主导的信息处理系统一直是字母表（直到电能出现）。字母表一直是西方文化基本的程序设计手段。西方文化衍生出典型的技术中心驱力，正是源于字母表。字母表就像是文化加速器，它充分利用语言的清晰度把思想转化为技术。技术的诱惑始终存在于希伯来传统中，大概来自于他们对语言的掌握，高性能的正字法赋予古希伯来人掌握语言的优势。

然而，希伯来人又惧怕自己创新的后果。恐惧来自于他们那种字母表偏重辅音的属性。因为闪族文字不表现元音，所以文本绝不可能完全独立于语境。如果不通晓希伯来语，阅读其文本是绝无可能的；若不广泛了解文本的语境，阅读希伯来文本也是很困难的。因此，大多数（即使并非所有的）希伯来文本都必须指向一个共同的、共享的基础，它不容许许多概念上的决裂。在那个意义上，知识是神圣的，不能篡改。在深厚虔诚心态的约束下，拼音文字必然是颠覆性的，因为它用语言而不是图像来使思维对象化。看见你的思维写下来，这就容许你加工、提炼思想，回头细察并修订思想。拼音文字的表达拓展了思想，使思想复杂化，使思想加速。它招引语言的探索，促成“随笔”的诞生。创新的诱惑、独立思考的诱惑已然潜隐在夏娃的欲望里，她想尝尝知识之果；那样的诱惑想必是很强大的。然而，若要古希伯来文的读者体会到纯思想游戏的自由、为创新而创新的自由，同时又不感到内疚，那是很难的。在希伯来传统中，不仅经不住诱惑有罪，而且只想想诱惑也是有罪的。

相比而言，任何人都能阅读用罗马字母表书写的任何东西，无论它所代表的是什么语言。罗马字母表允许文本的阅读和语境的知识有相当大的独立性，从而使文本完全从源头上脱离语境了。

卡尔扎蒂批注

雅克·德里达（Jacques Derrida）[1]称："一切都是文本。"他的意思当然是：一切都是语境。他当然明白，他的目标是解构西方思想的语法（即其理性的/字母表的基础）。现在的问题可能是：数字技术到来后，发生了什么变化？数字技术给内容（实际上是任何信息）的加速和便携性加油，意义已经超出内涵的范围，就是说，超越人忠实/批判地处理信息的能力。这就意味着，数字技术导致意义的某种升华，最后只剩下语境，即支撑它的网络布局。值得强调的是，今天，我们在线上共享 60% 的信息有一个寒暄的功能，纯关系的功能。于是，技术真的就成了讯息：它用自己网络化的"本性"占领了知识和交流。这就意味着，我们分享的东西首先是技术的运行方式，即技术对现实的算法形塑，这肯

〔1〕 1984 年，在康奈尔大学举办的美国和苏联非常现实的核战争威胁研讨会后，我和德里达（Jacques Derrida）共进复活节午餐。"一切都是文本"就是他的简要回答。他借此反思他说过的一句话：潜在核战争浩劫真正的戏剧性不是人类生命的巨大损失，而是世界档案的损失。我问他，他所谓的世界档案是否排除一个例外：文本基本上是人在某地写下的某物，并不包括人的声音。——卡尔扎蒂注

定不是线性的（像基于字母表的文本），而是量子似的：异质式、分布式、可变式。看似矛盾的是，今天唯一“真正的”、含有内容的文字很可能就是算法的书写 / 编码。

罗马文字的读者并没有真正的或紧迫的需要去参见无所不包的语境，也没有理由因梦寐以求的共同知识替代品而感到内疚。以文字形式，语符字串的无穷组合、重组和排列信马由缰，创造出小说、理论和科学实验。直到今天，我们还把自己自由思想的习惯、坚持不懈的技术驱动力归之于童年期上学时的字母表化的文字。此外，我们与技术创新的关系应该从这种非希伯来的视角去考虑，新巴别塔式灾变的威胁应该重新评估。

《圣经·创世纪 11》并没有明示，上帝如何搞乱语言以驱散修建巴别塔的人。也许他用了文字。巴别塔神话隐藏的历史背景可能是闪语文字，闪语文字借自埃及的象形文字，它强调语音表达胜于语义表达，凸显方言差异和共同语的专门用途。字母表文字产生爆炸性后果，相反，会意文字的力量维持了埃及和中国几千年的稳定，虽然它们有方言和语言的巨大的地区差异。如果你对这两种情况进行比较，上述假设就更有说服力了。

卡尔扎蒂批注

这一点极其中肯。于是我们问，如果会意文字有利于稳定，字母表文字有利于变革，算法语言又引向何方呢？算法语言的“加油”原理又是什么呢？算法隐含着“现实”的翻倍，就是说，它可能形塑“真实的虚构”（factional）；当然，这里的“现实”时常重新组合/重新构形，与其说是走向变革，不如说是变革本身：变革是持久的（实际上是元危机）。在这个方面，我们能论述日益加重的虚拟化现实。

字母表是火药桶。读写文化产生许多分裂的后果，其中就有几次爆炸，典型的事例是文艺复兴时期印刷术的发明。拉丁通用语分裂为几种通俗语，神圣罗马帝国分裂为城邦，中世纪的宗教统一分裂为罗马天主教改革派和新教。这几次爆炸产生了凶猛而持久的战争，但西方的书面文化革命最一以贯之的影响也许是纵向结构一步一步被拉平，转换为横向结构了。

卡尔扎蒂批注

这绝对是真的。所以我们不妨问，现在正在发生什么变化呢？可以说，技术的算法逻辑正在用量子论来重构社会空间：量子力学证明，在亚原子层次，能量有时像粒子，有时像波。这也是在算法影响下今天的社会（和文化）如何被重构的样子：既不像是网络（隐含着节点的同质杠杆作用），也不像是齐格蒙特·鲍曼（Zygmunt Bauman）所谓的“流体社会”（这是他对后现代状况的表述，十分中肯）。更准确地说，社会被重构为现象的集合，现象不能单独研究（量子力学所谓的“纠缠原理”，和格式塔理论的思想共鸣：整体大于部分之和）。现象含有的意义因解释框架（海森伯的“测不准原理”和玻尔的“对偶原理”）而变化。由此可见，社会和文化有时如蒸汽，有时如液体，有时如固体，但其首要的固有属性是易变性、不确定性。

字母表控制统治阶级尤其商人阶层之后不久，纵向的封建等级制度（上帝赋予的权力）逐渐向横向的民主制度转变。从中世纪盛期到文艺复兴晚期，建筑发生了深刻的变化，罕有其他迹象更能说明这样的变化了。一种“横向指令”改变了设计和思维的取向。思想从自上而下、上帝赐人的关系走向接地气的观念，典范的观念有伏尔泰著名的一句话“种好咱自己的园地”（Il faut cultiver notre jardin）。至于设计，科龙大教堂是巴别塔灾变前垂直性的完美例证，修了几百年，由操共同语、有共同信仰的人们建成。那个时代之后，建筑物改用了书写的横向线条、追求对开本那样的忠实对称。希腊字母表的发明具有强大的爆炸性，同时它又是人类对巴别塔被驱散的报复，这似乎是一种悖论。除了俄语和其他斯拉夫语外，希腊字母表很快就成为一切印欧语的标准文字。字母表是西方的第一种信息“通用载体”。它提供强大动力，凸显地方语和通俗语，强调欧洲语言社区里的地域认同和地域文化。与此同时，它又提供了国际贸易、交往和技术迁移的共同基础。在认知层次上，字母表文化成为阐释意义、构建意义时一切感官参照的共同源头。用字母表读写的人倾向于把感知经验转化为语言结构。这出自于他们的一种习惯：把铅印的成串字母转化为感知形象，以弄懂他们阅读的文字。

今天，新的“常识”是数字处理。通过数字化，一切信息源都同质化，成为成串的 0、1 序列了。信息源包括物质现象和自然过程，还包括我们的感知模拟，比如虚拟现实系统。部分“耶利哥效应”来自于电码的功能：渗透一切物质，将其转换为电码。电能从字母表开始起飞。今天我们再一次感受到加速引起的激动和焦虑，其原因就在这里。

第二节　新设计师

新设计位于计算机内外。它是由电缆、光纤和赫兹及卫星支持的通信网建成的。它构建程序和数据库的可操作性，也构建国家和经济的功能。这一切系统和网络是一种单一的、超大技术的支流，这种技术就是电能。电能是单一的通用新语言。它本质上是内聚的和内爆的。为了使用且增大市场价值，创新的通信技术比如数据网、视频文本和视频会议系统都需要最大限度的互操作性和共同的标准。系统生产商和开发商总是倾向于开发专属的标准，这是从巴别塔式的机械时代继承下来的本能的经济反射，然而，总的趋势总是走向一体化，而且，市场本身最终总是要消灭不守规矩的玩球人。计算机赋予我们掌控屏幕的力量，容许我们使信息处理个性化。正在走向全球化的不是世界，而是我们。

这是好消息。坏消息是，每一种技术都产生一种截然对立的逆反应：全球化助长超局部化（hyperlocalization），给世界许多地方带来社会动荡、各种各样的种族主义和武装冲突。这就是双刃剑式的巴别塔悖论，存在于地方认同和忠诚的重新定义里。随着全球化程度的提高，人们将更加强调自己的地方身份认同。重访巴别塔的威胁潜藏在海湾战争、索马里战争和前南斯拉夫战争中。令人遗憾地说，目前这条线的更新并不令人鼓舞。

然而，集体无意识里的巴别塔梦魇未必从当前的政治和伦理问题渗透而来。我们经历了太多暴力和普遍的冲突，还没有讨论巴别塔的问题。巴别塔式的恐惧来自于我们新发现的对物质和生命的控制力的深层意蕴，这种控制力隐含着社会、政治、心理和宗教后果。新设计师是核电工程师、分子工程师、基因工程师。新巴别塔是一种双螺旋结构，新的巴别塔梦想是基因组测序工程（全人类基因密码转录）。这是世界上意图最善良的研究项目，却可能赋予遗传工程前所未有的社会控制权力。

我们的遗传密码是我们下一个层次的通用语言。不久就应该明白的是，自然力量和文化力量的某种平衡本来就嵌入了拼音字母表。字母表的形象仍然居于对 DNA 和 RNA 关系的解释中。重组基因工程容许基因指令组脱离原来的背景，并被植入另一个不同的细胞：来自另一个人的细胞，甚至取自另一个物种的细胞。

实际上，我们正在踏上完全控制自然的旅程，我们对人造现实（artificial reality）词汇的偏爱充分说明了这一点。“虚拟”现实、“赛博”空间、“真实”时间、“人造”生命以及“内 -”（endo-）和“纳米技术”等词语都受人喜爱，正在以扶摇直上的曲线增长。它们是“赛博人”（cyborg）趋势的语言征兆，这个趋势谋求混合有机体领域和技术领域（这是新兴数字孪生体、共生自主系统和超人类主义的远景预测）。攻击性日益增加的技术与我们身体的关系既不确定又不安稳，这姑且不论，新设计师更加紧迫的问题是，生物技术领域对人类命运构成了令人满意的技术支撑。专家们是否掌握了正确的语境，是否真有依托研究选项的语境，并没有绝对的把握。医药利益集团已在申请专利，目的是控制首批认证的发现。但这一事实并非注定让人放心。我们沦为工业－军事复合体的人质，已长达几十年之久，如今又遭受一种身体被攫取的新威胁，这就是工业－医药复合体的威胁。

科学家和技术专家忙于用文艺复兴人的旧模式来完善我们的身体和头脑，另一方面，我们日常的技术却在悄悄地改变着我们，过时的科学范式难以识别这样的技术。科学塑造的人的形象是一台完美的机器，零件可以更换。在基因工程里，人的形象略有改进。只有你知道如何修正程序时，机器才可以根据规格来装配自己。人类健康的未来体现在《银翼杀手》（*Blade Runner*）里杀人魔的概念中。恶性循环容易预测：科学技术将要打造科学平衡的有机体，以完成科学而精心的运算，直至完美。计算机制造这台机器的肌肉，该机器却没有灵魂，因为除了它科学 / 机械人视野中的运算型的自我，任何东西都没有容身之地。倘若这真是我们走向的未来，毫无疑问，我们就需要一种巴别塔式的灾变来避免那样的命运。

但事实上，这不是我们走向的未来。预告现实时，科学并不会胜过幻想。比如，关于美国新的"政治正确"（political correctness）运动深层的、很大程度上不自觉的隐形后果，科学家是一无所知的。"政治正确"的趋势像森林烈火席卷北美，波及欧洲，这是对文化压倒自然的威胁做出的反应。科学技术控制人类的最佳形象，这造成恐惧，"政治正确"可能是无意识的草根反应。"政治正确"积极分子的态度有时令人感到压抑。无论我们怎么反对这样的态度，"政治正确"还是值得探索的。每个社会成员，无论其种族、肤色、性别、健康状况、教育水平、贫富状况和阶层、有无个人特点，都享有平等的地位，这个概念总是值得探索的。这可能把我们从巴别塔灾变中解放出来。

第三节　艺术来救援：多看，多听，多感觉

科学不知道我们正在走向何方，因为它已放弃考问宗教缘何贬值。科学并不能知道未来，因为它几乎不能评估现在。大多数科学家迷失在概念的旋转、理论的连锁以及过分简单、令人瞠目的简单化实验中，只剩下最粗糙的感知了[1]。

亦如卡尔－海因兹·斯托克豪森（Karl-Heinz Stockhausen）所言，今天我们应该“多看，多听，多感觉”。这是艺术家的主张。除了艺术家，很少有人能预言现在的情况。如今，我们的技术已经使我们能多看、多听、多感觉。但是，任何美国大学里自尊心强的心理学家都不愿意考虑，我们感知经验的延伸可能对我们的心理经验产生回馈效应[2]。今天艺术家的作用一如既往地是为公众恢复较大范围的语境，过去，专注文本研究的科学失去了大的语境。

然而，斯托克豪森的建议不是要我们满足于电视让我们看到海

〔1〕我想在此为三十年前这句鲁莽的话表达歉意，当时觉得，科学家在研究进程中似乎缺乏语境和伦理关怀。通过分析和仿真，现实的危险和更广阔的视野至少使一些科学家重新聚焦，使他们的研究瞄准人类总体的福祉了。

〔2〕在此，我想再次修正意见。今天，我们不必征引麦克卢汉的话就可以确认，技术的确对人的思想和行为方式产生重大影响，我们可以把这样的影响纳入心理评估之中。考虑社交媒体对政治情绪的影响，考虑手机对儿童的影响，就足以说明问题。

角天涯的事情，不是要我们惊叹电话带来了远方的声音，也不是要我们学习触摸屏幕和虚拟现实。他的建议是，我们让感官教会我们成为新人，更好地适应人类真正的维度，我们的自然感官难以感知这样的维度。研究新媒体和新机器的艺术家的职责不是赞扬或谴责技术，而是弥合技术和心理的鸿沟。在约翰·桑伯恩（John Sanborn）的视频里，在卡尔·西姆斯（Karl Sims）的计算机图形里，在迪特·容格（Dieter Jung）的全息术里，在莫妮卡·弗莱什曼（Monica Fleishmann）的虚拟现实里，都有我们用技术表现的艺术形式。它们只不过是拓展的隐喻，表现我们经由技术延伸的感知。“远程敏感度”（tele-sensitivity）之类的新词只不过刚开始描绘艺术家的新职责。

“多看”不仅是要看得更远，而且是要超越围墙的局限，超越目前的眼界。那是要培养目光新型的精准和弹性；既要看到背后，也看到眼前；不是仅仅面对面感知世界，而是全方位感知世界；这是要多角度拓宽视野，同时凝视多种对象，仿佛在用全世界的照相机看，我们成了新的百眼巨人（Argus）。

“多听”就是要知道如何发现声音背后的声音、城市喧嚣背后的声音、媒体嘈杂背后的声音。“多听”就是要与戴维·海克思（David Hykes）和泛音合唱团一道去学习。数百年来，我们淡忘了支持意义的和声，而和声是我们知道如何聆听的声音。数百年来，我们分不清环境里回响的和声与混成的和声。约翰·凯吉（John Cage）说，寂静是环境里全部声音的总和。他还说，寂静是有活力的。

“多感觉”最重要。炼金术士帕拉塞尔苏斯（Paracelsus）说，耳朵不是肌肤的延伸，肌肤才是耳朵的延伸。当然，我们学会读书写字后，就学会了把头脑里的无声内容关闭在肌肤里了。我们学会把肌肤用作排斥性设备。我们恐惧触摸，害怕身体接触，既害怕触摸他人的身体，也害怕触摸自己的身体，害怕触摸任何人的身体。如此，肌肤似乎就只能伤害人了。它需要层层衣服保护。我们的隐私需要保护。

对人体的电子延伸而言，这样的肌肤感觉是令人厌恶的。麦克卢汉说："在电力时代，我们身披全人类，人类就是我们的肌肤。"这句话很精彩。肌肤作为交流工具并非保护工具，完全讲得通。不太为人注意的美国心理学家尤金·简德林（Eugene T.Gendlin）首创"感受到的意义"（felt-meaning）这一概念，用以描绘身体处理信息的方式，其速度和精度都堪比头脑。这一概念为我们开辟了触觉感知的新领域，超乎个人身体的局限。我不能看电视上太多的暴力，并不是因为我害怕，这会使我麻木——许多缺乏想象力的人就急忙这样说，而是因为我不能在神经肌肉反应中承受太多的打击。

少数人的暴力是许多人的麻木不仁引起的。"多感觉"就是为了恰当理解我们即将进入的世界，这是避免巴别塔式灾变的途径。为了拓宽我们社会心理责任的范围，为了发现一种新全球集体文艺复兴，艺术家的角色最为重要。真正的问题是改变我们的感知，而不仅仅是改变我们的理论。

卡尔扎蒂批注

这就是为什么我们要说，不厌其烦地探讨人工智能、共生自主系统和今天的技术社会对我们的生存境遇是健康的，重新从头思考我们所谓"人""环境"和"机器"的可能性尤其是健康的；重新思考生命、欲望和责任，也是这个道理。我们比任何时候都更需要一种全息视野：伦理不再脱离审美的视野。

通信艺术帮助我们认识到，我们是视野更开阔的人。我们从天空回望地球时发现，我们集体的实体之躯就和地球一样大。交互式艺术和传感器界面的增加使我们意识到，我们正在把延伸的身心当作调谐机制，去监察地球的健康状况。我们应邀去重新界定我们的本体感受，以拓宽我们的存在点（而不是观察点），从我们所在的地方走向经技术延伸的感知容许我们所能达到的地方。

以下四节是 2019 年增写的文字。

第四节　恐惧和怜悯

我们生活在神话和神奇的时代，全球性演员正在实时上演世界大戏，把地球“变成一座舞台”（麦克卢汉语）。9·11 事件全球悲剧，像希腊悲剧一样——实时演出，通过电视传播，把事件和后续的场景传给每个人。那是晚近历史许多爆炸性的时刻之一，世界贸易中心双子塔可怕的内爆和坍塌成为其象征。不过，我们将其视为新闻，而不是神话。富有诗意的头脑方能理解其深层的神话意蕴。

今天动荡的世界充满焦虑。在下滑的经济里，在普遍贪腐的情况下，不可信的全球性演员管理这个世界，高涨的社会情绪已经就位，正在寻找类似古希腊悲剧的社会心理语境。他们把政治或社会腐败称为“瘴气”（miasma）。这种情况产生两种情绪：恐惧（phobos）和怜悯（eleos）。悲剧的作用就是用困境警示公众，提醒潜在的出路，今天，这个角色是由媒体担任的。质言之，纽约这座双子塔的炸毁是一场悲剧，全球性的大演员登台演出，国际媒体的大合唱对此进行评论。

全球各地的社会就是剧场里的合唱团，回应着全球性演员和地方演员。今天，合唱团通过推特高唱抗议和焦虑。数以十亿计的人评论一切，煽动即时的舆论潮和情绪潮。在这样的氛围中，在全球城市的情绪中弥漫着恐惧和怜悯。

第五节　恐惧与恐怖主义[1]

恐怖主义在许多人的潜意识中构成流动不息的背景，比核战争的幽灵更突出。恐怖主义使人有切肤之痛。镜像神经元模拟炸弹撕碎人群的后果。世界是一个整体，我属于它，每一桩恐怖主义袭击都留下一个疤痕，它击中我的存在点。我看见了自杀式炸弹和自然灾害的后果。它使我不安，使我无能为力。它袭击世界上大多数人的集体神经系统。它造成潜隐焦虑的气氛，媒体对完全无理性暴力的报导越来越频繁，使这样的焦虑维持下来。日益上升的恐怖袭击的怀疑使人防不胜防，它可能此刻就在这里发生。这样的氛围令人不安，这是全球性的不安。在全球性敏感的世界里，恐怖主义战争是对应的形式。波士顿大型马拉松赛终点发生的炸弹袭击（2013 年 4 月 15 日）给恐怖主义一个新的面具：既是专一的，也没有明确的目标，没有可识别的原因。恐怖袭击呈现出类似火山爆发的社会后果，其形式可能是单一的，可识别的个人在没有刺激的情况下对无辜人群的大屠杀（例子很多，令人扼腕，如瑞典、康涅狄格州、克

〔1〕 T. 奥康纳（T. O'Connor），《恐怖主义：理论与成因》THEORIES AND CAUSES OF TERRORISM，http://www.drtomoconnor.com/3400/3400lect01a.htm。

伦坂中学），也可能是源头不明的恐怖袭击。袭击有原因，但原因弥散在社会机体里，根源甚至不在袭击者的脑子里。恐怖袭击揭示了恐怖主义的深层背景，它们不是个人行为，而是集体不安里冒出来的行为。它们发生在社会机体较弱的地点，那些缺乏信心或没有设防的地方。〔1〕

〔1〕 恐怖袭击无以复加，绝对是千夫所指，但如同艺术的发生不受艺术家的绝对控制一样，恐怖主义的产生不受恐怖分子控制，反倒赋予人认识恐怖行为的能力。

第六节　怜悯与焦虑

萨特（Jean-Paul Sartre）将亚里士多德的eleos解读为怜悯或自怜，是自我在依附态度里的隐藏所。[1]在一切社会里，社会和个人福祉不安稳情绪的上升加重了普遍的无力感。我感受到的世界的压力仅仅是我身体所能承受的压力；我抑制这样的压力，让恰当的警示灯自组织起来保护我。但即使我忘记焦虑（anxiety），焦虑仍然在我的身体里稽留。我的恐惧和怜悯储存在哪里呢？格式塔心理学和应激治疗术揭示，人们在体内建构防护盾牌。当社会机体达到全球的维度时，它就需要新的防护策略。在全球尺度上，净化机制会是什么样子呢？

〔1〕萨特（Sartre, J. -P., 1939），《情感论》*Esquisse d'une théorie des émotions*（Paris: Hermann）。

第七节 净化与理解

Catharsis 一般理解为“净化”（purification）。这一解读使之与“瘴气”（miasma）即“污染”相联。其他的解读指向“缓解”，即心里紧张的释放，但罕有人指出其深层含义中的“理解”。根据亚里士多德的解读，Catharsis 源自于“anagnorisis”（理解）。俄狄浦斯王最终认识到，他本人就是他寻找的真凶。通过这个个人悲剧，观众发现，成为那个人的那个命意味着什么。今天所需理解的全球性悲剧就是认识到，自纽约双子塔被击毁以来，局势动荡的加速不仅是一帮恐怖分子的议程，而且是更大规模趋势的重要体现。这个趋势是：人类在全球要进行重构自己的自组织过程。这一过程的暴力不仅令人难以置信，而且令人不安，然一旦明白这个趋势，新的举动还是可以想象、学会并践行的。

在许多方面，创伤的愈合必不可少：相关的疗伤有防止全球气候暖化，适应难以逆转的气候变迁。对大人物领导能力的全球性信任危机使人思考并寻求名副其实的替代选择。新的伦理正在形成，却不明朗，因为它表现出间歇性，有中断，常弱小。新伦理的优先关怀是环境、世界和平和全球资源更合理的分配。为此目的，远高于政治动荡和技术变迁的是，个人行为和社会举措最重要。一种新的共同责任感开始在各种人心中油然而生。

但陪审团不会在这个问题上做出裁决。我们的处境极其脆弱，混乱在上升，而不是在下降。新神话不是隔离墙的坍塌，而是在修建隔离墙，不仅特朗普的美国在修，以色列新定居点周围和大门紧锁的社区在修，到处都在修。社交媒体和其他媒体的假信息喧嚣不止，其结果只能是：曾经团结的社区瓦解。毋庸赘言，“政治正确”踏上了“渡渡鸟”那样的灭绝路。种族主义和线上的极右团伙用假新闻火上浇油，病毒式的假信息产生全球的不信任和愤恨。像文艺复兴时期分裂基督教世界的宗教战争一样，新的宗教战争再次使两种兄弟姐妹般的宗教互相攻伐，点燃民族怒火。但这一次的暴力是遍布全球的，既残暴，又在局部地区难以预测。好的一面是，怒火终于平息并导向新的社会秩序，欧洲实现了这一局面，我们可以期待，这也是全球趋势。问题是，这一秩序还要等多久，过渡期会有多残暴。

我们终将实现一种新的人类形态，这有可能，但不确定。我憧憬的人类形象是，男男女女受社会约束，有严格的伦理行为指导。行为选择来自于体外，而不是内心。政治很大程度上已自动化，与毋庸置疑的传感器数据协调一致，数据广播的是地球全局的同步情况，而不是一个一个的民族。环境包括动植物的保护成为优先追求；社会福利将要确保，人人尊重生存与和平的共同规则。

第十三章　大众、速度和赛博文化

信息在使用中扩张，以光速传递。尤为重要的是，信息会泄露，有泄露的内在倾向。

——哈兰·克利夫兰（Harlan Cleveland）

第一节　心理技术

心理技术和信息处理的发展逐渐从私密心灵的世界转移到公共世界。在图像和信息处理上，电视屏幕取代了人脑，我们和电视屏幕的关系已然发生变化。每一个时代，连同其主导媒介，和我们与电视关系的姿态变化是契合的。我们与电视正面的单向关系引入了大众文化。计算机屏幕引进了双向的互动模态，增加了速度。一体化超媒体的效应是完全的浸淫式。我们处在新型深度文化的边缘，这样的文化在 20 世纪 90 年代成形。每当对某一媒介的偏重出现变化时，整个文化都随之变化。

第二节　大　　众

若要大致了解电视造成的总体场域，你可以想象全体国人在黄金时段端坐在电视机前面被催眠的样子，他们接收信息，不做出回应。受众唯一能影响媒介的方式是通过民意调查、购物模式和其他调查。广播媒介的能量模式是单向的，长驱直入受众心中，当被人们消费时，遭遇的抵抗微乎其微。这就为产品的推销和流通创造了有利的条件；广告的重点是劝说和包装。实际上，电视的黄金时代是无限广告的时代。电视的内容也就是一种新的集体意识的内容。这种主动的信息形成北美和欧洲文化的主流，又为其提供信息。

20 世纪 60 年代中期到 70 年代中期是由大众文化界定的。一开始，电子束扫描就在我们的神经系统上绘画，用通胀的扩张和攻击性的营销淹没我们的感知。电视时代目睹了一连串新现象：毕业生无拘束的世界旅游，宅人的迷幻之旅，一夜间冒出许多敏感性培训（sensitivity-training）学校，长寿法和心理治疗法，东西方交汇的幻想，行政主管的年休假，语言神话创造的新自由。所有这些令人兴奋的、理想主义的特征都是大众文化全盛时代的特征。

第三节　速　　度

20 世纪 60 年代慷慨、扩张的心态最终被 20 世纪 70 年代初增长有极限的心理取代；地球资源可能耗尽，计算机化的合理推论催生了这一心态。掀起 70 年代转折的新脉动始于哈德逊研究所的赫尔曼 · 卡恩（Herman Kahn），他对地球自然能源供给的预测令人沮丧。那是相当笨拙的主机式计算机测算的结果。到 80 年代，个人电脑和便携式微电脑已渗透各国市场，促使消费者成为生产者。新技术把我们与电视的单向关系变成与个人电脑的双向、互动模式。计算机屏幕建立了生物和电能、用户和网络之间的界面。

电视把大多数美国青年变成无忧无虑的嬉皮士，把光子打进他们乐意接受的大脑。然而，由于学会了使用计算机、遥控器、磁带录像机和便携式录像机与屏幕对话，一些年轻人恢复了足够的自主性，放弃了自动、机械反射式的消费主义，并迅速成为成功的企业家。80 年代目睹了“速度文化”和网络化的崛起。甚至早在 70 年代末，规定性的迪斯科音乐用它合成器里的赫兹钟形塑时间，并形塑新机器的“灵魂”。速度文化在传真机的普及中达到高峰，使我们迅速进入塑形、精简的企业经营，以高技术的风格和内容为时尚。嬉皮士迅速被雅皮士取代了。

第四节　赛 博 文 化

现在，由于我们用目视传音装置、数据手套和数据套装渗透了屏幕，我们就进入了第三个媒介时代：赛博文化时代。赛博文化是大众乘以速度的产物，因为视频技术被计算机技术强化了。高清电视（HDTV）是这种乘法的范例。高清电视的深层讯息不是更高的清晰度，也不是更高的分辨率，而是指更强大的建构力量。高清电视经过计算机的培训，是由数百万计的互动像素构成的。每一个像素都可以为一条具体的指令寻址。高清电视的形象不是由数百万个平行处理器构成的树枝状系统。在 20 世纪 90 年代结束之前，我们将看到高清电视和神经网络结合的实验。那是为了建构非常复杂的、可培养的操作系统。

我们发现，内部空间拥有堪比外部空间的天地。我们在探索无穷小的基因、原子和分子场域，并将其产业化、推向市场。雅皮士去了，赛博朋克来了。赛博空间的商务多半在线上，用上了特大数量的计算、神经网络和专家系统，但这一点商务优势是高度个人化的，因为新的经理们不得不学会应对其他文化感受力的复杂性。赛博文化将寻求并找到其他社会的宝贵信息。西方技术在延伸，以便与地球上的其他文化相会。虽然电能是西方技术开发的，但在精神上和事实上，电力技术都更接近东方心理，而不是西方心理。因此，探索日本、印度、中国等东方国家的整个心理场域是很有价值的。

卡尔扎蒂批注

这一点很有趣：全球化带来了文化的混合和技术的混合。互联网被视为最佳的全球性媒介，然而，在本地化、在赋予它生命的文本、类别、多媒体形态中，互联网又有所调整，而文本、类别、多媒体形态又是很倚重文化（语境）的：互联网的使用和内容被调动并重新语境化，因传统（如文学、电影标准）、社会文化因素（如个人的压力和集体性）和政治视野（比如互联网民主性对威权主义性的理解）而有所变化。比如，我对西方作家和中国作家旅行作品的研究就源于这一点。鉴于第二版《文化的肌肤》特别针对中国读者，强调这一点就更为重要。我的研究和比较证明：中国的旅游著作有深厚的政治色彩，而旅游博客则倾向于思考，静态地表现中国（不涉及旅游者个人演化），更具有“古典”中国游记的神韵。不过，和西方作者不一样的是，中国作家和中国博客都从多视角描绘中国。概括起来，我提出以下观点：（1）媒介对文本特征和生产的影响更大，时序产生的影响次之；（2）技术总是受语境 / 文化约束；（3）数字平台（和虚拟领域）耗尽了我们外化和记叙经验的能力，将其转变为点彩派 - 自动化的过程（作为身份申述的地域化是典型的例证）。之所以如此，正是因为数字技术要求我们在不到场的情况下完成“外化”和“露面”，以便让他人体验我们，而不是把我们媒介化经验的自我给予他们（反过来，这会导致内在统一自主体的自我瓦解）。

第五节　1980 年前后的大众、速度和赛博文化模式

当信息以电的速度运动时，趋势和传言的世界就成了“真实的”世界。

——马歇尔·麦克卢汉

记住 20 世纪 60 年代是有困难的。杰佛逊飞机摇滚乐队的主唱格雷斯·斯利克（Grace Slick）说，凡是号称记住 60 年代的人都不可能是在那时生活过的人。实际上，一段时间过后对这段时间的回忆是一种永恒存在的徐徐展开，在 70 年代的石油危机以后很快就退场了。现在的情况是，我们仿佛难以忘记 80 年代的心态。我们用 80 年代的棱镜看 60 年代，看到黑暗的一面。

富裕生成了 60 年代的社会趋势呢，抑或是社会趋势生成了富裕呢？社会趋势促成了商务趋势吗？衰退和牛市熊市的拉锯引起了赤字经济吗？年轻人从嬉皮士变成雅皮士，发生了什么呢？历史地看，自由企业精神与马克思主义意识形态都倾向于看底线（bottom line），以解释人的行为和市场的行为。但这样解释一望而知，用处

不大。如果其他变数不起作用，我们就会看到这样的情况：底线实际上没起作用，效率是其证据。但我们知道，这不是事实。起作用的不是人的贪婪，而是其他什么东西。我的回答是：必须要找到更深层的基础，这个基础把所有的特征捆绑在一起。

第六节　20 世纪 60 年代初到 20 世纪 80 年代的商务趋势

以下几张图表有助于回答上述几个问题。察看前后情况的变化常常能揭示趋势，我希望这样的结果令人兴奋。表 13.1 比较 20 世纪 80 年代的主要商务趋势和 20 世纪 60 年代、20 世纪 70 年代中期的商务趋势（彼时，增长极限的神话用有限能源的前景打进企业界和政府）。许多趋势不必解释。把它们放在一起的理由是要指出这几个时期的一致性。看模式徐徐展开相对容易，因为各时期的特征含有交叠。这些图表的另一个目的是提供一些初步的线索，以分析技术 – 磁场（techno-magnetic fields）的行为。经济学家要我们相信，商务趋

表 13.1　商务趋势

	20 世纪 60-70 年代	20 世纪 80 年代
崛起的经济体	美国	日本
总体结构趋势	扩张（分支机构和有分销权的公司）	紧缩（合并与收购）
主导的金融神话	通胀	赤字
受偏爱的硬件	飞机和汽车（交通）	计算机（通信）
政府的角色	集中化（福利）	去集中化（私有化）
主导的投资模式	蓝筹与风险投资	房地产与共同基金
主导的商务意识形态	凯恩斯经济学（购买力刺激经济）	里根经济学（企业最了解）
主导的国际主义模式	跨国公司（在许多国家都有单项产业）	跨部门的（多种经营）

势常常反映他们难以驾驭的条件和情况，这些图表显示的结果与此相反。最后的结果显示，商务趋势和社会趋势至少有相当程度的相互依存。

表中所谓神话未必是不真实的意思，而是由于这样那样的原因吸引人并成为热词的源头。没有必要去证明，日本是企业崛起的明星，我们看见了一连串的合并、杠杆收购与并购。政府减少赤字的战略已取代70年代认可的赤字战略。伴随里根经济学的是社会计划的外科手术切除，自由主义政府的福利国家政策几乎被灭得一干二净，至少在英语国家达到了这样的地步。

卡尔扎蒂批注

这里所谓的神话预示着尤瓦尔·哈拉里（Yuval Noah Harari，2017）的“虚构”（fiction）观念，尤其它对虚构和客观现实的区分，就我们正在进入一个虚拟化的现实而言，这一区分越来越模糊了。

第七节　社 会 趋 势

看表 13.2 时，你可能会问自己：社会趋势和商务趋势，孰先孰后？真是个好问题。人们常说，我们高高兴兴地度过了 20 世纪 60 年代，那是因为有很多钱够所有人用。由于生存压力较小，婴儿潮那一代就有机会过轻轻松松的生活。实际上，今天流动的钱比那时多得多。约瑟夫 · 珀尔顿（Joseph N. Pelton）写道："全世界经卫星或电缆的电子转账的货币总值将近百万亿美元。"[1] 既然更多的地方拥有更多的钱，为什么政府、教育界、艺术界以及社会服务界的人士还要我们勒紧腰带，为更紧缩的预算做好准备呢？

70 年代末，几乎在一夜之间，在没有政府或教育部门多做提醒的情况下，大中学生而不是其父母停止服迷幻药和麻醉剂。为什么是那时而不是更早？为什么 80 年代那么多人戒烟（可能例外的是年轻女人、都市女人和专业女性）？与自我陶醉、安神养性的 70 年代相比，80 年代的民调显示 80% 的主流民众对环境感兴趣，这又作何解释？与此同时，在看似矛盾的趋势中，雅皮士尽可能推迟生孩子的时间，更关心健身而不是公职。无疑，这一切和索尼收购美国 CBS（哥伦比

〔1〕《未来学家》*The Futurist*，（Sept.-Oct. 1989）：10。

亚广播公司）、里根和撒切尔夫人砍社会计划没有什么关系吧？考察表 13.2 的有效性和相关性时，你可能想要开始探寻一种技术 - 文化场（techno-cultural field）吧。

表 13.2　社会趋势

20 世纪 60-70 年代	20 世纪 80 年代
生产主义	消费主义
自我中心（"我"中心的十年）	环境保护主义
重关系	重健身
嬉皮士	雅皮士
女性主义	丁克族（双收入，无孩子）
社交性（以及非社交性）吸毒	不吸烟
意识形态驱力	谨守账本底线

第八节 心 理 趋 势

表13.3不是试图把重要的变化与经济相联系，而是试图将其与信息处理媒介联系起来，这一媒介时代对文化、时尚和商务产生霸道的影响。电视使人放松，使我们的感知力放大为情绪，相反，计算机使那种放大的情绪紧缩为严密、精明的脑子和受控的情绪。

卡尔扎蒂批注

计算机诱发“瘾君子”似的、肾上腺上升的生物-心理蚀变状态（试想想，刚刚关掉计算机就要入睡是多么困难），但为什么是这样的状态呢？因为个人电脑和电视不同，电视是吸引人的媒介（像电影），要你做出回应：即使看电视的人消极，它也要求人合作（就像看连续剧：你必须/可以点击、下载、选定其中一集、关闭广告、快进等）。那不再是一种媒介体验，而是媒介大快朵颐——固然如此，但那不是使用者的大快朵颐，而是媒介“吃”人。

电视和计算机征服了工业世界，用自己非常独特的标准雕刻并形塑了企业的心理，构建了信息明达的特色政策，有助于其他政策的制定。

表 13.3 心理趋势

	电视（20 世纪 70 年代饱和）	计算机（20 世纪 70 年代渗透）
主导观念	大众文化，大量生产，无处不在	速度文化，即时通信，很重要
主要的通信模式	广播（单向）（给予人想要的东西）	网络（双向）（找出人想要的东西）
主导的营销态度	诱惑	精准
主导的商务战略	促销	会计
主要的隐喻源头	身体－感觉－触觉（触摸我,感觉我）	大脑 / 中枢神经系统(新机器的灵魂）
受欢迎的热词	神话，偶像，形象	逻辑，人工智能，专家系统
流行的神话表现	超人（X- 光线幻象，飞行）	2001 年的硬件抽象层（HAL）（指令与控制）

如果你用表 13.3 里的分类标题“电视”和“计算机”替换表 13.1 和表 13.2 的年代分类，你就会惊奇地发现，新标题实际上产生了更多的信息，比旧标题的年代分类更有意义。电视把我们变成上瘾的消费者，把外部世界带进我们家里，带进我们的自我。我们养成贪婪的胃口，寻求形象和商品。相反，计算机从我们的中枢神经系统向外投射，使我们能通达环境里的任何一点，在任何时候、为任何目的用上它，从而把我们变成生产者。年轻一代在小企业和新企业里忘我工作，而不是当瘾君子。经济的计算机化也是通向其他一切变革的关键，是当前国家的神经中枢。

第九节　大众人对速度人

大众人同质化，失去了个性。计算机世界的速度人对他人做出反应，强调差异。这个道理很清楚：电视大众人被广播网包围，掉进了意识产业（consciousness industries）为他挖的坑；计算机上显示的超速度人无处不在中心。抓住你在乡间僻径上超速时，连乡间的警察也能从手机上查找你在警署数据库里的记录。这种新情况是自相矛盾的：速度人周围的一切加速时，他就可以放慢速度了。身处事物的中心时，速度人不移动，他们的速度使他们即时通达事物和信息。速度人主要不是消费者，而是生产者和自主体。他们的生产和行为都打上了个人特点的烙印。

卡尔扎蒂批注

略微变换一下我们就可以说，如果加速使我们止步，我们就可以驻足体验，即吸收并体验得到的信息。看似矛盾的是，我们达到了单纯获取信息的停滞状态，这样的状态并不导向真正批判地重新加工信息，也不培养主体的或集体的知识。这种单纯获取信息的停滞状态不费力气，缺乏“有距离的”“体认的”和“时间的”批判视野，唯有那种视野才能使我们逐渐靠拢事件并最终体会事件。现在的问题是，事件像洪水一样劈头盖脸压来，如果万事仅在一次点击鼠标的距离，我们又能养成什么样的批判态度呢？

哈拉里认为[1]，人之所以为人，那是因为许多人能灵活地合作。这就意味着，人类是唯一能未雨绸缪、制定复杂计划的物种。换言之，有无与伦比的想象力（这是由于新皮质柔性的语境制约的发展，其他物种如黑猩猩的基因则要固化得多）。那么，算法如何冲击我们的想象力呢？我认为，响应性和实用性日益增强的技术正在削弱我们的想象力；也可以说，这样的技术正在损害我们在这个世界即“在此”的预见力（我们采取任何有效措施抗衡气候变化时显得无能为力就是很好的例子）。我们越来越依赖技术：萨拉科（Saracco）指出：“我们与技术的共生越来越有效，我们就越来越依赖技术。”[2]问题是，我们面对的不再是算法，算法只建议，依据以前的选择我们会喜欢什么（这毕竟是滤泡效应）；更准确地说，我们进入的境界是：算法预测并告诉我们可能意识不到的欲望。这就是说，我们越来越被技术“引导”到这样一点：我们更信赖貌似客观的算法（忘记它是人创造的），不那么信赖朋友的建议。这就是埃德·费恩（Ed Finn）所谓的“抽象”的力量[3]：我们把客观的力量映射到技术上，其实这个力量并不存在。

---

〔1〕哈拉里（Yuval Noah Harari），《人类大历史》*Homo Deus: A Brief History of Tomorrow* (New York, Harpers, 2017)。——卡尔扎蒂注

〔2〕萨拉科（Saracco），《超人类主义》。——卡尔扎蒂注

〔3〕埃德·费恩（Ed Finn），《算法要的是什么》*What Algorithm Want* (Cambridge MA: MIT Press, 2017)。——卡尔扎蒂注

诚然，在一定程度上，这也是传统营销战略发生的情况，其意向也是唤起消费者的欲望，甚至灌输新的欲望。但在传统的营销中，广告和购买之间有时间滞后，许多因素（包括其他广告）可能会在此间干预。今天的情况不同了，广告和购买的时差被压缩到一次点击了；已如上述，点击成了半自动的手势（我们体现技术，反过来，技术使我们的知觉脱离我们的身体）。这就意味着，我们思考我们之所欲的能力越来越弱小，甚至不如我们"传统的"消费模式，那种模式已然被算法解码了。

电视产生了"大众人"的概念和大众媒介的思想。电视向我们揭示这一现象之前，我们并不知道"大众消费"和"大众心理"之类的东西。但计算机带来了"速度文化"。计算机不是大众媒介，而是个人媒介，比如个人电脑就是个人媒介。同步加速的需要以及人与机器互动的需要已成为推动我们的驱力。比如，研制语音操作系统的尝试或用户友好的驱动就是推动我们的驱力。又比如，最优秀的软件设计师就应要求精心设计程序，使之理解自然语言尽可能多的组合。终极翻译机的梦想拥有充足的模糊函数、具有同步多重处理的能力，日益增多的技术可能性正在给这个终极的梦想加注燃料。

第十节 商务战略

表 13.3 “心理趋势”里的大多数趋势尚需进一步阐释，这将是本书以下几章的主题。同时，让我们看有关技术－文化场里商务态度的调查会透露什么信息。表 13.4 对 20 世纪 60 年代和 70 年代那一代人的商务战略和 80 年代的商务战略进行比较。在这里我们又看到，60 年代的电视和 80 年代的电脑似乎发挥了磁性两极的功能。

80 年代商务态度最重要的变化是对消费心理的偏重，与此相反，在 60 年代和 70 年代，人口统计数据占统治地位。显然这是由大众心理向速度心理的变迁，这是计算机影响的结果。这一变化使产业界的统计数据和趋势分析更加精确，企业为争夺领先优势的竞争压力日益增加。消费心理使营销经理的谋划远不止于数字。这是受众研究的量化飞跃，于是，心理数据而不是数字数据成了市场潜在增长的迹象。

卡尔扎蒂批注

这里涌入脑际的最突出的例子是尼尔森公司商务模式的重塑。以下是约瑟夫·斯特劳巴哈等人在《今日媒介》里的论述：[1]“老式仪表只计量以家庭为单位的情况，如今它让位于记

〔1〕 约瑟夫·斯特劳巴哈等（Jospeh Straubhaar，Robert LaRose，Lucinda Davenport），《今日媒介：理解媒介 / 文化于技术》*Media Now: Understanding Media，Culture and Technology*（Boston，Wadsworth，2017），115。——卡尔扎蒂注

录个人收视情况的用户仪表（People Meters）。尼尔森公司努力跟上新媒介环境。它逐一提供广告和电视剧的收视率，包括它们的录像机回放数据。它提供‘任何时候、任何地点的媒介计量’主张，希望把电视、互联网、手机屏幕的数据整合起来。自2010年起，尼尔森公司在全国布局了7500个调查样本。它还追踪酒吧、体育会、大学生宿舍里的视频游戏。可以邮售或个人穿戴的无线用户仪表也在研发之中。”

计算机辅助的研究能以更高的精度指出，什么人可能买某一产品或服务，他们会买多少，买多久，他们居住在哪里。几家市场研究公司正在用自己的分类来设计消费者类别。新的集体人（collective personae）代表总人口中值得市场重视的消费者，集体人的界定因子不是个人的特征，不是文艺复兴后作家和社会批评家描绘的个人，而是可靠的购物习惯，用口味、倾向和态度界定的购物习惯。

表 13.4 商务战略

20 世纪 60-70 年代	20 世纪 80 年代
大众市场	速度市场
人口数据（大量数字）	消费心态（符合需要的数字）
广告营销	细分市场营销
有计划的淘汰	升级
包装（包装即讯息）	定位（保持密切关注）
人浮于事	精简（流线型化）
公共关系	商务沟通
强调产品	强调受众
试错	趋势分析
发起运动（准军事行动）	篡改数据（让力量说话）
展示与出售	民调（统计数据）

第十一节 流 行 语

有一个快捷的方法去窥见当代情况的深层结构。当你想从某一方面了解当前的情况时，检查流行的热词（buzzwords）；政府、企业和媒体都喜欢热词。它们揭示社会变革的余留图像（afterimages）；代表着社会变革的巨大力量。每当新的热词或流行语出现时，你都可以肯定，其出现都倚重技术－文化场的某个活动区域。

比如，计算机就生成了许多热词或余留图像，它们甚至使日常生活的基础有所迁移。以下一些词语显然和计算机有关系：网络化、界面、交互式、用户友好等。其他余留图像和计算机的联系并不是那么一目了然，但它们被赋予了新的突出地位：向下优化（downsizing）、危机管理、成本效益分析、健身热、内化、筑巢和反吸烟。流行词常常是动词或表示行为的名词，因此它们常常揭示商界有趣的隐形文化变革。

第十二节　20 世纪 90 年代的赛博文化

20 世纪 90 年代的热词无疑是“全球化”。早在 60 年代初，麦克卢汉就引进了“地球村”的概念，但人们并没有真正注意它。在 90 年代，日本仍在生产廉价照相机和小车体汽车，柏林墙刚建起来，中国还没有开始苏醒。电信还很贵，只有少数特区人才用得起。人们常拿莫斯科和华盛顿的“热线”开玩笑，那是新异的设备。我记得我想知道尼基塔·赫鲁晓夫（Nikita Khrushchev）就猪湾事件[1]给约翰·肯尼迪（John Kennedy）打电话交涉之前，是否要关心国际话费有多贵的问题。[2]

〔1〕猪湾事件（Bay of Pigs incident），1961 年 4 月 17 日，美国中央情报局策动古巴流亡者入侵古巴西南海岸猪湾的大规模军事行动，后被粉碎。

〔2〕据罗伯特·波特（Robert B. Porter）记述：“1989 年，美国打到英国的电话 10 分钟花费是 9.9 美元。1950 年，同样的话费用 1989 年的币值计是 109.3 美元。美国叫英国的电话从 1950 年的 110300 次上升到 1989 年接近 8500 万，这绝非巧合。”in “Conflict and Co-operation in the Global Marketplace”, *Vital Speech of the Day* 57：6（Jan. 1，1991）：163。

第十三节　全球透明性

即时通信和个人通信设备的民主化和激增，以其直接性和透明性，取代了我们以前对地球不透明、很遥远的感觉。对电能而言，什么边界还能存在？全世界的电话线都是开放的。在距离地球两万英里的太空，3000 余颗通信卫星把信息传到全世界的碟形接收站。彗星舒梅克·列维·斯特劳斯与木星相撞后几个小时，爆炸的图像就在地球上接收到了。有线新闻网是开放的，在空间，在线上，在印刷品中，无需新闻社。对任何聪明的、足以欺骗系统的黑客而言，连数据库都是开放的。谁也不能长时间保密了。

今天，唯有对新闻报导实施严格的军事管制，才能有效地阻截每个人对每件事的仔细检查。这就是我们在海湾战争中的体会。然而，即使在海湾战争中，电视观众也看到了飞毛腿导弹的特拉维夫爆炸的画面，而受严格军管的电视评论员还在说，没有一枚导弹击中特拉维夫。东欧国家的开放，的确是电子技术产生公开性的最强大、最令人瞠目的效应之一。

卡尔扎蒂批注

这里有一个可怕而讽刺的反转。应该指出，军事/政治情报部门学得很好，它们不再只过滤信息，而是积极行动起来监视每个人。斯诺登揭露的美国国家安全局（NSA）丑闻就是一例。还必须补充的是，通过全社会游戏化的方式，简单地“请”人们披露个人资料，任何人都可以理解任何其他人的情况——从技术上说这是可能的。有时，黑客文化学会了如何揭露军事/政治当局的不端行为，借以进行还击——情况似乎就是这样的。然而，人们似乎麻痹了，对当局的不端行为无动于衷：诚然，许多人听说过斯诺登或阿桑奇，但只有少数人读过他们揭露的文件。为什么？因为在这种态度的底层我们的认知能力消耗殆尽了（需要处理的信息太多），还加上这样一个事实：分享的思想完全商品化，取代了获取与消化知识的思想。人们总想，分享就好，实际上我们对自己的分享一无所知，甚至更糟——我们在分享无知。此外，人们发现，感觉到军事/政治情报部门甚或他人监视每个人的后果，是越来越困难了。“毕竟我没有什么可掩盖的”是克制的话，这实际上是掩盖这种困难的借口。撩开掩盖的表皮，我们就看到，通过技术我们在线上目睹了“数字官僚化”的作用，而技术采纳的用户友好设计就掩盖了它的功能。鲍曼写道[1]，社会的官僚主义化和技术化使第二次世界大战的大屠杀成为可能。具体地说，这些过程导致受害者被剥夺人性的浩劫，公众看不见作为人的受害者，受害者成了一个个数字：“屠杀和无罪行为——像计算机

〔1〕齐格蒙特·鲍曼（Zygmunt Bauman），《现代性与大屠杀》*Modernity and the Holocaust*（New York：Cornell University Press，1989）。

按键那样的行为——之间的联系，成了纯粹的理论概念。”这不是要确定第二次世界大战和今天社会的相似之处，然而有必要指出，今天的技术公司与鲍曼强调的过程正在产生共鸣。一方面，这些公司故意制造距离，把用户和使用它们技术的后果分隔开来，特别和用户数据的命运分隔开来。另一方面，它们把用户变成数字即“数据化的自我”；它们用算法破解这些数据，以描绘作为消费者和主体的用户，以预测甚至搅动用户的选择。

第十四节　真实时间

对全球开放做出贡献的还有其他一些因素。通信中刺激和反应之间的间隔正在显著地缩小，使通信交流量大大增加。昔日曾有一段时间，发送信息比接收信息花的时间长。在有些企业里，早晨的新闻到午饭时已经过时。结果我们发现，企业界人士忙于加快与家庭、办公室和国外生意人的联系。传真机和手机进入了汽车，乘飞机时放在膝头上，笔记本电脑也随身带。越来越多的人带传呼机，以提醒自己给小宝宝喂奶，或到电话亭给办公室或诊所打电话。行为和反应间隔的缩短正在造成计划和执行计划在“真实时间”里的连续性。

卡尔扎蒂批注

现在我们知道，行为和反应间隔的缩短，以及过滤器的消失，导致了批评的缺乏。无知有一定地位，不再是获取知识的触发器，守门人（对专家的讽刺）被强制消除——这都导致了批评的缺乏，我们与事件缺少距离。真实时间是永远存在的时间，在这里，我们没有用良知的镜子进行反思的空间。实际上，我们不再有内在的良知，只有外在的良知（即屏幕）。但这外在的良知更像是童话故事里的魔镜，其作用是强化我们的虚幻（即过滤泡），而不是用作理解或自我理解的工具。

另一方面，接触的剧增减少了地方对变革的抵制。世界各地行为和反应速度的提高，开辟了迅速统一全球的可能性。在单一控股公司的保护下，整个社会和大型经济体都在瞬间被处理，仿佛它们就是电子环境的独一无二的用户。电能把全球笼罩在单一的网络里。媒体编织了一张静电活动的魔毯，把地球包裹起来。证券交易所小小的涟漪影响着全球投资脆弱而敏感的平衡；计算机即时反应，投资人的目光死死粘贴在计算机终端上。对有些人而言，这可能是生死攸关的问题。纽约证券交易所 1987 年 10 月 19 日股市暴跌的消息立即震荡全球，就像鞭子的抽打一样。

矛盾就在这里。我们的硬件即地球的物质现实正在紧缩、内爆，因为技术不断压缩软件操作的时间和空间的间隔。此间，我们的软件即我们的心理现实和技术现实在不断膨胀。对无限领域如原子和亚原子、地球和银河信息的获取也在膨胀，拓宽了发展中的“深度文化”。

卡尔扎蒂批注

这正是我们正在进入（或业已进入）虚拟化现实的数字技术维度的原因。仅以假新闻为例：数字技术物理学认为，不可能真正客观分析一种现象，因为一旦尝试分析，你已经修正了现象；数字技术物理学还认为，有些情况是不能断定正误的，更准确地说，我们处在不可能决定的情境中（即概率的领域）。实际上，这是对假新闻的一种混合的描绘。假新闻是不能再被客观分析的维度的副产物，是我们只能用概率来讨论的现象（实际上包括假新闻本身及其内容）。假新闻（线上假新闻）是新兴数字技术社会的症状之一，其“深度假内容”（即人工智能制造的视频新闻）只不过在这个方向上又前进了一步。

第十五节　什么是赛博文化？

赛博文化是速度使人和物倍增的结果。广播电视把世界各地大量的信息带给我们，同样，电话机和计算机之类的探索性技术使我们瞬间能到达任何一点，并与那一点互动。这就是“深度”的品格，通过我们的电子延伸，我们就能“触摸”到那一点，并在那一点留下可以展示的效应。

卡尔扎蒂批注

这是对的，但不……不再正确：试想想“懒人行动主义”（slacktivism）足矣。发生了什么事啊？为什么我们到了这一点呢？我们预料不到（至少是以这样的比例）的事情发生了：电能把我们大家联系起来，同时又使我们脱离了具体的现实，脱离了我们的行为在世界上的影响。换言之，随之而来的加速度不仅淹没了通信和连接，而且淹没了我们在世上的存在。我们生活在加速的维度里，大量的信息埋葬我们，我们不得不满足于点击和分享，却没有机会（或意愿）去担心这种点击和分享的后果（以及什么后果）。已如上述，我们到达了静止的一点，这就是我们对生存环境的回应。大多数时候，只有等到我们的秘密直接被击中时，我们才被迫检查我们发出的讯息，但我们发出的讯息也产生了影响（哪怕它短暂）。这再次使我们想起：网络没有集体的维度。

如今，我们能在地球上任何语境下甚至在遥远的太空做到这样的深度，因为我们已经发射许多卫星去探测外层空间。从数百万英里之遥的“先锋号”卫星，我们能收到的米兰达（天王星的一个卫星）的二维图像，然后用计算机把它变成一个三维效果图。这个三维效果图仅仅是深度的表现形式之一。另一种表现形式是探索本身。我们不再满足于二维平面。我们甚至在尝试穿透难以穿透的电视屏幕。赛博文化的直白表现是人工智能机器的快速发展，它使我们能穿透电视屏幕和电脑屏幕，去探索科学、艺术和技术里人类创造力无穷无尽的深度。

赛博文化深度的另一种表现是，借助电子显微镜和核磁共振，深入到无限微小的分子、基因和原子结构的领域。许多技术吸引我们去探索可见物表皮之下的世界，或模拟技术、增强技术辅助之下可以看见的世界。人类以前从未进入过这些世界。我们已经在这些领域里建构显微结构和原子发动机，这些领域正在成为制造业难以满足的市场。

赛博文化含有“看穿”的意思。我们用自己的信息检索技术去看穿物质、空间和时间。每当一种技术使我们的身心通达地球上或深空中的某一地方，并超越以前的局限时，我们的心灵都随之跟上。因此，我们的心理必然与技术共同演化。我们因出差或娱乐而旅行时，我们都被包容在全球范围里。我们以全球视野思考问题时，在办公室里收发信息时，我们都把地球包容在我们的心灵里，包容在我们的网络中。我们在这个内部结构上应用的信息是全球思维和全球活动的一部分。全球化是心灵拓展和参考框架拓宽的一种形式，是赛博文化的心理条件之一。

第十六节　全球化首先是心理问题，而不是经济问题

跨国公司就像文艺复兴时期的上帝观念，其中心无处不在，其边缘无处存在。结果是，商务文化正在成为全球文化。然而，在全球范围自由贸易协定的支持下，大批的兼并和接管、地方经济经重构而进入全球的格局，却不仅仅是良好经济意识的问题。这样的发展势头可以从另一个角度来考虑，最终从一个更有趣的视角来考察。经济可以被视为一种综合性的媒介吗？借此，社会能在新的心理或心理－技术基础上实现整合吗？

比如，印刷媒介和电子媒介因巨型的兼并和收购而非常兴奋。以华纳和时代的合并为例，或以日本公司对美国传统公司的戏剧性接管为例。有人以为，这一切只不过是精明的公司人和出重拳的律师挣百万美金的问题。

但需要考虑的还有许多其他问题。显然，即时信息检索系统使企业界密切关注更大、更复杂的生产、销售和交易的领域。同样明显的是，计算机化支持并增强政府或行政机构的控制能力，我们却天真地以为，企业和政府提倡计算机化有利于效率和竞争。真实的情况是，大多数企业主管推进计算机化是凭直觉办事，或为了跟上

隔壁的工厂。有些主管甚至沮丧地发现，由于其复杂性，计算机化实际上使企业的运营暂时放慢了。

由此可见，情况可能要倒过来看。计算机和电视网之类的心理技术，可能在利用企业和政府来迅速繁殖。心理技术是智能机器，由智能集体开发，由进攻性的销售队伍来推销。它们是在人类发明、制度支持和基本需求的界面处开发出来的。因此，你可以想象，计算机化利用企业和政府，将其作为发展和集成的理想环境。

以下是 2019 年增写的文字。

企业界人士常说，任何经济的三大资源都是人、技术和市场。但数字化重新界定了这些资源，重新分配了人员，并使市场无限多样化。今天经济的特征是所谓的“数字状况”(digital condition)。当然，数字化的主要特征是，它建基于 0 和 1 的交替，而不是用更复杂的字母表的发音。0 和 1 的交替使用确保万物的融合、物质、感知和经验的转化，产生载体和内容难分难解的融合。有了 0 和 1 的交替使用，你的手机能包含、转化和拓展自从时间滥觞以来的一切交流形式的融合。数字状况无所不在，使一切人和物比邻而居。即时通达人和物以及服务的状态支持一种“参与式文化”，激发人们参与的欲望，产生社交媒体所支持的需要。连通性有病毒式的传染力，声誉成了真正重要的资本。

让人们谈论你、谈论你的产品和服务就是促使他们交谈，并形成一个有共同兴趣的社群。但请注意，如果你有什么差错，这也可能反过来对你不利。你的声誉是你最宝贵的价值；你必须记住，人们一直在对你进行评价。在这个方面，你可以抱怨数字文化最重要的创新之一，那就是“佩奇排名”（page-ranking）的点子。这是谷歌的拉里·佩奇（Larry Page）开发的名气排行榜。他用自己冠名，也许是为此而自豪，也许是确保自己的亲权（paternity rights）。这就是为什么我们人人都在被排名，总有人在某处、用某种方法给我们排名。

此刻驱动数字经济的是大产业的隐喻，比如：云计算、物联网、大数据、人工智能、智慧城市、算法、3D 打印等。值得玩味的是，这些隐喻根本就不是什么“新奇玩意”。一切联网的计算，从互联网初期到独立于数据库的实际设备里的储存都处在“云端”，总是在漂浮，等待你登上去腾云驾雾。物联网是二十年前发明的，发明人是麻省理工学院原子和比特研究所的尼尔·格申斐尔德（Neil Gershenfeld），远远走在标签和传感器以及电话号码地址分布式安排普及之前。人工智能的复活靠的是大数据和大大增强的、容许精密算法的计算机能力。看起来，这些热词是从网络实践中冒出来的，它们成为电信和信息通信产业技术（ICT）的新方向。在巨大潜力中，大数据起初是客户关系管理（CRM）的延伸，客户关系管理已经有三十年的历史了。

大数据深刻地改变了游戏规则。它位于更强大热词的行列，产生了云计算、物联网、智慧城市之类的产业。大数据很大，但很快它也要处在人的掌握之中，它将以开放和用户友好软件的面目出现，从“数据分析”的“新淘金热”里冒出来。大数据是一场认知革命，首先开辟通向产业的道路，不久就会进入大中学校，将自己巨大的力量奉献给年轻人。大数据的秘密是，其价值依靠问题而不依靠信息或答案。问题提出之前，大数据里根本就不存在答案。所以，学习的重点从提出正确的答案转移到提出恰当的问题。经济会依样学样。

经济可能复兴的真正源头就是人们所谓的“智慧营销”（smart market），这种市场由互联网连接起来的人构成。他们欣然会聚网上，评估和推荐产品和服务，创造或推荐新产品、开放应用软件和跨界混搭。智慧营销跨越一切等级界限，知道诸多公司的一切秘密。智慧营销考问，为什么要甘当大股东的人质呢？参与者本来就可以当仁不让地担任自己项目的股东呀，实际上，根本就没有什么“投资天使”（business angel）。这些互联网连接起来的人还可以在网上筹款。众筹（Crowd-funding）虽处在婴儿期，实际上却预示着全新的经济转向，而且是创新和繁荣的源头。人们在谈论分享经济。事实上，众筹可能是接管更富压迫性和排他性投资的下一波浪潮。众筹意味着在你心仪的地方投资。由于知识共享解放了版权，智慧营销就借此利用网上可再用、再混合的内容，以完成混搭应用（mash-up applications）。

通过评介网和社交媒介，智慧营销在人们兴趣的长尾中找到了自己的地位。实际上，互联网发挥着社会边缘系统（social limbic system）的功能，承载着跨越地理、社会和意识形态边疆的情绪。互联网的很多流量并不重要，但大多数流量带有情绪。其原因是，人们总是随时准备分享情绪，好坏不论，推特、博客、脸书等社交媒体总是邀请人去分享。正如内容的生成越来越倾向于依靠用户生成的内容一样，智慧营销的促销活动就依靠所谓的“用户生成的广告”。这些驱动力产生了机会。另一波浪潮不会遥远，可以被称为“个人数据经济”（economics of personal data）。迄今为止，个人数据仍然是“他人瓦上霜”，但那会变的。

今天，首选的媒体是智能手机，这是万能设备（all-in-one device），成了主导的心理技术。它影响着旧版《文化的肌肤》考察的一切心理技术特征，并对这一切特征做了修正。下文是旧版四个图表的更新版，探讨的范围拓宽到中国。四个图表里的第三栏显示：商务趋势、社会趋势、心理趋势和商务战略在过去的三十年里的变化，以及未来几十年里可能的演化。

表 13.5 商务趋势

	20 世纪 60-70 年代	**20 世纪 80 年代**	**2000-21 世纪 20 年代**
崛起的经济体	美国	日本	中国
总体结构趋势	扩张（分支机构和有分销权的公司）	紧收缩（合并与收购）	去物质化（比特比砂浆优先）
主导的金融神话	通胀	赤字	紧缩
受偏爱的硬件	飞机和汽车（交通）	计算机（通信）	智能手机
政府的角色	集中化（福利）	去集中化（私有化）	权力下放（公众参与的中止 / 责任）
主导的投资模式	蓝筹与风险投资	房地产与共同基金	初创公司（与众筹）
主导的商务意识形态	凯恩斯经济学（购买力刺激经济）	里根经济学（企业最了解）	北京共识（实用主义的国家主导的经济政治）
主导的国际主义模式	跨国公司（在许多国家都有单项产业）	跨部门的（多种经营）	用户创造的就业

表 13.6 社会趋势

20 世纪 60-70 年代	**20 世纪 80 年代**	**21 世纪 20 年代**
生产主义	消费主义	生产消费主义
自我中心（“我”中心的十年）	环境保护主义	民粹主义
重关系	重健身	量化的自我
嬉皮士	雅皮士	低腰裤一族
女性主义	丁克族（双收入，无孩子）	有影响力的人
社交性（以及非社交性）吸毒	不吸烟	益智药
意识形态驱力	谨守账本底线	实用主义

表 13.7 心理趋势

	电视（20 世纪 70 年代饱和）	计算机（20 世纪 70 年代渗透）	智能技术（21 世纪 20 年代饱和）
主导观念	大会文化，大量生产，无处不在	速度文化，即时通信，很重要	节点文化（使用者即传播的催化剂 – 灯塔）
主导的通信模式	广播（单向）（给予人想要的东西）	网络（单向）（找到人想要的东西）	冲浪（找到我想要的东西）
主导的营销态度	诱惑	精准	期待
主导的商务战略	促销	会计	分享
主要的隐喻源头	身体 – 感官 – 触觉（触摸我，感觉我）	大脑 / 中枢神经系统（新机器的灵魂）	大脑 / 神经系统（分布式，智能）
受欢迎的热词	神话，偶像，形象	逻辑，人工智能，专家系统	算法，人工智能，共生自主系统，物联网，智慧城市
流行的神话表现	超人（x- 光线幻象，飞行）	2001 的硬件抽象层（HAL）（指令与控制）	阿凡达（存在的虚拟化）

表 13.8 商务战略

20 世纪 60-70 年代	20 世纪 80 年代	21 世纪 10-20 年代
大众市场	速度市场	长尾
人口数据（大量数字）	消费心态（符合需求的数字）	超个性化（找数字）
广告营销	细分市场营销	数据营销
有计划的淘汰	升级	量身订制
包装（包装即讯息）	定位（保持密切关注）	设计（技术即价值）
人浮于事	精简（流线型化）	自动化
公共关系	商务沟通	自有品牌
强调产品	强调受众	强调个人
试错	趋势分析	预测性和规定性分析
发起运动（准军事行动）	篡改数据（让力量说话）	推特（病毒性）
展示与出售	民调（统计数据）	分析

在表 13.5“商务趋势”里，最引人注目的变化是中国的崛起，成为全球经济政治强国，以及此后最新经济政治范式的出现，名曰

“北京共识”。这是乔舒亚·库珀·雷默（Joshua Cooper Ramo）提出的，旨在描绘国家主导的资本主义形式，这是邓小平主政以来中国采用的方针。这一范式常常与“华盛顿共识”相对。“华盛顿共识”建基于经济放松管制和全球自由贸易政策。实际上，“北京共识”代表偏爱“实用主义”和“特殊”经济金融方针的经济政治学说（用雷默的话说，“北京共识”与普遍的和同质化的“华盛顿共识”相对），瞄准的是国家利益（商品出口），同时大力投资基础设施，包括国内和国际的投资（常常借以换取自然资源）。

在表 13.6“社会趋势”里，值得强调的、业已巩固的变迁——从消费者到生产者再到“生产消费者”的变迁，最重要的是民粹主义的兴起，是主体被变成“量化的”指标。过了一段时间，到 20 世纪 80 年代，人们对社会政治问题的集体理解更加敏感，这样的敏感常常表现为新环境意识和身体中心意识。今天我们发现，即使没有完全抛弃这样的全球视野，维持它也有困难。我们还发现，意识形态的视野又露头了，对个人和社会的物质主义的、国家为本的态度优先了。然而已如上述，20 世纪初以民粹主义为特征的大众在今天似乎已然消逝。今天，我们的民粹主义的情感已脱离人民，含有伸张“全球本土化”（glocal）的认同。换言之，这是在全球化的语境下以地域为基础的、技术中介的认同。个人认同成为“量化的自我”和“不要进我后院”（NIMBY）的态度。数字技术使人能获得日益定制化的经验。这些经验常常在虚拟和物质两个层面重新界定社群，产生时而本地时而跨阈限的归属感。最重要的是，个人就这样喜欢上了身份认同的虚拟化、分散化，这样的身份又变形成为数据的集合；掌握这些数据集合的行为，人可以随心所欲地重组数据、重新建模。

表 13.7“心理趋势”再进一步拓展：我们进入了这样一个阶段，借助反应性技术，个人既是信息催化剂，又是信息灯塔。这就造成了事物的“节点文化”。节点文化的主要特征是分布式、柔性、草根，依靠技术来传播。这就是为什么个人浸淫在节点文化里：个人是支持他的基础结构的一部分。这不再是促成网络文化的问题，界定行为人（实际上是自我生成神经系统阿凡达）的正是节点文化。新兴的营销态度是期待用户的需求，商务趋势建基于分享（商品、信息等）和流通，而不是所有权。

表 13.8“商务战略”细化营销态度和商务趋势，显示商务战略是如何变化的。值得注意的是，我们走向了设计先于包装和定位的具体化过程。实际上，设计是价值的定位，而不是产品的定位。技术体现这种转移的作用胜过其他任何商品，通过设计，技术生成新的社会地位。

第十四章　文化的肌肤：设计新技术

一般认为，技术生成技术－文化场；为了与此观点一致，考察这样的潮流是否影响工业设计，也是蛮有趣的。设计是技术最令人瞩目的余留图像之一，它赋予我们在文化变迁的迷宫中辨识模型的手段。生产价值也向我们提供窥探文化偏向的洞见。首要的例子是日本，不仅是因为它在世界经济里的特殊地位，而且是因为，其他国家罕有在产品里如此清楚地揭示产品的感知状况。在经济全球化的过程中，理解诸如此类的问题至关重要。这是爱德华·霍尔（Edward Hall）[1]自撰写《无声的语言》（*The Silent Language*）以来一直在探索的事情。这是文化相对论的开创之作。

第一节　设计：文化的肌肤

设计是技术的公共关系，美化其产品，磨砺其市场形象。设计

〔1〕爱德华·霍尔（Edward Hall，1914-2009），美国人类学家、跨文化传播之父，著有《无声的语言》《隐蔽的一维》《超越文化》《生活之舞蹈》《空间关系学手册》《建筑的第四维》《隐蔽的差异：如何与德国人打交道》《隐蔽的差异：如何与日本人做生意》《理解文化差异：德国人、法国人和美国人》《日常生活里的人类学：霍尔自传》等。

代表并推销技术，或是直接的，或是潜意识的，法国 TGV 高速列车扁平的锥形和优美的细长型即为一例。显然，设计的意义不止是其包含的内容和诱惑。在更广阔的意义上，设计扮演着隐喻的角色，要把功能利益转化为感知和认知形态。设计是一种泛音，有自己的形态和地位，有弦外之意，是技术的回音。它体现技术的特点，对应其基本脉动。设计是文化制品可见、可听、可感的外部形态，以所谓“文化肌肤”的面目出现。

卡尔扎蒂批注

苹果手机即为一例。其设计不仅体现公司的基本脉动（把技术转化为社会地位），而且体现用户的集体依附，实际上用户被转化为粉丝了。令人注目的是，正是通过设计，苹果为用户提供了集体的感觉；和电视相比，计算机不可能提供这种集体的感觉（还可以说，苹果的单一白色使人想起我们如今浸泡其中的白噪音）。值得注意的是，自一开始，苹果就采用了排他性的设计方法：比如，你不可能从苹果个人电脑里拔出电池，一旦需要帮助，你只能到苹果店去，苹果店只不过是苹果产品的社会延伸。你从属的感觉几乎是宗教似的虔诚（如果想想我们正在走向柔性开放源软件，那么，作为商务模式，这样的设计似乎是反直觉的。然而，苹果的所作所为正是要使产品坚守一种设计或哲学）。换言之，苹果显示这样的设计：硬件的潜意识转化为软件最有效的外部表征：白色，极简的设计，倚重云平台（离不开苹果店）。于是，苹果的 app 店揭示了云端自我生成的“杂乱性 / 游戏性”，而这正是硬件竭力掩盖的。

设计的技术泛音还有其他一些例证：

* 雷蒙德·洛维（Raymond Loewy）设计的流线型运输方式延伸的全系列产品中，包括冰箱、船舶的设计，当然还包括可口可乐瓶的设计。

* 爵士、摇滚和迪斯科的音乐风格分别跟随广播、电视、电脑的风格，姑不论穆札克广播[1]直接的技术－磁场购物了。

* 迪尔特·拉姆斯（Dieter Rams）为布劳恩生产线设计的极简的功能主义，不但影响了其他国家的做法，而且使该公司的产品成为德国生产线最杰出的代表。

* 法国新式的烹饪法，它把德国包豪斯设计学院的影响延伸到食品的质地和鲜度上。

在给定的时期，设计影响的绝不只是单一的产品或生产线，它引起的变化可以称为文化的“和声”，每一种技术都产生声音、味觉、嗅觉、颜色和形式方面的泛音。当然，设计能在许多层面上以许多隐喻的形式表现自身。有些例子如：

* 感知形式（颜色、形状、味觉、质地）：印象派对摄影术的回应，电视的迷幻文化，或后现代的材料设计和质地设计对形式网格的假装排斥。

* 认知形式：呼啦圈是对电视母体拥抱的认知回应，魔

〔1〕 穆札克广播（Muzak），一种通过线路向餐馆、商店、工厂等用户播送预录的背景音乐的广播系统。

方是早期计算机辅助设计（cad-cam）交替认知活动表达的生动形象。

* 组织形式：威廉·考文斯基（William S. Kowinski）指出电视对组织设计的一种有趣的影响："大型购物城是一种视觉体验。你在电视里漫步。不搜寻商品时，人们就在购物城看人。他们在里面看到的形象来自于电视。至于如何看并接受这些形象，那是看电视的条件反射。"[1]

技术－文化场的开发及其模式就依靠这样的泛音。技术像文化在一个时期里演奏的乐器，拾起、放大并配置这些泛音的，正是工业界。

---

〔1〕 威廉·考文斯基（William S. Kowinski），《美国就像一座大型购物城》。

第二节　设计里技术的泛音

设计赋予一个时期统一性。古董的年代和收藏都是以藏品所属的设计流派为依据。同理，现代人工制品可以按照其设计联系起来。迷幻剂和安迪·沃霍尔（Andy Warhol）是20世纪60年代的特征。麦当劳快餐店的风格、形状和色彩与《芝麻街》（Sesame Street）木偶的松散特征属于同一个范畴，它们都是电视大众文化的人工制品。包装食品、儿童电视剧和汽油广告常常都有一个共享偶像卡通。相反，到20世纪80年代，谨慎的高技术风格一律取代了浮躁的艺术。这肯定是计算机化的技术－文化场的心理副产品。毕竟，真正的“高技术”难以逃离实验室或军事基地。唯有在最普通电器中无处不在的芯片，才能激发我们去渴望高技术的风格和时尚。

即使无心插柳的设计也会在随意的形式和母题里表现出来。无刻意策划的设计自然而然地反映了产品的文化渊源。比如，追踪美国城市和加拿大城市郊区的多元文化影响就颇为有趣。你总是能在看到第一个汉字前就确定那是中国式建筑，只需注意窗户线条的比例就可以做出这样的判断，其横线和纵线的比例不是西方标准的3∶4，而是4∶5。

设计是刻意策划的，正如该词有力的意蕴所示。按我的理解，设计是用技术调节人体与环境的关系。我认为，人体和心灵的唯一重大差异是，心灵是有意识的。在其他一切方面，身心混杂，将两者分离是毫无意义的，即使理论上的分离也毫无意义。纵然如此，在一定程度上，心灵不需要意识到自我总体生态的变化。因为这样的意识并非总是容易的，所以这就是用得着设计的地方。在观察设计的具体价值时，脑子学会解读经过延伸的人体姿态。无论你观察的是法国 TGV 高速列车的车头，或索尼公司随身听小巧而有力的耳机，使你注意其功能效应和感知效应的是设计。帮助你在肌肉系统里整合子弹头列车速度和力量的是设计。使我们的神经系统接受耳机那种亲密、赛博人偶合的，还是设计。

第三节　设计如何对技术压力做出反应

设计可能反映了创新攻击性（creative aggression），在消费者适应之前，设计常常引起消费者的攻击。每一种音乐的新样式都引起上一种音乐样式忠诚者的敌视。新风格被采用前，总是要遭到旧风格忠诚者的讥笑。实际上，对于最终在文化里达到饱和状态的品位和形式，批评家绝不应该予以谴责，他们应该承认，就它们成功被大众接受而言，其中存在着最成功、最有效的设计。20 世纪 70 年代的流行文化、20 世纪 80 年代的后现代文化最终就达到了饱和的状态。

第四节　当你内外颠倒的时候

电子技术是我们内在自我的延伸，它们把模拟我们内在环境的对象或产品袒露出来。这对设计产生有趣的影响。在电视时代盛期，个体心理学的趋势就是“让它表露无遗”。战后数十年的压抑表现在现代主义建筑和设计光滑的线条中，经过这段压抑之后，人们开始恢复力比多，他们想要敞开表现一切。这一欲望是如何在保守的建筑世界里转化的？一个很好的例证是巴黎市中心吸引人的蓬皮杜中心。有些人觉得它不吸引人，但它是对现代主义钢铁加玻璃建筑风格最有力的讽刺。常态下置入建筑物内部的特征诸如供水管道、布线、供热管道，全都翻转到外面了。

在20世纪60年代后期和20世纪70年代初期，企业赞助的雕塑家用生锈钢在整洁、线条流畅的厂房外创作。这些雕塑家用苦涩幽默的时尚指出，机械时代的岁月一去不复返了。至少这就是他们的想法。实际上，这是他们对电视的反应，和盘托出我们内心的一切功能，倾泻而出，将其公开。但在今天，情况又变了：即时的计算机通信正在把硬件变成软件，把这一切功能深深地引入内部，你再也看不到它们了。

第五节　技术的内化

一种新技术迷人的第一波消退以后，尤其在它从专业人士手里传递给国内市场以后，内化的过程就显而易见了。诚然，有人仍然自豪地向你展示合适的家具，收录机上的按钮，或汽车里的蜂窝电话。这可能是每一种技术渗透一种文化前必然要经过的一个外化阶段，技术的外化阶段各有不同，有些技术较长，有些略短。看来，计算机已处在消逝的边缘，即将融入木制工艺。日本设计师正在用越来越多的内化的计算机功能去探索特色不彰的外观：几何形的钢塑盒回应手势和亲近指令，并不显露什么开关按钮。

第六节　文化爆炸

艺术世界对文化爆炸的碎片非常敏感。比如，电报和电话的发展缩小了空间和时间，炸掉了殖民时代的徐缓节奏。学院派艺术和资产阶级装饰在艺术家和作家的心里化为齑粉，他们激发了意大利的未来主义，稍后又为法国的达达主义和超现实主义提供灵感。达达主义讥讽艺术常规，完成了爆破；超现实主义拾起碎片，拼凑成一种非理性的秩序。

萨尔瓦多·达利（Salvador Dali）模仿拉斐尔（Raphael）的《圣母》。这是他超现实主义令人称奇的结构范例，作品仿佛受制于一种内在的爆炸。这件作品的力量来自于拉斐尔形象的柔美和达利刺眼的碎片之间的强烈反差，由此产生强大的力量。同时，达利的《圣母》又有安抚、神秘的气质，仿佛他令人生畏的幽默来自于绝对的自信，那是对事物基本秩序的把握。这些艺术作品是对无序文化的戏仿，打破了19世纪现实主义者令人沉闷的资产阶级秩序。电视的到来预示着荒诞派戏剧的来临，其含义是，我们的理想主义心理和透视主义心态不再适应当前新技术－文化场的现实了。

第七节　后现代主义的内爆

计算机加速电视文化的节奏，生成了后现代主义的内爆。典型的后现代主义建筑援引过去时代的风格，可能像是一堆不兼容特征的混杂，仿佛它遭受了一场快速的“内爆”，那是继 20 世纪 60 年代和 70 年代爆炸之后而起的爆炸。又仿佛是这样一种景象：过去几百年的碎片突然降落到了装饰建筑物的立面和室内的家具上。每当恢复之后随机发生这种爆炸时，戏仿、幽默和讥讽就是主要特征了。

这是一种令人莞尔的建筑表述，可见于亚利桑那州的一幢斯坦伯格百货店中。它讥讽僵硬而平淡无奇的现代主义形态，低矮的一角在大门口突然中断。你甚至看见断裂处锯齿般的边缘。后现代主义风格是幽默的范例，完全而优雅地整合到庄重的商用建筑里了。后现代主义风格自由表达的是人的一种需求：在日益技术化的环境里恢复恰当的尺度。相对而言，现代主义冒出时，那个世界里的人们并不觉得技术是威胁。路德维希·凡·德罗〔1〕把高大的独石柱横放在都市里，努力达到 19 世纪奥斯曼〔2〕在巴黎城市改建的规模。

〔1〕 路德维希·凡·德罗（Ludwig Mies van der Rohe，1886-1969），德国建筑师，曾任包豪斯设计学院院长。

〔2〕 乔治 - 欧仁·奥斯曼男爵（Baron Georges-Eugène Haussmann，1809-1891），法国城市规划师。

第八节　计算机辅助设计

计算机系统使人能即时提取海量的信息，能了解各种过往文化的设计和人工制品。设计师可以在屏幕上征用任何时代、任何风格的细节。利用一个专业的3D模拟包，你就能看见设计的演化，从各个视角观察它。通过计算机辅助设计，建筑师能立即模拟外观的装饰和结构的变化。这样的功能鼓励建筑师和设计师探索过往的时代，将其重新整合，融入一种延伸的现在。技术的集体记忆提供手段，使他们能在几个时代层面进行无止境的探索。计算机加速的时间有一个很好的定义：过往的时间整合进了宏大的经过延伸的现在时间。

第九节　技术 - 文化场与日本文化的遭遇

1854年，为庆贺美日贸易正式启动，美国海军准将佩里（Matthew Calbraith Perry）送一台蒸汽机车给幕府将军，幕府将军不能亲临庆典，遂派宫廷画家去把它画下来。画家觉得很难表现这个庞然大物，就在作品上留下附记："恐怕我在这一速写里犯了许多错误。"[1]在文化交叉的十字路口，我们往往发现奇特而有趣的事情，但这不应该使现实模糊不清。一种新技术引进时，它必然要向现有的文化不宣而战。

> 卡尔扎蒂批注
>
> 贝尔纳·斯蒂格勒（Bernard Stiegler）有类似的论述："对即将容纳它的文化而言，新技术总是来得过多。"[2]

几百年间，日本闭关锁国，不受外来文化影响。工业革命到来时，携带着一种进攻性和集中化的力量前行。"修筑铁路的狂潮兴

〔1〕转引自弗雷德·汤普森（Fred Thompson），《日本运输系统的发展》"The Development of the Japanese Transportation System," *Explorations 28*（Summer，1970）：74。

〔2〕彼得·莱门斯（Pieter Lemmens），《贝尔纳·斯蒂格勒访谈录》. "An Interview with Bernard Stiegler." *Krisis* 1（2011）：33-41。——卡尔扎蒂注

起，连接全国，不仅是进步和经济统一的象征，而且是日本军国主义化的一部分。”[1]和西方的工业主义者不同，日本人喜欢修铁路，而不是修公路。弗斯科·马莱尼（Fosco Moraini）解释说，日本人反感买私家车。“小汽车暗含的意思有：个人主义、独立性、突然决策，以及所有与日本人心态抵触的东西。在这样一个社会结构紧密的国家里，个人首创性基本上是受到怀疑的。”[2]不过，到了今天，汽车成了日本的主要出口商品，塞满了日本的城市。1964 年大阪市的一项调查指出，在 4524 次交通堵塞中，汽车长龙至少达半英里，堵塞超过 30 分钟，总共堵车 5508 小时。

〔1〕 弗雷德·汤普森（Fred Thompson），《日本运输系统的发展》，76。
〔2〕 弗雷德·汤普森（Fred Thompson），《日本运输系统的发展》，78。

第十节　蜕变：日本人对技术加速的反应

在日本这样一个国家，即使它受到技术－文化场一波又一波的侵袭，只有那些天分很高的人才能维持穿透与创新的平衡。在许多受技术加速影响的国家里，这样的平衡几乎丧失殆尽。和西方人一样，日本人饱经大规模工业化的心理创伤，只不过速度快得多而已。他们适应的速度从未放慢。现在，由于机械的、基于硬件的产业向电子软件经济过渡，适应的速度还在加快。这就是说，日本人不得不“在职学习”，以便把新技术和旧技术整合为一体。

卡尔扎蒂批注

这段话也非常适合中国的情况：首先，中国人是西方世界的廉价库房和劳动市场；接着，他们学会以自己的方式做事；不久，他们将通过军事、人工智能、生态、创新和教育的巨额投资来领导全球市场。在所有这些方面，技术都在起引导作用。相比而言，中国仍然落在后面，那就是娱乐，比如电影院。在未来的二十年里，观察中国将如何发展以适应它在全球舞台上的新角色，这将是饶有趣味的。

少数族遭遇大规模社会变革的压力时，依据其认同力的大小，用新兴的吸收、整合、异化或攻击性模式做出回应。日本人在第二次世界大战中爆发出令人生畏的进攻浪潮，如今他们找到了一种新的回应：蜕变。所谓蜕变就是文化的外观变了，内容不变。日本文化的表层变了，其内核未变，日本人适应新技术加速的戏剧就是这样上演的。

文化如何应对技术的猛攻？流行设计能提供线索。哥斯拉[1]是日本流行文化的典型发明，虽然是无意识的，却是很恰当的隐喻，足以说明汽车对日本城市的影响。哥斯拉是极度的交通堵塞：过时、笨重（不灵巧）、愚蠢（不动脑筋）、如蜗牛爬行的（上下班高峰期的城市交通瘫痪）、恶臭（一氧化碳排放）。当然，这是悠久中国龙主题的新化身、神话的融合。如果说日本人钟爱哥斯拉电影，那是对工业侵袭感到无助的第一步回应，那么，“变形机器人”（Transformers）就展示了人感到无助的第二步：“敌人”被日本人国民性最优秀的特点征服了。

加拿大社会学家马克·西格尔（Mark Segal）提醒我们说，入侵美国玩具市场的“变形金刚”实际上是在日本的土地上孕育的。[2]西格尔指出，像美国的民俗文化一样，日本的民俗文化也恐惧外力入侵。[3]

异族迫害的幻想尽管有铁证支撑，当然就是心理创伤的隐喻。这

---

〔1〕哥斯拉（Godzilla），日本系列电影《哥斯拉》里的巨型怪兽，已成为一个世界性的流行文化符号，出现在视频游戏、小说、漫画、电影等媒体中。

〔2〕马克·西格尔（Mark Segal），《日本科幻电视里的异族》“The Alien Other in Japanese Fantasy Television,” *Canadian Journal of Political and Social Theory*, 12: 3（Fall，1988）。

〔3〕有趣的是，三个较强大的国家即美国、俄国和日本大概是最不必害怕外敌入侵的，但它们似乎最喜欢流行媒体里最富侵略性的神话。这样的攻击性只不过是文化对自身恐惧的投射，是自身变化的投射。

可能是技术攻击文化的心理效应。但我们应该指出，日本人的幻想非常奇特，比标准的“好人坏人”类型更亲切。实际上，变形机器人是设计的创新，既是有机的，又是机械的。对人与机器的赛博人整合，日本人心理上难以适应，还有什么比变形机器人更接近的吗？相比而言，西方人几乎在不注意的情况下被机器蹂躏了。实质上，日本版的《变形金刚》是《银翼杀手》（*Blade Runner*）的机器人；《变形金刚》描绘的是，机械化采用了有机体形式，在自卫中变成了机械。评论西格尔的文章时，斯蒂芬·克莱恩（Stephen Kline）写道：

> 日本科幻传统极其流行，因为它在屏幕上生动再现日本文化的一些特质：对异族入侵和蚕食的恐惧、分化，等级制社会结构，对群体的无私奉献，面对危险时的坚忍，为达个人能力顶峰而努力工作的需要，以及群体互相依存和决策的日本模式……在美国的玩具市场上，行走机器人和自动机器人显示的是其他社会与现代技术的关系，背后隐藏的讯息是其他社会与西方生活方式的关系。[1]

然而，日本人采纳的转型战略是突变的对立面，因为日本文化的核心要素并没有受到影响。这个战略是蜕变。日本人掌控像穿衣那样的穿戴技术。他们不会让汽车碾压（哥斯拉综合征），他们觉得汽车是容易穿戴的。变形机器人就像他们文化蜕变肌肤上的“痘痘”。

---

〔1〕 斯蒂芬·克莱恩（Stephen Kline），《消费的剧场》“The Theatre of Consumption：On Computing American and Japanese Advertising.” *Canadian Journal of Political and Social Theory*，12：3（Fall，1988）：104。

第十一节　变形机器人：电子机械的流行形象

凭借独特的玩具设计和与之相联的故事，日本人做出了神话般的反应，而且很容易使之普及到日本文化中。克莱恩写道："故事结尾千篇一律：入侵者被打败，战斗团队集合，组装成一个巨型的战斗机器人勇士，与异族机器决一死战的胜利靠的是合作与忠诚，而不是个别机器的收获。"如此，变形机器人隐喻揭示，它们是新一种日本企业家的图腾、新的武士，打仗用的是工业手段，而不是军事手段。

这个超大机器人是用各种组件模块集成的，它告诉我们有关日本人特性的某种东西。如果是这样，那么变形机器人身上机械技术和电子技术的联姻讲述的就是日本产业的故事。实际上，玩具尖利的边缘和繁忙的线路似乎揭示了这样一个事实：日本的产业既没有充分吸收新的技术，也没有完全放弃自己的机械遗产。这些变形机器人有一点笨拙，就像不自在、未完成的化身。开发变形机器人时，为追求他们所谓的机械电子学（mechatronics），日本工业实在是走过头了。

尼古拉斯·瓦莱里（Nicholas Valéry）写道："机械电子学曾经是超越单纯革新的技术成就之一，但现已过时。如其名所暗示，它把机械油腻的理念和电子学的概念糅合起来。它留下的产品涵盖面很广，从低档的数字手表到现代的数控机床都有。”[1]

电子学对日本文化的影响和机械化对它的影响截然不同。要不了不久，电子学就可能治愈工业化造成的社会创伤和心理创伤。事实上，日本人有可能更熟悉电子技术，因为电力技术更贴近他们的文化心理。电力技术使我们能调节空间上的间隔，这是日本人从小就学会的习惯，只需遵守传统而已。另一方面，日本人可能会觉得这是重申自己认同的机会，西方人却视之为威胁，因为他们养成的空间感与日本人是完全不同的。

〔1〕 尼古拉斯·瓦莱里（Nicholas Valéry），《回归制图板》“Back to the Drawing Board：A Survey of Japanese Technology”，*The Economist*（Dec. 2，1989）：5。

第十二节 “中性”空间的神话

自文艺复兴以来，我们的建筑物清楚显示，我们往往觉得空间可以清楚分为公共空间和私人空间。在西方的透视心态中，就其本身而言，空间被认为是中性的。传统的西方环境观念是：环境是一个空荡荡的舞台，人和自然都在此演出。西方人认为，空间是空荡荡的，绝不是神圣的，直到20世纪初才有所改变。在他们个人私有的肌肤保护之下，他们觉得会免受自己发明的影响。

今天的空间遭受电子、分子和病毒通信网络的入侵。如今，西方人的污染意识和环境意识很强，就是这个原因。“pollution”（污染）源于拉丁语的“pulvis”（粉末）。实际上，在多半人的想象里，污染是不明异物的细小颗粒。然而，污染既是物理现实，也是心理现实。相对于电子污染而言，我们听说更多的是工业污染，那是因为进入新时代时，我们往往认为工业污染肮脏。现在，尘埃来自于不同物质材料或技术的磨损，而心理层面上的污染来自于意识形态。结果，我们觉得在许多层面上受到威胁。作为个人，我们的健康、隐私和自主受到化学、分子、物理、工业和心理因子的威胁。污染的神话源于一个发现的隐喻；西方人发现，空间生机勃勃，因而是可以扼杀的。

卡尔扎蒂批注

这个观点非常贴切，就目前状况而言，还有一点需要指出，西方对太空的污染超过东方，以致空间探索的机械和技术垃圾留在了地球轨道上，越来越成为地球卫星和进一步探测的障碍。

第十三节　日语里的“ma”（空间－时间）

日本人从来就不喜欢西方人的中性空间观念。在日本传统文化里，空间不是中性的，从来就不是。对他们而言，空间是持续不断流动的，有生气，有互动，受时间和空间感觉的宰制。这样感觉名为“ma”，意为“空间－时间”，并不相当于我们的空间观念。主要的差别是：我们说空间时，我们暗指的是“空地盘”或“空地域”。对日本人而言，“ma”的内涵是人与物复杂的关系网络。法国的日本问题专家米歇尔·蓝登（Michel Random）写道：

> 在日本，一切都倚重“ma”，武术、建筑、音乐甚至生活的艺术都倚重“ma”。审美、比例、庭院设计都归属于意义的网络，所有的意义都通过“ma”产生联系。甚至生意人洽谈时也遵守“ma”的规则，其理念是要去感知商务伙伴如何对事情做出判断。由此观之，“ma”决定选择的等级、投资的优先顺序、企业组织里的正确时机和妥善空间，还决定对人和形势的准确感知。一句话，日本人觉得，“ma”是万物背后那种难以名状的音乐和弦，是准确间隔的感觉，间隔之间产生最充分、

最细腻的回声。[1]

卡尔扎蒂批注

作为与日本人“ma”相似的观念，介绍中国人“风水”的观念也许是有用的。“风水”与其说是确认“间隔”，不如说是要寻求空间组织和占据的总体平衡。“风水”是中国人对空间的整体感知和设计，并不是很强调地理空间。这是要反映他们对待现实的循环和整体的态度。相比而言，西方人对待现实采用的是线性的、理性主义的方法论。

日本人敏锐地感觉到间隔。他们的设计揭示，他们感觉到事物之间空间上的间隔，不固着在某一点上，比如，插花、园艺或等级分明的人际互动里就有间隔的意识。因此，今天的日本产业界对设计很感兴趣，就不足为奇了。在一定程度上，电能与电波就可以使我们更好地了解，日本人对空间的领会如何有别于我们对空间的理解。

---

〔1〕 米歇尔·蓝登（Michel Random），《无往不胜的战略》*La stratégie de l'invisible*（Paris：Félin，1985），149-150。

第十四节　日本人的心理技术空间“ma”

我们最新的电子技术以全新的方式邀请东方和西方相会：每个人都在电子空间中的不同层次上发生联系。因为我们开发出心灵和技术越来越密切的界面，所以我们期待很快实现在网上“思考”。这些功能的外化可能会造成机器越来越自主的局面。但人机互动将用密集的网络塞满所谓的客观世界。这就是心理技术空间“ma”，一个电子间隔的世界，处在常衡不断的活动和回响中。设计将很快从基本的反应式进入积极主动的阶段。新技术应该成为设计的目标，而不是设计的源头。在探索和创新界面模式上，而不是在产品的生成上，设计将找到收获更丰的领域。

卡尔扎蒂批注

这是超前的共生自主系统。将有些专家的探讨 / 警告纳入这里的讨论，也许不无益处。他们认为，机器的设计应该使之很容易辨认为……机器。机器不应该被设计得像人。这种选择的心理基础是清楚的：维持“人”对机器的优势地位，避免人向技术的移情作用（可能是技术潜入人的身心的路径）。

这是日本设计师和工程师擅长的领域。在不久的将来，设计样式的灵感将不会局限于传统的审美和效率等观念，设计将把悠久的智慧需求纳入其中。这是因为我们有过剩的力量。你能做任何事情、一切事情时，下一步就是明白你真的是谁、你真正想做什么。眼前的现实忙忙碌碌，不能在这一点上给我们多少信息。因此，为了进步，也许我们不久必然要回归世界文化的黄金时代，用以取代当前的进步神话。

在这种意义上，日本人的空间观念“ma”能给现代日本和现代世界很大的启示。它是全球人类文明某一个方面的精华。通过理解尤其感知这一空间，设计师和策划人可以恢复技术侵蚀中失去的维度和比例。在无穷力量和信息接入的语境下，艺术家或设计师的主要作用就是探索自然和社会的历史，在人类生活中比较成功的实验中寻觅指针。

卡尔扎蒂批注

问题是界定我们所谓的“人”是什么、“环境”是什么。我们再次看到，这似乎成了厘清伦理优先顺序的问题……更准确地说，我们可能认为，这可能是一个安全出口即计划 B 的问题；为了给机器编程，计划 B 要足够安全，不会被技术的自我演化所劫持。在这个过程中，设计无疑会发挥关键的作用。所以，问题可能是：什么是风水灵感的共生自主系统呢？

以下是2019年增写的文字。

让风水为共生自主系统的算法提供启示吗？这是一个很好的建议，和设计密切相关。日本人的空间观念“ma”和中国人的“风水”观念都认为，空间是活跃的，他们能看到“ma”和“风水”起作用。“ma”是焦点问题，注意间隔；“风水”是设计问题，注意定位。“ma”不看事物，看其位置，看事物之间和事物周围的间隔；“风水”使人想起契机时间（kairological time），看时间在空间里的位置，反过来确定空间和心灵里事物的关系。西方人不看空间，而是看穿空间。应当承认人们对风水利弊的批评很多，中国内外的批评都不绝于耳。我们的讨论不是要臧否风水，说它是否科学上成为可能、政治上可以接受，而是要承认，它写进中国人的感知系统已经几千年了。无论是否被有意识调用，这样的感觉为中国建筑的总体趋势提供灵感，北京和上海这样的现代城市都会喜欢在立体结构里用方形的窗户。为什么这样的格式在西方建筑里很罕见呢？西方建筑为什么选择用纵向或横向的格式，即所谓标准的“大观景窗”（picture window）呢？会意字的汉字呈方形，邀请视觉中心凹和从上到下的扫描，相反，西方文字是横向展开的。这样的空间常数是东西方文明“文化肌肤”的特征，可回溯数千年。

即便如此，“ma”和“风水”是否进入人工智能参数的候选目录，仍然是一个猜想的问题，但人与环境健康和谐关系的潜在因素是真实的，计算机的算法能处理这个潜在因素。风水提出的问题是，你个人的共生自主系统气泡云和一个智能的环境互动时，那会为你带来什么呢？我想，那是数据分析，你的共生自主系统总是为你计算出你在环境里的最佳形貌吧。如此，一切总是各居其位，因为你的共生自主系统理解你，真的喜欢你。环境里的传感器、情绪情感分析系统、主体的全剖面图，姑不论共生自主系统业已可能的思维阅读能力——这一切再加更多的真实时间知觉环境系统都各居其位。所有这一切技术都已经处在设计和生成的各个阶段。我们能否达成人与技术明智的平衡？这取决于“系统”的演化：从目前人人为己、刻意扭曲算法的倾向演化到电影《机械危情》（*The Machine*）里那种“新客观性”。

我们固然能随心所欲地应对“王者机器”，但我们需要的是浩瀚的智慧和跨学科的设计。所以，设计处在我们应对未来的前沿。

假如中国的社会信用工程根据历代的智慧来运行，避免政治权宜之计，很可能，中国人踏上了抵达设计终极目标的道路。

我认为西方人最终也将抵达设计的目标，但那是在我们终结了文化肌肤上的瑕疵、划痕、皮疹和撞伤以后。

第十五章　赛博设计：赛博活动的设计标准

第一节　虚拟现实

北卡罗来纳大学教堂山分校的头戴式显示器（HMD）含一个虚拟现实系统，设计人员能挑选基本的3D形状（球形、立方形、金字塔形结构），并把它们放大到想要的尺寸，予以组合，用侧移和比例切分等技巧予以加工，全都在真实时间里进行。设计师能看见概念成长为形状，立即步入其中或绕其行走。虚拟现实容许你身临其境，进入你想象的产品中。

虚拟现实是你在应用技术里能得到最接近“纯粹”设计的技术，因为这是完全基于软件活动的。除了计算机工作站、一副目视传音装置和一只数据手套，在发出指令、完成某件事之前，没有任何物质的东西。现在已有的系统含多种界面，连接用户，使其进入计算机提供的全方位图像和声音环境里。若要进入虚拟现实，你可以戴上目视传音装置，它将向你呈现立体的三维图像世界，把你的形象投射到这个世界中，实际上你并没有被包裹其中。在这个投射的世界里操作，你戴一只数据手套，它将容许你在这个图像世界里移动和摆弄其中的物体。

一开始，虚拟现实就掌握在一帮特殊的艺术家－工程师手中。起初的虚拟现实界面是头戴式显示器，由麻省理工学院和犹他大学的计算机科学家伊凡·苏泽兰特（Ivan Sutherland）开发，时间是在20世纪60年代末和70年代初。不过，正如霍华德·莱因戈尔德（Howard Rheingold）[1]所示，最初想把观察者置入图景的人是电影摄影师莫顿·海利格（Morton Heilig），第一台研究成功的全方位、多感知机器是他的Sensorama（1960），藏在他的后院里，三十年后依然能够运行。Sensorama容许用户用触觉（和近年的环绕电影原理近似）、嗅觉和听觉刺激来感受一部3D电影。另一位艺术家－工程师迈隆·克鲁格（Myron Krueger）的虚拟现实概念有所不同，他把用户的形象映射到虚拟世界里。经过多年努力，他开发出Videoplace系统，用户的形象映射在屏幕上，产生精美的图像和声音。直到最近，他才获得国际认可，被认可为虚拟现实的先驱。

预见虚拟现实的潜力，的确需要特殊的感知力。海利格未能找到足够的支持，他开发的技术本来可能是第一种虚拟现实系统。后来，虚拟现实系统由美国国防部研发成功，因为它从来不缺钱。头戴式显示器被用于军事飞行的计算机模拟训练，其动机是取代成本高、存在潜在危险的致命飞行。大多数模拟飞行过去是、现在仍然是旨在改进视觉、听觉和触觉训练，模拟着陆、起飞、追踪、投弹和空对空作战。

---

〔1〕 霍华德·莱因戈尔德（Howard Rheingold），《虚拟现实》*Virtual Reality*（New York：Summit Books，1991），55-57。

在设计频谱的另一端还有许多艺术家，比如迈隆·克鲁格、托马斯·齐默曼（Thomas Zimmerman）、杰伦·拉尼尔、格雷厄姆·史密斯（Graham Smith）、戴维·罗克比（David Rokeby）等。他们认识到，虚拟现实是用技术探索人类感知系统的最佳试验场。虚拟现实与艺术的关系建立在它感知表达的潜力上。艺术家发现感知模式、技术延伸的感知投射机器与用户的互动，这是一个全新的领域。另一方面，设计师大概会注意艺术家正在自己的领域里做什么工作，因为很快那将成为设计师最佳理念的源头。今天，一些最有趣的虚拟现实工作似乎正在自发地从艺术家的创作室里冒出来。实际上，虚拟现实艺术品的灵感源自于艺术家无拘无束的探索中，他们正在探索心理反应的生物学基础。

从实际的观点看，虚拟现实与绘图板的关系就像录像与即时播放和胶片的关系。虚拟现实的回应发生在真实时间里，它有可能压缩甚至完全消除意向和实现之间的时空间隔。最终，虚拟现实将沿袭文字处理和桌面出版的路子，赋予作者从即时出版、抹掉重写到发行的完全的灵活性。可见，虚拟现实几乎是设计心理过程直接的技术延伸和表达。

心理形象被赋予图形，图形随你的心愿变化，近乎你脑子里发生的事情。在虚拟现实里工作时，一个额外的好处是，你能进入你心灵延伸的内容，甚至能清清楚楚地与同事分享你思想的产物。最终，虚拟现实使人能在虚拟站点里会晤、工作，这些虚拟站点名曰“虚拟公地”（virtual common）。

卡尔扎蒂批注

这里值得讨论的例子是“第二人生”。这是个虚拟世界，很富魅力，盛极一时，却无情地衰落了。这和上文回答虚拟现实为何尚未真正起飞的原因有关系（亦见上一条评注所论人的经验“氛围”)：看来，技术开发太快，不可能被我们的头脑和自觉的“世界存在”(海德格尔所谓的“存在”）一股脑儿吸收，那样的操作是上千万年演化的产物。很可能，我们需要更多时间才能过渡到真实的虚拟混杂的现实（hybrid factional reality)（我们与数字技术和物联网的联系很可能是这个方向上居中的一步)。换言之，那不是通过技术“创造”与“真实”现实平行的虚拟现实，更可能的是，通过模拟/复制/碎片化的日益增多的层层叠加，再次导向数字技术似的技术社会和文化的理念（在这里，“三种空间”的概念回归，技术创新必须与成熟的社会文化环境相会才能猛增的理念，再次回归)。

如果说电子技术的发展有一个明确的、目的论的方向，而不是偶然的方向，那么，虚拟现实就是电子技术发展的综合。这似乎是许多电子技术的逻辑结果和交汇点。虚拟现实开发的背后有刺激驱动的强大的市场潜力。比如，在技艺层面上，虚拟现实似乎准备充分利用这样一个趋势：高清电视里模拟信号向数字信号的转换。虚拟现实把视频技术的“活生生”的直接性与计算机干预的灵活性结合起来。为了改进分发、合作使用和转换技艺，虚拟现实正在信号压缩和传输上快速推进。加上改进后的通信网络和电子“高速公路”，虚拟现实能支持广播业务和特殊服务。和神经网络技术结合，虚拟现实可以把自动化推向自主化（autonomation)，也就是说，它可以把受控条件下的自主权赋予自动化的电子机器人。

在更深的层次上，虚拟现实使最新的心理发现和技术软件走向融合。计算机改进人工智能和专家系统的追求也起到这样的作用。它促使脑研究更快、更进一步，如果只让医学界和学术界从事脑研究，脑研究就要慢得多。虚拟现实已经在激励一个加速的驱力，去理解人类智能的有机支撑和感知复杂性。同时，另一种驱动力在模拟视觉和听觉经验的基础上加上触觉，以便使经验更“真实”、更直接并最终更可控，这一点不足为奇。由于数字化，任何输入的集合都能转换为不同的输出集合。数字化成了计算机软件里技术的“常识”。

一旦虚拟现实技术达到了实际趋势预测的成熟阶段，它就可能把任何生产水平和过程变成设计的物件和产品。虚拟现实终将深入媒体的新闻报导，使人参与新闻事件，就像它使人参与娱乐事件一样。让儿童在知识领域和娱乐领域亲历各种体验，就可以加快儿童教育的步伐。终有一天，博物馆将要塞满虚拟现实重现的时空上相距遥远的种种环境。

卡尔扎蒂批注

有一个例子和上一条评论有关系。巴塞罗那的旅行社基本上都让导游使用平板电脑。在市内各景点解说时，导游向游客说明遗址（尤其在老城）的概况，圣家堂（Sagrada Familia）建好后像什么样子。这个例子也很有趣，因为它开启了赛博设计和技术使用的讨论，或重写历史，或投射到未来，而不是“仅仅”创造“替代性”的当今时代。

虚拟现实技术的应用将要促进医学实践和研究，以及对残障人士的照顾。显然，虚拟现实产业首先要靠设计师的质量和多才多艺。虚拟现实技术尚处在相当粗糙的阶段。图像分辨率比较差，画面更新速度太慢，在动作和图形模拟效应的相关性方面难以给人“真实时间”的印象。但虚拟现实技术的进步势不可挡，终将接管经济，就像电视超级牛股接管经济一样，因为它促成市场压力和心理需求增长的融合。

虚拟现实是第一种尚未成熟就已经击中大众想象力的技术。即使就概念而言，虚拟现实已经很强大，足以改变主流产业的思维，足以振兴业已枯竭的后工业经济了。我们需要这样的新思维，以应对虚拟现实的挑战。〔1〕

〔1〕 实际上，虚拟现实的进步犹如潮汐，有涨有落，不如我预想的顺畅。

第二节 赛博设计

“赛博设计”（cyberdesign）是用虚拟现实重新考虑的设计。它是设计的一个方面，即将从边缘移入产业界注意的中心。赛博活跃系统（cyberactive systems）是非常活跃的数字系统，得到它支撑的设计就是赛博设计。赛博设计是设计师语汇的重要补充，因为它即将成为一门重要的产业。所谓设计参数就是因赛博活跃系统而变化，并与之互动的设计特征。在日益复杂且一体化的自调节可能的环境中，预测什么需要、什么不需要，那是专业设计师才能承担的任务。如果有可能打开或关上一堵液晶显示墙，你就能改变其颜色，并使之与路过的人产生互动——这正是你在荷兰文化学家克里特·迪特勒（Kriet Titulaer）笔下的“未来的住宅”里所见的景观。这类特征像智力玩具的元素，也许你日后想独自一人把它拼装起来。有待控制的参数非常复杂，需要一个“元设计”（metadesign）层次，就是说，由用户来设计一个供他自己使用的系统。设计师的任务就是在整合一体的参数中提供一种选择，让这一选择形塑系统的反应。在文字处理系统的发展史上，有一个设计复杂性的例子：单个设计的特征就决定了软件开发商的命运沉浮。

赛博设计可以被理解为传统设计的分支，但它专门应用于市场上的一种新人："生产消费者"（prosumer）。阿尔文·托夫勒（Alvin Toffler）[1]首创这个混成词以突显市场营销的最新趋势。趋势表明，许多潜在的购物人不再满足于只做消费者，他们越来越想参与生产过程。詹姆斯·乔伊斯（James Joyce）[2]很早就预见到这样的动态。他戏谑地问道："我的消费者呀，难道不是我的生产者吗？"（《芬尼根的守灵夜》）他的意思是生产和消费有强烈的相互依存关系。然而，今天的情况是社会机体计算机化的结果，人们需要生产自己的商品。这不仅是产品"定制"以适合购买者个人所需的问题，首先是一个赋能（empowerment）问题。

技术赋予人力量，消费者对周围环境行使更大控制权的需求随之产生。随着我们走向消费者导向而非生产者导向文化，产业界认识到，反映消费者权力的设计性特征必然要嵌入产品。"生产消费者"一代诞生于20世纪80年代，那是雅皮士和计算机网络的时代。计算机使人能对着屏幕应答，人们从电视手里收回自己精神生活的控制权，并积极参与环境的组织工作，包括地方和全球环境的组织工作。

"生产消费主义（prosumerism）"[3]远未达到巅峰期，然而，它已经产生个性化赋权的需求，这是面向大众消费的许多产品的重要特征。

---

〔1〕阿尔文·托夫勒（Alvin Toffler，1928-2016），美国未来学家，著有《未来的冲击》《第三次浪潮》《权力的转移》《财富的革命》等。

〔2〕詹姆斯·乔伊斯（James Joyce，1882-1941），20世纪最伟大的小说家之一，著有《尤利西斯》《芬尼根的守灵夜》《都柏林人》《一个青年艺术家的肖像》等。

〔3〕"生产消费主义"的下一个层次是"用户生成内容"（UGC），这是一个重大的经济拐点，线上市场越来越依靠用户提供内容和服务，那曾经是生产者独享的特权，是他与消费者的明显区别。另一种令人注目的变化可以称为用户生成就业（User-Generated-Employment），这是平台企业提供的就业，"优步"（Uber）用车软件和"爱彼迎"（Airbnb）房屋租赁网站就是这样的平台。

仅举一个小小的无处不见的实例：没有一个有自尊的生意人会满足于一部基本功能的座机。诸如自动应答、暂停、转接、来电显示、远程来电搜集等附加功能使用户更自信，使他觉得自己对生活的控制力增强了。我们的电视机成了一个小小的生产单元，能回应录像系统和视频剪辑系统技艺上的先进性。计算机辅助的桌面出版系统、编辑、录像、多媒体操作系统每两个月就有更新，在我们的桌面上登陆。

赛博设计是一种针对“生产消费者”感知能力的设计哲学。如果说 20 世纪 60 年代和 20 世纪 70 年代的大众市场依靠的是设计者策划的淘汰与包装，那么，20 世纪 80 年代的速度市场就受即时通信和高技术宰制，20 世纪 90 年代经济的基础就是邀请消费者参与生产决策。领袖人物将要使用赛博活跃系统，会激励许多其他领域的变化，比如教育、娱乐、自助服务甚至政治的变化——他们将目睹平民主义（populism）即服务驱动的政府在北美的复苏。[1]

卡尔扎蒂批注

一个例子涌入脑际，不那么明朗，意大利民粹主义的五星党（M5S）“卢梭平台”。该平台的设计没有表明，谁拥有捐款人 / 选举人的数据，也没有说明，数据是如何分析的。捐款人 / 选举人应邀发表意见，至于讨论话题的结论是如何做出的，并没有任何说明。

赋权（empowerment）的必要性产生其他设计标准，对于明天

〔1〕天哪，我想说什么呢？换言之，平民主义的意思变了吗？肯定变了。三十年前，它的意思是政府对普通人注意。今天，“普通人”绝不普通了。他们是心怀不满的边缘人。由于病毒式的社交媒体和其他媒体，他们成了严肃的投票团，对现存体制发起挑战。

商品和服务的大众市场而言，也许这将证明是很重要的。赋权转化为改善的定制、更多样的产品，使单一技术有更多的选择。桌面系统工业固有的选择性，使之能更深入专门化的分众市场。就消费者这一边而言，他们想要电视机、CD 播放机、微波炉有一些华丽的装饰，这并不是因为他们需要这些装饰，或准备使用这些装饰，而是因为这些附加的装饰赋予他们力量。需要时可以用上，这就足以证明更多的消费是有道理的。人们购买这些有装饰的系统时，他们买的不是服务，甚至不是地位，他们就是购买权力。

卡尔扎蒂批注

宜家家居提供家具的组合设计，给顾客被赋权的感觉（或者说，这既是赋权，又是人力伪装外化 / 剥削的一种形式，但顾客感到高兴）。不仅如此，宜家家居还模拟你的房子，如果用它定制化的家具，你的家居环境可以被装扮得最好。

赋权还生成了一个用户友好的必备条件。学习实用技术的过程应该嵌入系统里，而不应该是由消费者提出的要求。倘若不用一个下午就可以学会使用苹果的麦金托什（Macintosh）计算机，也许数以百万计的人至今仍然不会用计算机。试比较大多数 IBM 计算机及其克隆产品，使用者要付出几个月艰辛的努力才能学会。IBM 最终不得不服输，而改用 Windows 的桌面环境。用户友好的品质迎合了立即满足的要求，这是电视时代贪婪消费欲望的遗产，迎合了直觉的使用习惯，而不是感应式的使用习惯。也许，因为被众多不同的技术帮手惯坏了，还因为我们失去了努力学习的习惯，我们觉得，机器应该百依百顺，除了要求我们简单的注意外，不应该向我们提出任何要求，而且有时连那一点点注意也不应该要求于我们。

卡尔扎蒂批注

最近，我老是在想用户友好隐藏的一面，这里说一说也许有意思。这就是“不引人注意”（inconspicuousness）的概念：技术商品化的用户友好过程逐渐将其概念（以及相关的知识）推向后台。因此，促进幕后的主要思维就是揭开技术的后台。这是指向改变视角的一步，指向生成技术失稳恐惧的一步。这类似于本雅明和杰姆逊[1]对布莱希特[2]戏剧表演观念的界定。他们认为，布莱希特的戏剧表演观念是演员和观众合作的异化过程。杰姆逊在《布莱希特与方法》（*Brecht and Method*）里写道：“优秀的演出是不显露排练痕迹的演出（同样，成功物化的商品使生产的痕迹消除殆尽）：布莱希特撩起这层面纱，让我们窥视演员的手势和身段。”杰姆逊提及的“排练痕迹”的移除，与上文描绘的用户导向的技术商品化异曲同工。布莱希特完成的“撩起面纱”是那个念头的镜像：通过媒体素养的训练撩起技术后台的帐幔。换言之，无论我们观照技术的视角是什么，我们再次看到，关键问题始终是一个赋权的（常常透明）和不赋权（常常模糊）的镜像过程。

赛博活跃系统之所以在真实时间里的运行状态最佳，就是这个

〔1〕 弗雷德里克·杰姆逊（Fredric Jameson，1934- ），美国当代著名文学理论家和文化批评家。
〔2〕 贝托尔德·布莱希特（Bertolt Brecht，1898-1956），德国著名戏剧家、诗人。

道理。但实时性并不是我们渴求即时满足的另一个要求。当然，指令被执行的速度是衡量我们权力的一个尺度，但真正实时性的口味来自于邻接和亲近的新层次，那是技术在我们身体和心灵里唤起的感觉。无疑，随身听、虚拟现实目视传音装置、数据套装、数据手套形成了和我们的机体密不可分的有机联系。我们正在习惯与电脑屏幕会话，仿佛它们就是我们头脑的延伸，我们的对话也带着有机体联系的特征。结果，我们开始期待，机器对我们的指令的回应就像我们肢体和感官的直觉一样快。

卡尔扎蒂批注

我们等待网页上传的阈值大大缩短了，想想这点就足以明白我们的期待。在这一点上，必须承认，技术设计已采用几种策略做出回应，让用户等待时不空闲（即使在内容上传以前，就告诉用户，网页布局如何）；最重要的是，设计正在走向容许更快运行的极简主义形式（这与“不引人注意”的理念共鸣），技术在我们身体和心灵里的体现日益增多，流媒体的内容（如 Youtube，Netflix）就以此为依托，并因此而兴旺。所谓流媒体内容是这样一种理念：无论你想什么、无论你想去何方，你都在“模拟的”实时性中消费。然而，为获得这样的授权，我们总是要付出代价的：媒介内容的体验高度定制化，不仅如此，技术还进入了我们的心灵和日常事务，把变时框架（chronotropic frame）强加在我们的生活之上。这个框架是算法的与溪流式（stream-like）的。所谓算法的意思是，技术能理解、学会甚至指导用户的胃口；所谓溪流式的意思是，技术向超级定制的成果形式敞开大门，使人上瘾（一口气看完）。结果，个人的日程就被技术重塑，暗暗导向一种生物–技术共生态，而“人”未必在掌舵。在这里我们又看到，日益模拟化的虚拟现实逐渐显露的理念回归了，人只不过是虚拟现实的一个元素。

一般认为，设计首先关心的是眼睛，这是我们近期数码文化的效应。在非视觉基础的设计里有一些改进，我们发明了人类工程学的概念，但计算机辅助设计的研究正在突破感知模拟和刺激的极限，将要增进我们对其他感官微妙特质的知觉。不久前，我们输录数据或敲击按键，以启动机器；如今，我们开始像穿戴虚拟人体一样地穿戴数据了。[1]

然而，后工业文化中似乎有一种自发演化的标准，我们不妨称之为“不引人注意”。事物都想隐藏，并融入到背景中。在一些高质量的机器里，功能不再明显。这样的“谨慎”就像是设计里的“礼仪”新世界。全球经济紧缩的趋势可能是近年避免露富倾向的原因，但可能很大程度上要归因于发展中的消失的美学（aesthetics of disappearance），而不是归因于经济的基础。

高技术和可见度成正比例关系：技术越高，媒介越明晰，技术越低，越需要装饰支撑。比如，和索尼手提式录放机的设计相比，索尼电视机的新设计就使之接近于智能站点，而不是不能回应的终端。连遥控器的功能都极简化到荒唐的程度。（我怎么也找不到如何调节音色或人字形干扰的按键）。

---

〔1〕 想想可穿戴设备。智能手表甚至生物芯片分析并报告我们的运动、心跳、步数、睡眠周期，以及我们是否有预感的方式等；我们在身上穿戴神经系统的延伸及其话匣子。

然而，视觉里消失的东西常常在触觉里重新浮现。实际上，和中枢神经系统的隐喻一致的是，有机体性质和技术电力的连续性最好是由感觉来处理。儿童玩手游时，眼和手的协同得到加强，他们体会触觉的方式和专业钢琴家的技艺堪有一比！[1]设计师想知道两种触觉清晰度的差异：直接接触的触觉和远距离压力的触觉有何不同。电能可以模拟两种触觉，但效应程度不同；日本工业设计师很清楚，单靠近距离的简单指令就可以实现互动。

这里提及的大多数设计标准都是新技术带来的，新技术使它们具有相关意义。这些标准有用户友好性、多位感知性、实时性或极简性，现代主义或后现代主义时代不可能构想这样的标准。但这些标准不难识别，也不难理解。它们可以在“工作中”学习。其他标准可能还没有浮现，但随着赛博活跃系统的逐步展开，这些标准也会被发现，比如，界面、服务和商品的日益个性化。

此外，还有一个更深层次的过程在起作用。看来，每一种重大的技术在文化里达到饱和状态前，都必然要经历两个阶段：首先是兀然现形，然后经内化达至隐形。比如起初的供电线路处处显形，至今，加拿大的许多城市仍然受其困扰，电话线杆和户外输电线随处可见。即使要花费很多钱，发展趋势仍然是要把它们埋入地下。

在有些情况下，审慎的趋势来自于一种自律的策略。电能之所以隐蔽潜行，不仅是因为它带有人类神经系统的性质，而且也因为不被考问、不被察觉时，基线技术（baseline technology）的效果最佳。麦克卢汉通晓这类问题，喜欢引用乔伊斯《芬尼根的守灵夜》

〔1〕 我们不要夸张！真正的想法是深刻认识这样的可能性：神经运动对运动技能有积极的影响；稍后的研究并没有证明这一点。

里的一句话："邻接的事物不显眼时，其活力就无坚不摧。"主导底层媒介的隐形或透明性，有一个重要的例子，那就是书面文化。自文艺复兴和宗教改革以来，字母表对我们产生了令人生畏的影响，还要等多久我们才能意识到这一点呢？如今，字母表技术的主导地位不如当初，而我们有关自己的基本思想仍然在很大程度上倚重它，一旦明白了这个道理，我们就会急剧变化。新一代的赛博设计师也许会响应召唤，去重新设计我们的心理。[1]

在虚拟现实技术的开发和大众消费中，我们可以预期人们心理的变化。从幼儿到成人，从工作场所到晚间和周末的家庭娱乐，人们都在学习使用虚拟现实技术，他们将要认识到，一切技术尤其电子技术都不仅是我们当前环境的外化，而且是我们最私密自我的准有机（quasi-organic）延伸。虚拟现实的本质不仅仅是生产物体，而且是延伸和拓展主体。

设计成为思想和行为的标准界面后，依靠思想和计划的活动就成为思想感情的直接延伸。因为把自己的虚拟现实感知投入环境时，我们就意识到，我们正用来包裹自己的智能和感知的世界，其实就是我们头脑和心灵的延伸。

以下是 2019 年增写的文字。

以上文字最后一段重述了本章的主要论点：在共生自主系统的支持下，势不可挡的趋势是在真实时间里把技术和心灵联系起来，

---

〔1〕今天，元设计已被托付给算法，这就是一个新的设计问题，因为一旦越过了某一点，算法就接过了程序员的任务，就规避解释或可预见性了。

以求得准即时效果。本章的对象是设计师，因为我在二十五年前预测的趋势隐含着这样一个命题：设计必然要从产业、制造和营销背景的角色迈向艺术、娱乐、教育、遐想的前沿角色，以及政府的角色。

在最近发表的一篇文章里，佩德罗·里贝罗（Pedro Ribeiro）探索了“赛博设计”的概念，他引用了一句话并给予贴切的解释。他引用的话是：“借用虚拟现实，设计师能目睹概念成形，步入虚拟现实，实时在其中漫步。虚拟现实使他能进入他想象中的产品。”接着他评述道：“因为新速度的引入是迈向虚拟现实的第一步（创造现实的主要矢量之一），作为新设计趋势的结果，设计师迈向与虚拟现实相互联系的境界。换言之，设计师能形塑他的设计概念和项目，使脑子里的念头活灵活现，拥有与同事分享的优势。因此，我们正在习惯于接受电脑屏幕与脑子的同位关系。我们进入了真实时间，虚拟空间甚至能减弱或消除目标与达到目标的时间推移。如此，互动的速度就达到了实时性（instantaneity）。”[1]

二十五年前我并没有预见到，虚拟现实只不过是一个定位框架和外化的隐喻；也没有预见到，和后来“第二人生”一样，虚拟现实是顿悟的一刻，它使公众明白，连你的幻想也终将迁移到屏幕上。彼时，另外两种更重要的技术趋势已在背景里涌动，却没有达到足以让人注意的地步。一是3D打印，一是人脑－计算机界面（Brain Computer Interface，BCI）。当时，我已在几位艺术家的作品里窥

〔1〕佩德罗·里贝罗（Pedro Ribeiro），《赛博设计》CYBERDESIGN - Approaches to a new momentum and the consequences of it!. Published on January 17, 2017. https://www.linkedin.com/pulse/cyberdesign-approaches-new-momentum-consequences-pedro-ribeiro/。

见了它的来临，但我给了它一个幼稚的命名："脑机直连"（Mind-Machine-Direct-Connect）。这是因为，虽然 BCI 命名已在 20 世纪 70 年代出现，但 20 世纪 90 年代末它才走出实验室，尚在两种选择之间寻求稳定：一是神经 - 计算机界面（neural-machine interface，简称 NMI），一是思想 - 计算机界面（Mind Machine Interface，简称 MMI，它们与我的"脑机直连"接近）。

第三节 3D 打印

1980 年前，日本的先田秀夫（Hideo Kodama）利用“层叠成形”的薄膜技术方法加工模具，旋即被命名为 SLA（stereolithography），最后定名为增材制造技术（additive manufacturing）。

3D 打印的历史始于 20 世纪 60 年代晚期。3D 打印所需的光固化树脂则是在 20 世纪 50 年代由杜邦实验室开发的。此间，由于专利人的不同，3D 打印的种种尝试有多种命名：形式图（formigraphic 1967）、立体摄影（solid photography 1977）、机器人视觉（robotic vision 1981）及稍后的固体复印机（solid copier）。显然，先田秀夫不善于经营品牌。在 1980 年的第一篇论文里，他将自己的发明称为“三维模型自动建模的三维数据显示”（Three-Dimensional Data Display by Automatic Preparation of a Three-Dimensional Model）。倘若他称之为快速 3D 成型技术（Rapid 3D prototyping），大概会更吸引人。由于复杂的日本官僚主义拖延，他未能获得专利。次年，他发表第二篇论文《光硬化聚合物三维塑性模型的自动生成方法》（Automatic Method for Fabricating a Three-Dimensional Plastic Model with Photo Hardening Polymer）。这个新题名至少扼要说明了用途和加工原理。他用紫外光聚合光敏感树脂。他至今享有 3D 打印第一人的荣誉，因为他的加工只需要一束光，其他的发明却需要不同光源的交叉，过程更加复杂，效果并不精准。美国工程师查尔斯·哈尔（Charles Hull）精化了先田秀夫的理念，他用叠层打印法注册了光固化快速成形技术的第一个专利，用单束紫外光使树脂固化。这个过程受惠于改进后的计算机辅助设计，获得了3D模型。他创建了名为3D系统公司（3D Systems Corporation）的第一家3D打印公司。[1]

3D打印的时间线如下所示：

1999：通过工程器官（engineered organs），3D打印为医学做出新贡献。

2002：科学家制成一个迷你型功能肾，在动物实验中闯过难关过滤血液，生成稀释的尿液。

2010：第一辆由3D打印的Urbee原型车问世。

2011：康奈尔大学开始研制3D食品打印机。

2012：第一块假颌骨成功打印并植入患者。

2013：奥巴马的国情咨文由3D打印。

2015：碳三维3D公司发布革命性的超快剪辑3D打印机。

2016：丹尼尔·凯利（Daniel Kelly）的实验室宣告能3D打印骨头。

---

〔1〕这一历史概述的细节见特里·霍勒斯（Terry Wohlers）的文章《快速制模、加工和制造：产业现状》Rapid Prototyping, Tooling & Manufacturing, State of the Industry, Wohlers Report 2005 (http://www.wohlersassociates.com/history.pdf)。

关于3D打印在艺术、医学、制造业和建筑施工里能做什么、已做什么，媒体报导的新闻不在少数。然而，除了在制造业和拓荒性医学的应用上，3D打印并没有受到它应得的关注。诚然，其品类多样，精度和能力增强，且成本逐渐下降，但是，它非凡的文化意义尚未激发公众的想象力。实际上，它尚未唤起教育工作者的想象力，令人扼腕，反过来，教育界失去了丰富学生想象力的机会。

第四节　人脑－计算机界面

一开始我们就应该承认，自脑电图接上计算机以改进病人大脑表层信号的解读以来，人脑－计算机界面就已经在实用中。我在第五章里讲述了我本人参与实验的经验：我和计算机“连线”，让机器解读我的反应。这一设置就可以说是人脑－计算机界面（BCI）。不过，人脑－计算机界面的意义远不止于此，它进入我们的思维过程，不仅要记录大脑皮层活动，而且实际上要实时地指令屏幕上或音乐里的效果。最著名的实验是美国作曲家阿尔文·鲁西埃（Alvin Lucier）在《独奏音乐》（*Music for Solo Performer*，1965）里所做的实验：脑电波仪器监测 alpha 波，将其指引到模拟式信号处理硬件（过滤器、放大器和调音板），以刺激声学叩诊仪。

我最初接触人脑－计算机界面的思想的确是来自于艺术家的作品。1994 年，我在奥地利林茨参与电子艺术评审，交互式脑电波视觉分析仪（Interactive Brainwave Visual Analyzer）的发明给我留下深刻印象，虽然粗糙，却能助人仅靠思维就指令声音和视频效果。这台仪器至今能用。最近发明的 Emotiv 意念控制器更精密，原理同样，大脑皮层信号指令计算机屏幕上的思维运动图，甚至仅仅靠心里想下一步就可以玩电子游戏。

奇怪的是，虽然现有的界面工具层出不穷，价格实惠，但市场并没有热起来，在公众想象里也不时兴。这就证明，无论一项创新多么令人吃惊、有用、有效，总是要经过一个长期的学习曲线以后，它才会在社会场景中真正被采纳。也许，这和一个事实有关：这样的创新仍然被视为玩具，而不是真正的工具。就艺术家尤其新媒介艺术家而言，他们的作品很难完全度过顺势疗法的阶段。不过，这一切即将变化。人脑与机器直接联系的几种新的——或许还带着几分威胁——方式正在走出实验室。2019 年 1 月 29 日，“每日科学”网站（Science Daily）有一则新闻宣告：“工程师把大脑信号直接变成言语了。”

这篇新闻提要称：科学上首次，神经工程师创建的一个系统把思维转换为清晰、可识别的言语。这一突破利用了言语合成器和人工智能，可能会导向计算机直接与人脑交流的新方式。[1] 其中一位创建人尼玛·梅斯加拉尼（Nima Mesgarani）解释说：“我们用一种机器学习算法。脑子里有一些建立在神经属性上的松散模型，它们能学会极其复杂的关系模型。我们还借用语音句子中的最新技术，基本上就是要算法学习如何翻译，如何从脑电波回到语音句子，再回到语音本身。”

哥伦比亚大学的祖克曼研究所称，这一进展标志着迈向人脑 - 计算机界面的关键一步，为言语障碍或不能说话的人展示了美好的前景。毋庸置疑，这对任何人私密的思想都构成威胁，仿佛我们的隐私被侵犯得还不够！

---

〔1〕 https://www.sciencedaily.com/releases/2019/01/190129081919.htm.

然而真正重要的是想一想3D打印的技术心理能力。虽然专业3D打印需要专业的计算机辅助设计，虽然简单的言语尚不能生成三维物体，从“脑授”一个文本到“脑授”一个物体，再到上帝创世那样简单的一句话“让有……”——那就不是很大的一步了。

再次指出，领头完成这一连接的正是一位艺术家。中国香港邵逸夫创意媒体中心的莫里斯·贝纳永（Maurice Benayoun）从事教学与艺术创作。他说，他与托拜厄斯·克莱因（Tobias Klein）合作的最新成果之一可称为“脑工厂”（Brain Factory）。建议读者先看看他在YouTube（http://brainfactory.io/）上讲解的一段视频，然后再继续往下读。这有助于你理解他们两人令人震惊的成就。贝纳永做了这样的描述：

> “脑工厂”是一台艺术设备，通过人脑-计算机界面（BCI），受众将能形塑抽象的思维，并将由此而生的形式转化为一个物体。通过创新性、认知和情绪（CREATIVITY，COGNITION，and EMOTION）之类的抽象构造，我们考察人的特异性（human specificity）。这个项目阐明思维与物质、概念与客体、人与机器的关系。
>
> “脑工厂”人脑-计算机界面使用的是脑电波图形（EEG）捕获的数据。由于大脑活动独特，我们在两极化结局的空间里开发了一个新颖的校准过程，用于个人数据解读及相关的情绪反应。机器与人校准的交流使情绪的具体化、物质化和升华（物质转化为数据）对形状、形式和具体化的物体进行回应。微粒系统用于概览人的思想，生成形式。为了在基于人脑的生态

系统中生存，进化论的生物形态模型寻找最佳的形式，以符合将要形塑的原初概念。基本上，“脑工厂”考问与抽象概念相关的形式的文化语境，比如“爱”或“自由”之类的概念，它们摆脱图像，阐明底层的、半潜意识的形式回应。[1]

在此，设计又回到通过大门发挥作用了。

---

〔1〕 http://valueofvalues.net/.

第五节　圣言的力量

任何基督徒都知道："太初有道，神与道同在，道就是神，神就是道。"（《约翰福音》1：14）；"神说，'要有光'，就有了光。"（《创世纪》1：3）。创造是语言指令的结果，这并非基督教独有的理念。值得注意的是，伊斯兰教和犹太教也分享这个现实第一推动因素的信仰，当然，它们也都是圣典（《圣经》《福音书》《古兰经》）中的宗教。相比而言，中国人的创生神话根本就不借用神的意志，而是召唤混沌的自发有序，或借用分解肢体的重组（盘古），或借重基要元素"气"（亦被认可为气息或生命）里元初阴阳的互动。在中国人的创生神话（《楚辞》《道德经》《道源》《太一生水》《淮南子》）中，另一点值得注意的是，没有任何一种是基于任何宣告或指令，但全都借助太初发生和分割的原理，比如道生一，一生二（如阴阳），二生三，三生万物。创生力既没有源头，也没有主体。《福音书》里的福音传道者约翰只不过是在追随古希腊神话，希腊神话把创生的力量归之于圣言逻各斯（logos），崇拜逻各斯。

如此，那终极的力量就是语言召唤现实的力量。这和 3D 打印有何关系呢？本身无关系，然一旦接上人脑－计算机界面、人工智能、机器学习和计算机辅助设计，突然，西方和近东文化的源头就神奇地回归语言，并已在路上了。正如书写语词生成更多语词一样，思考事情将生成更多的事情，不像以前那样缓慢、错综复杂、成批地出现，而是应召、即时地生成，宛若造化的力量。3D 打印用设计替代语词，像魔术那样生成所需的物件。它成了思维和事物之间的中间步骤，它是一种危险的新力量——3D 打印可以生成功能好的枪炮——它可能需要修正版的设计义务论。

第十六章　火山似的艺术

第一节　火山似的艺术

在社会动荡和骚乱时期，艺术表现的是价值观。在比较平静的时期，艺术有助于装饰和秩序。在我们这种心理急剧变化的时期，艺术不逃避现实，不是逃离困惑与不确定性的道路，而是管窥集体意识翻腾的孔道，是形成现实的火山岩溶。我们急切地搜寻意义。接踵而至的意识形态破产使我们的价值观反复受到震撼，这些价值观有：纳粹主义、存在主义、资本主义、消费主义、弗洛伊德主义、撒切尔主义、里根主义、嬉皮士和雅皮士等。男男女女的形象、我们的自我形象、电视神话、对平衡与秩序的渴求——所有这些观念都在驱力、欲望、沮丧、希望、失望和失信的岩溶里漂浮。首先我要问，在技术猛进的时代里，我们为什么处在心理混乱中呢？第二个重要的问题是：在全面的、半个地球丰裕（hemispheric abundance）的时代里，我们仍然不能分享我们的资源，这是为什么呢？

因为我们的生活和文化多半取决于技术，重新评估文化艺术与技术的关系，也许是有用的。我用火山比喻艺术，应当承认，这是基于荣格的观念：艺术是集体无意识的产物，当现实的“地壳”太薄弱，不足以支撑现状时，艺术就在意识的表层爆发了。第一个问题问的是：为何现实的“地壳”太薄弱呢？因为根本上说，现实依赖技术，每当技术入侵现实时，现实就要发生变化。电视出现时，基于印刷技术的世界观就遭遇挑战并被削弱。现实是社会共识的形式，社会现实不仅靠社会共有的善意和语言支撑，而且，社会现实的构建和维持还要依靠该社会的主导传播媒介。每当新技术挑战社会现实，艺术就像火山一样爆发了。

实际上，技术入侵现实时，欣然采纳技术的人几乎就没有任何有意识的抵抗。技术驱力和市场前景，以及疯狂的技术崇拜，使购物者麻木，使他们心理上被自己的形象和世界的形象捆绑在一起。目前的艺术家身处火山之巅，其巅峰是火热的、有意识的，而巨大的冰山是公众梦游症的冰山。艺术家考问计算机、交互式系统、多媒体、虚拟现实和其他任何可能上市的最新技术，考问其效应，不做天真的政治考问，而是在深层的心理感知层次上考问：我们是谁？那些机器将对我们做什么呢？它们如何反映我们呢？它们将如何改变我们还在自问的自我形象呢？如此认真考问的首批成果遭到非难和抵制，艺术界和去艺术馆的公众都反对这样的考问。

一种浪漫化、理想化的观点可能会端出“艺术似火山”的理论：艺术品冲破业已被弱化的有关社会现实的共识，如火山一样爆发，像是威胁。火花和烟火遭到艺术界权威的坚决反对。对创新的激烈反对是任何体制的标准反应，无论政治、宗教、经济、科学的体制都会激烈反对。迎接库尔贝（Courbet）、马奈（Manet）画作和雷乃（Resnais）早期电影的是恐惧和厌恶。在德国卡塞尔举办的国际纪录片展演上，德国人讥讽技术的艺术表现。新的现实、电影胶片上的新意识从火山口喷出，顺山坡流下，慢下来，渐冷却。离火山口越远，岩溶越冷越黑，直到它沉淀下来。最后一个阶段是记忆、博物馆和社会文化机构。如果我们想要文化的连贯与意义，火山沉淀物和火山的火花就是同样重要的。重要的问题不是给产品建品牌、贴标签，而是观察艺术回应技术的过程。

这个观点是浪漫化、理想化的，因为在新的全球化的大众多元文化里，艺术品淹没在大众媒介和流行文化的喧嚣里了。然而，正是由于大众媒介和流行文化的全球化，艺术世界触摸到正在发生的一切，从东京到巴黎，从阿姆斯特丹到格拉斯哥，从魁北克市到约翰内斯堡，再到堪萨斯州的威奇塔（Wichita），世界各地的艺术节莫不如此。在世界的神经系统里，艺术以小剂量产生最佳的效果。

艺术生于技术。艺术是反作用力，对新技术的破坏效应起平衡的作用。艺术借用并批评技术，又是技术的隐喻面。比如，印刷术的发明是要表现和分发信息，而戏剧、小说、诗歌、透视绘画、雕塑和建筑的养成是要用作隐喻，表现读写文化对人类境遇的影响。作为西方人，我们把自己的意识结构归因于字母表的书面文化，把自己感知的内容、心理构成的内涵归因于艺术家的作品；达芬奇、莎士比亚、拉辛（Racine）、伏尔泰、斯宾诺莎（Spinoza）、伦勃朗（Rembrandt）、弗美尔（Vermeer）、陀思妥耶夫斯基（Dostoyevsky）等艺术家耐心地构筑我们私密心理的围墙，予以精心的装饰。

卡尔扎蒂批注

回到伦理再也不能脱离审美的理念，我要问：灵感源于技术的艺术承载着什么样的伦理呢？比如，如果我们是用代码生成艺术，或者我们把代码（目前，代码可能是唯一有内容的语言）本身变成了艺术，那么，这种编码艺术应该嵌入的伦理批评就是黑客批评，它揭示权力/透明度范式，技术代码依托的范式。然而，以好奇心检查主要的编码艺术工程就足以意识到，罕有揭示范式的批评：编码艺术常常停留在纯现象的层次——苏珊·桑塔格（Susan Sontag）反对诠释的呼吁仍然很到位。

在当前和不久前加速的技术语境里，我们必须依靠艺术和流行文化来整合我们的技术设备：我们在生活中接受汽车、电视和计算机——并非总是无批判地，但常常看不到，这些设备不仅在我们的钱包里留下印记，而且更准确地说是在我们的心灵里留下了印记。我们容许进入我们生活的每一种延伸都像是幻觉里的肢体，它们从未完全融入我们的身心功能，也不会真正脱离我们的心理构造。

试看在一座老宅前添加的一间不小的车库。这就是膨胀的消费文化在建筑里的形象，也是我们心理构造的形象。在老宅为汽车腾出空间，那就是玷污房子的外观。容许汽车进入我们的生命体、我们的身心，那就是给它压上沉重的包袱，加上加油站、沥青丛林，就是让郊区背上汽油广告和二氧化碳的包袱。

如果那是我们不得不穿戴的世界，那就无奈地顺其自然吧。但偶尔之间，一件艺术品会在某地出现，在媒体里露面，提出我们的身份认同问题。欧仁·尤内斯库（Eugene Ionesco）的一出戏《犀牛》（*Rhinoceros*）即为一例。他用几乎不加掩饰的隐喻，把普通人变成犀牛。这个隐喻常常被解读为另一则法西斯主义的神话、昔日抗议的再现，就是不接受压迫性的社会秩序。但很可能，这出戏在20世纪60年代初上演时，它更像是对无意识的回应，抗议通用汽车、雷诺、奔驰和利兰飙升的财富。谁能否认，我们与汽车成为一体，何妨把它们当作衣物穿戴呢？

艺术并非总是能恢复曾经失去的平衡，但它总是能尝试给被扰乱的文化赋予形态和意义。例如，在19世纪末和20世纪初，意大利雕塑、建筑和绘画里的未来主义和现代主义就伴随并支持着工业文明的偏向，工业文明扰乱了农业文化的比较缓慢的节奏。马里奈蒂（Marinetti）、博乔尼（Boccioni）、莱热（Léger）和其他人以火与工匠之神伏尔甘（Vulcan）的记忆为基础，试图给出新的进取型的价值观。这个趋势引向第一次世界大战，这是技术加速更进一步、更极端的效应。

加速问题至关重要。在稳定的文化里，技术周转缓慢，支撑和控制文化的是国家。古希腊伯里克利的黄金时代和法国太阳王的时代就对应技术文化稳定的时期，其间，社会意识、通信的基础设施和国家控制开始拼合在一起。在我们这个时代，技术革命太快，达不到成熟阶段。技术革新加速时，市场力量就接过手。集体和谐和心理感知的任务就交给流行文化了。在20世纪，与米开朗基罗对应的人物是美国演员鲁道夫·瓦伦蒂诺（Rudolf Valentino）和歌手麦当娜（Madonna Ciccone）。

技术高速运动，技术本身控制市场，进而控制文化。

卡尔扎蒂批注

技术本身成为技术社会的蓝图，会发生什么事情呢？结果，

为了艺术被崇拜和牺牲的正是人之为人的常数：人体。行为艺术家玛丽娜·阿布拉莫维奇（Marina Abramovic）的作品，或（更平淡无奇的）廉价手法，干脆把自己放到市场上，这就是“影响者”（influencer）红人的所作所为。

昔日有一段时间，历史就是现实；如今，现实有成为历史的危险。此刻，任天堂游戏机调节几代人的神经系统，使之更频繁地接触计算机而不是电视屏幕。我们的孩子玩游戏，被变成任天堂（Nintendo）和世嘉（Sega）两家游戏机公司不幸的延伸，仿佛成了游戏操纵杆和数字视频卡通的、复杂的、有机的伺服机制。这就是我们的新自我在成长的另一种形象。

技术性的艺术正在进入火山作用的第二个阶段，岩溶还在涌，但冷却得足够快，使人能接近了。这是抱有伟大期待的时代，希望更好理解世界复杂性的时代；对个人而言，这个世界太大；对集体而言，这个世界太小。作为人，我们正在寻求拓宽了的自我感知，这样的感知与我们的技术幻肢的全球范围相当。作为一种世界性的多元文化，我们正在寻求整合的模型，以超越语言、伦理、政治、宗教和经济的差异。我们需要更多而不是更少的隐喻，惟其如此，我们才能认识到，我们的地球不仅是我们的家园，而且是我们的躯体。

以下是2019年增写的文字。

第二节　全球艺术

诸如此类的隐喻之一是我和埃尔科拉诺（Ercolanum）在2012年提出的全球艺术（global art）概念。全球艺术跟随人类互动的全球传播而兴起，它随着全球范围的人类互动兴起，尤指与虚拟互动相关的互动。全球艺术是无所不在的人（ubiquitous man）的反映，这种人在真实时间里进进出出，他的生活既不需要领地，也不需要物质性。尽管如此，无所不在的人参与真实社会的生活，而这个社会是扎根在一块领地里的。全球艺术位于“主要住所”（principal residence），这是地球上一个给定的地方。然而，我们又属于我们并不身处的其他地方，我们分享、交换、创造一个符号空间，这是我个人可以占据的空间。这种日益常见的情景对艺术有何影响，对我们对世界的表达有何影响？这种通过网络全球化而实现的整合具有一种新样式的艺术表达吗？艺术家揭示和清楚表达了什么样的新实践被输出到公众里或产业里了呢？

全球艺术是一个范畴，或曰分支，若将其视为我们所知并承认的“公共艺术”的延伸，你就能更好地把握其含义了。这是针对城市公众的艺术，通常在户外，但并非只能在户外。公共艺术滥觞于古希腊罗马文化，自此，公共艺术、建筑和城市设计界定了城市空间。其功能是锁定城市概念里空间的统一，用人们表现自己城市的方式投射这种统一的偏向。公共艺术是外形，指向城市背景。在全球艺术里，尺度是新的。这个尺度是地球的尺度，提供新的背景，而不是城市的背景。什么是这个新的背景呢？正如麦克卢汉所言，地球卫星使这个新的背景明显起来。它是一个硕大无比的生态系统，艰难行进的人类自组织系统正在走向统一。我们身心两方面都体会到这个背景了。这个背景经历了完全彻底的表征化和技术化。

有人说，艺术甚至公共艺术都不是在界定空间，也不需要界定空间。我对他们的回答是，即使全球艺术的目的不是界定空间，至少其效应就是界定空间。

全球感知（global sensibility）既是对地球的感知，其人性寓于每个人身上，又是对新兴时代精神的感知。全球感知是一种环境感知，常静默无言，却是地球基本一体的感知，是局部化差异的共同基础。全球感知大概始于生态意识，伴随它的还有美的感觉和生态系统的脆弱。喜欢经常接触乡野、大海、山地的人常常报告这样的感情，即不同于城市环境的感情。全球感知还可能始于地球的远景，电视上或网上显露的远景。

与此类似，凡是反映我们这种尺度变化的艺术品、设置和事件，我统称为“全球艺术”。如前所述，莫里斯·贝纳永用扫描世界媒体的一款软件，生成了地球情感标签云（tag clouds of emotions）的地图。他从3200座城市采集信息，合成了一幅象征性的“情感交通图”（Emotional traffic）[1]。把全世界纳入思考和创作范围的艺术家越

---

〔1〕 http://www.benayoun.com/e-mechanics/PART10.HTM.

来越多了。YouTube也常常唤起全球情感。一种基于街道的行为尤其成为一种世界级的现象，虽短暂，却强烈。抱抱团（Free Hugs）运动要求人们在街上交换善意的拥抱。[1] YouTube病毒式传播的视频把悉尼抱抱团的例子传遍世界数以千计的城市。这样的情感刚开始，但应当会流传开来，揭示全球艺术涵盖主题的深度。

已经有许多艺术品和装置在那种全球尺度上运行。把它们并在一起时，全球感知就会发生。全球艺术的效应将拓展我们的感知力，从适应周围环境的感知发展到涵盖全球的感知。全球感知将地球视为一个新的球体。这是新的感知环境，有无穷无尽的新的可能性，是社会和社会行为的新基础，是自我认知的新形象，是我们责任的新客体和新主体。

---

〔1〕 http://en.wikipedia.org/wiki/Free_Hugs_Campaign.

第十七章　赛博人生态学：生物力学

一旦被拓展到宏大理念的维度，心灵就再也回不到当初的尺度了。

——奥利弗·温德尔·霍姆斯（Oliver Wendell Holmes）

第一节　赛博人的现实

单靠思维来指令机器做简单的工作，业已成为可能。目光和声音指令的界面已在开发中。人与机器真正的生物技术关系的最后边界就是人与机器的界面本身。这未必可取，但不应该模糊一个事实：我们一直维持着与发明之间的准仿生关系；卢梭除外，从来就没有所谓"自然人"之类的东西。

生物技术存在（biotechnical being）的思想因阿诺德·施瓦辛格的电影《终结者》（*Terminator*）而得到普及。外观上，他的身体像你我的身体，但他的皮肤受损或撕开时，你就能看见里面的布线。相反，电影《银翼杀手》里的复制人要先进得多：它们是可编程的遗传突变体（genetic mutants），不只是技术机器人。事实上，如果你接受本书的大部分内容，你就可能断定，我们大家在一定程度上都是被编程的——即使我们不是遗传突变体。这不应该是惊恐的原因，也不应该是一种要求，更准确地知道“我们是谁”就没有必要了。

卡尔扎蒂批注

到此，正如哈拉里（Harari）所暗示，算法攻入了我们可编程的头脑，或者更准确地说：算法编程师设计的方式使他们能窥视我们的心灵。

第二节　自然对文化

今天，我们的技术丰富多样，使我们能重新设计我们所谓的“现实”。技术在管理我们的时间、空间和自我，传统的平衡已被打破，文化与自然的关系向文化倾斜了。我们的遗传密码可能要求我们吃饭或睡觉，但我们不断说别的东西。这并不是说，我们必须立即跳上环境保护主义者的时尚车。解决办法不在于指责，而是对地球生态肩负起新的责任。这是我们新获得的能力赋予我们的责任。由于这样的能力忽视传统的自然指引，我们就必须要在诸多可能性中做出选择。今天，因为我们能做自己想做的任何事情，所以我们首先需要知道，我们想要做什么。

卡尔扎蒂批注

我想，这里的答案寓于“如何做”：无论我们想要什么，我们都需要憧憬一种关系（养成人－机器－环境的关系），这一关系是可持续的，而不是自我毁灭的。为此目的，技术必须要脱离一种利用人－自然资源的逻辑。换言之，技术必须从使它不顾一切的资本主义力量里解脱出来，必须服从集体规则的制约。我实在想不出其他解决办法。有些应用软件“捍卫”用户，是免费的，可能就是这个方向上的回应。不过，我们在国际水平上需要的远不止这些 app。我们推进了全球化和全球网络，却没有打好基础。

关于技术心理学的趋势，我想冒昧做一些预测，虽然我始终铭记着麦克卢汉的告诫："若要成为准确的预言家，那就绝不要预测任何尚未发生的事情。"[1] 以下一些趋势可能还没有引起一些管理专家的注意。

〔1〕 马歇尔·麦克卢汉（Marshall McLuhan），《预警线通信》*The Dew Line*（Toronto：McLuhan Centre for Technology，University of Toronto，Occasional Paper, n.d.）。

第三节 自我与环境心理边界的消失

由于虚拟现实对我们的影响，我们发现区分我们的“自然”自我和电子延伸是越来越困难了。问题之所以产生，那是因为我们的生物环境和技术环境都具有电能的特征。意大利设计史家克劳迪亚·多纳（Claudia Donà）用典雅的文字描绘，我们的身体和环境之间的生物技术关系是如何成为媒介的：

> 印刷电路板上流动的低电压的功能类似于我们人体细胞的作用。电子电路的痕迹正在采取有机体的外形。人工记忆倾向于摆脱机械支撑，将自己确定为固态的信息浓缩地。随着界面的消除，用户与微处理器的关系也带上了“自然”的特征。[1]

多纳还描绘了一种新人类的出现，他们正在寻找自己的全球方位：“作为远程通信的游牧民，我们摆脱了束缚，不再是‘方位’和‘时间’两方面历史的和‘独特的’同时存在。相反，我们意识到自己身居一隅而无处不在的能力。”伴随这种意识的是一种责任：我们要拓展心理的自我，使之超越肌肤和肉体的局限。

---

〔1〕 克劳迪亚·多纳（Claudia Donà），《隐形的设计》“Invisible Design” in *Design after Modernism: Beyond the Object*，John Thackara（ed.）（London: Thames and Hudson，1988）。

第四节　存在点与观察点

麦克卢汉建议："把全人类作为我们自己的肌肤穿戴（wearing mankind as our skin）。"[1]不久，这可能就不再是一种选择，而是生态心理的一种必然了。一条途径是放弃我们单维的观察点（points-of-view）并承认，它们很快就要被一种新的感知超越，这就是我们的存在点（point-of-being）。真正的问题是，在这个迅速缩小的地球上，在意识的突然膨胀中，作为个人的我们在哪里安身立命？

我们经技术延伸的感知在全球各地运行。此时，存在点的理念使我们能追踪自己的轨迹。在电子映射物全方位的包围中，存在点是我们唯一的身体参照点。身处某一地点的物理感是触觉经验，而不是视觉经验；是环绕的经验，而不是正面的经验；是综合的经验，而不是排他性的经验。观察点使我与现实拉开距离，与之不同的是，我的存在点成为我分享世界的切入点。

卡尔扎蒂批注

我同意存在点的理念。展望未来，我的问题是：既然我们

[1] 马歇尔·麦克卢汉（Marshall McLuhan），《预警线通信》*The Dew Line*（Toronto：McLuhan Centre for Technology，University of Toronto，Occasional Paper, n.d.）。

将要应对数字孪生体（Digital Twins）的现象，那什么是那个存在点呢？它在哪里？有可能在世界上找到一个独特切入点吗？也许可能吧，但如何找？既然肉体的主体性已经以数字形式分散到虚拟现实里，那我们应该赋予肉体突出的位置吗？以中期观点看，由于共生自主系统的出现，技术公民（techno-citizen）和技术环境（techno-environment）的分野日益模糊了。想想数字孪生体现象和无人驾驶汽车就足以认识到，我们需要研究伦理责任和法律责任的不一样的方法论。在今天的技术社会里，“责任”仍然建立在维权观念上，就是建立在个人（肉体的或法律的个人）识别的基础上。然而，在人与技术日益融合的社会里，走向“分布式责任”（distributed responsibility）的理念至关重要；这样的责任涵盖生物行为体、机械行为体和社会行为体。反过来，一旦复杂系统来到身边，作为伦理－法律代理体的技术公民就成倍增加。[1]这就意味着，作为代理体的技术公民所指的将是一套不同的技术－生物－社会行为体，它们可能会鄙视寿命的长短。这就需要界定人（作为生物体）的“死的权利”和技术（机械行为体）的“废弃的权利”。我们清楚地看到，嵌入这些动态结构的不仅有伦理－法律关怀，而且有与记忆相关的问题、未来的名誉保存的问题以及评估什么时候、什么条件下技术可以被废弃的问题。

我们进入了新的时间尺度——从毫微秒到千年期的尺度，我们从

〔1〕 卢西亚诺·弗洛里迪（Luciano Floridi），《信息的伦理》*The Ethics of Information*（Oxford：Oxford University Press，2013）。——卡尔扎蒂注

亚原子系统进抵行星系统，此时，环境不再和我们人体的尺度相关。我们被拽出来，完全脱离了人文主义的传统。文艺复兴人不再是典范。一旦认识到，你的自我不再与环境分离，你就突然成为一个放大的人了。

第五节　身体内外的交叉流动

分隔自我与环境的传统边界开始模糊，身体内外就会出现交叉流动。当我们开始注入电流时，我们可以心怀古希腊人那样的内/外概念。古希腊人认为，他们能“吸入”思想和感知。这一倾向促成了一个观点：环境被“吸入”，成为感知和评估的对象。和这个隐喻一致的人的形象是这样的：人吸入复杂信息，呼出经过转化的物质材料。我们现在要重估自己与环境的关系，还有一个更深一层的原因：现已出现替代性环境，这就是屏幕上的虚拟现实。

卡尔扎蒂批注

这就是技术化的（或技术激发的）佛教 2.0 版。实际上，佛教与新兴技术社会和共生自主系统的相似性是可以看见的。但接着的问题是，在如此技术化的社会里，恢复/保存经验的“光环”还是可能的吗？那是什么样（超人）的光环呢？也许，如上文所示，光环的形式将采用基本权利/原理形式：任何时候都可能脱离现存的系统，而不至于失去基本的服务，它们越来越融入了虚拟化的社会了。

第六节　一种新的感受力

为什么经过数十年的吸烟、饮酒和暴食之后，我们突然热心于健身了？今天，大批人停止吸烟。主管和经理穿短裤外出、跑步健身，摆脱舒适办公室、汽车和工作午餐的影响。为什么会发生这样的情绪陡转，使某些“不健康”产业的董事们神经紧张？

电子时代凸显了我们的神经系统，使我们对失去健康的问题更加敏感。和饮酒一样，吸烟的用意曾经是让脑子和身体分离。如今由通信业主导，我们想要更多地与自己接触，而不是减少这样的接触。电力技术直达神经系统，正在模拟我们的感知模态。20 世纪 60 年代的电视给我们注射大量的感知经验，激起感知再发现的狂欢。计算机来临，形势逆转，感知再发现的狂欢转变为有机整合的感觉。我们尚未做到完全意义上的生态关怀，但我们对环境的管理提出了越来越高的要求。环境不再是人类活动的中性容器。环境由信息构成，正变得“聪明”；经媒体披露，一切都进入公众视野了。

以下是 2019 年增写的文字。

赛博人生态学（cyborg ecology）即将迎来一个新人：你的数字

孪生体（Digital Twin）。你大概不知道，你早就有一个孪生体，因为它分散在无数数据里，这些数据又分布在你的大量配置文件中。事实上，我们已经有数字孪生体，因为我们不断积累有关自己的数以吨计的数据，有些是有意识存入脸书、推特和领英的，另一些寓于我们不太意识到的每一个举动中。如今，连读心（mind-reading）都有可能了。最终，如果你相信哈拉里的假设，我们在电子书阅读器 Kindle 或 Kobo 上读小说时，连我们的思想感情都要成为数据，有利于你的数字孪生体了：[1]

> 如果 Kindle 更新，加上人脸识别软件和生物传感器，它就会知道，书里每一个句子如何影响你的心率和血压，就会知道什么使你欢笑，什么使你悲伤，什么使你气愤。不久，你读书时，书就会读你了。

大多数这样微型的个人情况（micro profiles）都经过政府和机构比如棱镜、脸书或谷歌的剪裁，它们被意向中的用途肢解了。政府一般不需要知道你的膳食，如果你对社群构成威胁、没有纳税，政府就要过问了。谷歌想知道你读什么，根据你的搜索模型、你交往的人构建你的形象，因为它坚持你的 Gmail 电邮和这个宏大的搜索引擎的其他服务协调。事实上，因为我们一般不知道，这些微型的个人情况是如何被建构和使用、又有多少是被建构和使用的，所

〔1〕 尤瓦尔·哈拉里（Yuval Noah Harari）《大数据、谷歌和自由意志的终结》Big Data，Google and the end of free will，Financial Times August 26，2016. https://www.ft.com/content/50bb4830-6a4c-11e6-ae5b-a7cc5dd5a28c。

以我把它们放在“数字无意识”的大题下（第六章第十节）。迄今为止，这种无意识压力大概对你的选择和抉择的影响很大，和弗洛伊德心理分析倒没有多少关系。不过，这样的情况即将改变。

起初，数字孪生体是工程概念。工程师们构想模型并为其编制程序，用一个数字替身监测复杂而昂贵的发动机、涡轮机和机器人。机器的数字孪生体包括它实时的功能报告，而且包括其历史维护，也许还包括它偶发的故障，更重要的是包括它各部件供应的源头和协调，以及它传送和效率的记录。今天，对孪生体概念感兴趣的不仅有工程师，还有城市规划师、军事战略家、安全系统操作员、教育工作者、培训师，以及很多其他复杂操作的管理者。延伸和应用数字孪生体的策划正在进行中，正在被用于企业、城市、地区，它为什么不能被推广到全国范围呢？数字孪生技术雄踞加特纳技术热门周期（Gartner’s hype cycle）2018 年榜首，而且仍然走红[1]，因为它注定会用到你我身上。

在网上复制你我的数字孪生体的理念已经有三十年历史，其技术开发始于 1987 年苹果公司的“知识导航”概念，后逐渐成熟，直到今天，其表征有苹果的 Siri、微软的 Cortana、三星的 Bixby、谷歌的 Assistant、亚马逊的 Alexa，Alexa 尤其突出。目前，Alexa 最先进，它把机器学习整合起来，管理、回应、分类和储存你的问题，以便去了解你。但数字孪生体比标准的数字助理更雄心勃勃。它将把这一切数据搜集起来，为你服务，不只是扮演第三方的角色。它的目标是千方百计地在过去、现在和未来的任何时候都捕获你、表

---

〔1〕 https://www.gartner.com/smarterwithgartner/how-digital-twins-simplify-the-iot/.

现你——它将能根据它（他？或她？）对你的了解来进行预测、提出建议。

那么，你的数字孪生体能为你做什么呢？德国企业管理软件开发公司 SAP（Systems，Applications & Products）的顾问马库斯·斯提尔（Markus Steer）为《数字杂志》（*Digitalist Magazine*）撰文指出：

> 个人的数字表征，包括体重、健康资料、活动跟踪数据、医疗数据，都有助于确定预警，并指引人养成更健康的生活方式。它提供更多数据点，在个人健康情况方面给予更好的洞见和透明度。与医生分享的数据有助于界定预防策略和康复计划，能减少医疗保健成本。[1]

针对电气和电子工程师协会（IEEE）最近发布的有关 SAS 公司的白皮书，美洲治理与合规（Governance & Compliance）办事处的首席执行官帕特里克·亨茨（Patrick Henz）致信协会，并阐明：

> 今天，医生和保险公司不仅搜集人们过去和现在的治疗和体检的信息（含直系亲属的疾病），而且搜集吸烟、健身或极限运动等生活习惯。技术可以结合不同源头的信息，提供精致而透明的数字孪生体。如此建构的模型使医生更好地了解病人的情况，包括不同的症状，以评估风险和机会。这种整体论哲

〔1〕 马库斯·斯提尔（Markus Steer），https://www.digitalistmag.com/iot/2018/05/23/will-there-be-digital-twin-for-everything-everyone-06169041。

> 学并不新鲜，实际上，它是传统中医的基础。其最早证据可追溯到商代（公元前 14 世纪）。和传统的西医相反，中医把人体视为一个整体，各脏器互相联系。为了健康，人体要保持平衡，类似于阴阳。这种哲学的结果之一是针灸。一根小小的银针用于人体的穴位，对脏器或其他人体部位产生积极的影响。即使统计数字尚不能验证这些理论，但中医已传遍全球，医生和病人相信针灸治疗，他们报告积极的治疗效果。[1]

关于数字孪生体，还有许多遐想的空间。也许，它将成为每个人导航的界面，以及他与互联网和整个数字世界调整关系的界面。它将通达任何事物和一切事物现行的信息和整合的信息。但一个紧迫的问题是，数字孪生体将把我们送回共生自主系统。实际上，数字孪生体在多大程度上是自主的呢？

事实上，日益先进的技术的快速发展有一个大问题：它们正成为自主体。但我们让给机器的自主性越多，我们留给自己的自主性就要越少。从迅速发展的新一代的专家系统中，电气和电子工程师协会的研究团队辨认出许多法律和安全问题，以及伦理问题。德国的 SAS 软件公司已经在法律、医疗、商务和仲裁里取代劳动技能和专业才能。那么，在未来的数字文化里，这样的技术发展会给我们人类留下什么空间呢？这个空间最终要由我们人类来决定。今年，我在米兰理工大学主讲“传播人类学”（Anthropology of Communications）。我努力辨识数字助理技术已在地平线上浮现出来

〔1〕 帕特里克·亨茨（Patrick Henz），《数字孪生体》“The Deming Twin”，（https://symbiotic-autonomous- systems.ieee.org/publications/the-deming-twin）。

的重大的伦理问题和社会问题。我和学生一道就数字孪生体发布了如下宣言：

> 数字孪生体要为它的物理副本（physical counterpart）运行。但一个数字孪生体只容许和一个肉体的人相联系，反之亦然。一个数字孪生体只代表一种中性而平衡的数据选择，其中包含的是有关此人一切视角、信念或意见的组合。数字孪生体必须要保护其物理副本的隐私，但要保存其活动记录，以便在有合法理由或授权时容许人人都享有透明和公平的司法权。数字孪生体不能独立于其物理副本运行，但它能以数字助理的身份丰富人的行动能力。在设计和能力方面，一切数字孪生体起初都应该是平等和类似的，因此，没有任何一个孪生体能从不公平的优势里获益。后天的培育能养成一些差异。数字孪生体的服务必须由非营利性组织来提供，目的是要让人人开发数字孪生体的机会平等。

当然，这一切全都是玄想，市场力量却想要压倒这篇宣言的每一个方面。不过，适时设计的规制能防止市场力量的过分行为。试想想，你的数字孪生体能赢得多少社会信用，反过来，你能为数字孪生体赢得多少社会赞誉。

我想在这一节结尾时邀请读者思考一些基本问题，我们启动数字孪生体产业时，可能需要对自己提出这样的问题：

数字孪生体产业能够 / 应该为数字孪生体设计什么样的格式

（增强的数字助理应用、不同的“肌肤”、长期的、偶尔的或永久性的）呢？

我们的数据技术（DT）能成为时尚的项目呢？抑或是一种艺术形式呢？

一个人能被允许用多少种数据技术（安全标识符、正式所有权、契约政策）呢？

数据技术应该整合什么内容（生命记录、实时、连续更新、开放或受限数据库访问）呢？

什么样的连接最有用（对拥有者、其他孪生体）？

什么样的软件能力应该用程序编进我们的数据技术（各种层次的数据分析、描绘性的、预测性的、规定性的）呢？

如果有规制，数据技术应该受制于什么样的规制（责任、问责）呢？

数据技术应该被授予什么水平的自主性（不受监管的、受监管的、问责的）呢？

在开发和使用数据技术中，什么样的伦理优先顺序应该是强制性的（伦理行为、礼貌、承担责任）？

数据技术应该被赋予怎样的法律地位呢？

人去世后，其数据技术应如何处理呢？

开发数据技术时，应该考虑怎样的路线图呢？

第十八章　集体智能：互联网的崛起和地球村

电速倾向于消除人的直觉里的时间和空间。一件事对另一件事的影响没有延宕。神经系统的电力延伸生成了有机体互联结构的统一场，于是，我们把当前的时代称为信息时代。

——马歇尔·麦克卢汉

第一节　“公共领域”

Res publica 可直译为“公共物”，这是罗马人组织平等人社会的理念，是西方人最早的“公共领域”（public domain）概念。彼时，无人推导出与之相关的“私有物”（res privata），但隐私权的行使绝对取决于对“公共领域”的承认。唯有在“公共领域”之内，你才能要求隐私。这样的区分很清楚。民主就建立在这一区分之上。

通过电视，电能加速“公共领域”；通过计算机及其网络，电能又加速“私人领域”。然而，由于电视和计算机在有线网络和移动网络里的融合，“公共领域”和“私人领域”的区分开始模糊起来。互联网的空间不是中性的，它没有边界，既不稳定，也不统一。互联网是有机的，其运动是永久性的，其行为像自组织系统。我们过时的政治观念即将被互联网废弃。

第二节　新民族主义时代里的地球村

“地球村”的形象是马歇尔·麦克卢汉提出的，它似乎与电视上日益增多的地方主义、分离主义和局部冲突背道而驰。批评家开始谴责这个隐喻，在热闹的批评中，它们过分按字面直解地球村的概念。起初它只是一种概括，意在给国际通信的复合剧场一个便于理解的手柄。正如一座城市以一个地方为基础成为一个实体一样，地球村是他为地球取的名字，意思是：地球是一个远程通信社区。使当代批评家心烦的是“村子”与乡间恬静的联想，他们把这一联想与日益明显的新民族主义做了比较。对任何地球力求平衡并正在走向成功的暗示，批评者都嗤之以鼻。

地球村这个比方更有价值的含义之一是尺度的概念。村子里的活动空间比城市小。远程通信施加了一种强制性联系，生成了内爆且潜在外爆的局面，将其强加在我们身上。人类社群以不同的生活节奏生活，社会专长有云泥之别。突然，在没有任何预警或调停的情况下，他们被猛力一推，挤压在一起了。

卡尔扎蒂批注

这正是网上仇恨言论的源头：生命轨迹截然不同的个人并

置在一起（动机不明，没有话语解释）。

既没有协议对这些混乱的冲突做好准备，也没有社会行为或集体行为对我们进行这样的培训。我们越具有全球意识，就越意识到自己的地方身份，并越要保护它，这就是全球化的悖论。高度的地方性是高度全球性的必要补充。

地球村观念是在电视时代产生的，当时的模拟式电视图像主导着公共意识。虽然文化的全球化已经有一段时间了，但麦克卢汉还是能提出“地球村”的表述，因为电视使我们感觉到，地球上存在着不同的国家，而我们则是同一行星的村民。当然，现在我们仍然是同一个地球村的村民，尽管我们并不总是在和睦相处。

第三节 全 球 意 识

电视养成了我们想象中空间关系的主导地位。每一家电视网对现实的表现或多或少地都与其他电视网相联系，当两家电视网报导同样的新闻、运动时，或现场直播时，彼此的联系尤其明显。这就是世界成为地球村的原因。在这个村子里，人人相识；至少大家勉强同意，人人分享相同的空间。今天，这个空间概念本身受到挑战，挑战者是一种全新的意识体验，人类闻所未闻的意识体验，我们还没有一套表述它的心理词汇。

实际上，全球化的根本问题是意识问题。汉斯·马格努斯·恩岑斯贝格（Hans Magnus Enzensberger）、尤尔根·哈贝马斯（Jurgen Habermas）、让·波德里亚（Jean Baudrillard）等社会批评家认识到，意识是一种新工业产品，他们是对的。与此同时，他们固有的政治态度使他们关注的焦点很窄，远离了更全面的发展动态。历史上第一次，我们加速走向意识的一个新层次，它既是集体的，又是个人的。

卡尔扎蒂批注

或者用更好的表述说：是难以驾驭的新的集体意识，人们既没有完全意识到自己与集体意识的接触，也没有意识到自己渴求关注产生的冲击。

在目前走向全球化的趋势里，至少有三种特征需要从心理学的角度来考虑，而不是从排他性的政治角度来考虑。它们是：透明性，即时性和智能环境（intelligent environments）。

第四节 透　明　性

借助媒体，新闻即时广播，瞬间可达世界各地，全球透明性由此而生。这样的透明性也许多少有一点幻想的意味，却是非常有力的幻想，因为它希冀全世界是一个意识场，不仅含个人的意识，而且含大型社会实体的意识。有人说，远程通信是最新形式的殖民。我想对他们说，殖民者总是殖民技术的首批受害者，通常的原因是，他们对自己用于殖民的技术所产生的影响全然不知。

第五节 即 时 性

即时性（instantaneity）是全球化的一种功能，它把加速度施加于所有的人类社会。即时性具有两种主要的效应：一是即时的通达和反馈，二是适应期的消除。第一种效应把我们变成电子游牧人：让我们接触世界上的任一点，并立即从世界任一点获取信息。从终极的观点看问题，我们靠电子无处不在的身份是积极而必需的，不过从当前来看，它正在引起危险的次生效应：我们还来不及重组自己的生活，来不及打造我们的制度性回应，技术创新的社会、政治、文化后果就已经压在我们身上了。我们还没有准备好如何应对这些后果。

> 卡尔扎蒂批注
>
> 仅从我的研究撷取与此有关的一例：我在中国香港写书时采访了一些博主。[1]他们知道有人（包括亲友）在读自己的博客时，颇为吃惊。与此相似，许多学生受访时显示，他们对自

〔1〕 斯特凡诺·卡尔扎蒂（Stefano Calzati），《媒介化旅游写作笔下的中国》*Mediating Travel Writing, Mediated China: The Middle Kingdom in Travel Books and Blogs*. Champaign: 2018b。——卡尔扎蒂注

己网上暴露的知觉程度并不高，民族志帮助他们认识到，社交媒体的使用很大一部分已经潜入到他们的意识之下。这些例子说明，在虚拟现实里，要把握我们暴露在集体性里的程度是相当困难的。

世界有些地区掉进了时间扭曲的陷阱，这是已死或垂死帝国忽视或压制的遗产。突然，苏联一夜之间瓦解，让人出乎意料。今天，我们眼睁睁看着一些地方发生的暴行，又无能为力。应对真实、可怕的人类苦难，我们缺乏心理-政治标准和情感的精准反应。现代通信使必要的时间迟滞不复存在，使所有的文化都陷入了永久性时差的窘境之中。

问题是，在过去的印刷时代里，虽然社会秩序到位，但那是在付出许多人的生命代价后取得的，是在地理边界和制度边界大量的推搡挤压后完成的。今天，新的社会秩序不能任由它自动到来。今天和昨天的不同之处在于，昨天的边界建立在地理、硬件和太阳时区上，今天的边界完全取决于心理状态。治理世界的是思想、感情以及文化和技术表达，而不是军事力量。

第六节　变化中的现代身份

时至今日，我们尚未改掉自我中心的习惯，还在自己幻想的舞台上以自己为中心进行视觉投射。结果，在电子网络的世界里，在我们编造、复制和转化的自我形象中，我们还没有为自己的存在建构一个模型。[1]

再者，自摄影术及其衍生物——从电影到虚拟现实——被发明以来，我们已经置换了自己的观察点，使之技术化并成倍地增长了。神经网络系统在我们的技术视野中出现后，昔日专属个人和群体思考的许多判断功能将被越来越多地托付给我们的技术延伸。诚然，神经网络支持的技术主体性起初很粗糙，只回应简单的标准，挑选不复杂的主题。但这样的实验很快将引向自主意识的胚胎形式。个人数字助理（PDA）被赋予主动性与判断力，其商业应用将推动软件产业生产电子智能仆人。

伴随着复制神经网络在工业、医疗、商务、金融、教育和政府机关里的应用，不久，政治问题将产生许多矛盾，以至于要求我

〔1〕 也许，这就是为什么人们玩自拍吧，这是让自己在物质空间里重新定位自己的条件反射。

们集体心灵和个体心灵进行基本的心理重构。那将使我们置身哪里呢？当我们的观察点和判断力都由计算机辅助，而且分布在虚拟时空的大数据里时，我们怎么才能知道，自己在哪里、状况如何、自己是谁呢？

第七节　从观察点转到……

我们的感知回馈已经延伸到肌肤之外，但我们还没有完成自己人体形象的相应延伸。我从多伦多打电话到慕尼黑时，立即成了7000公里宽幅的盲人。我使用视频会议系统时，我能更完整地出现在远方的会议室里，那里有我的形象，单单打电话是不能在远方现身的。实际上，在神经系统的模拟和延伸中，充斥着为视觉、听觉、触觉甚至嗅觉而设计的技术假体（technological prostheses），我们个人现身的方式是节点实体，在电流模型里来回传送，这些模型和我们的生物构造和神经构造一样同等延伸。我们如何用心理学术语解释这一现象？它对我的自我形象产生什么影响？显然，为了在这个新语境里起作用，我们必须投射并反映自我形象，使之超越一般的表征，至少要超越视觉表征。

澳大利亚艺术家斯特拉克（Stelarc）与后解构主义批评家和媒介理论家保罗·维里利奥（Paul Virilio）最近举行了一次对话。随后，维里利奥开始思考政治经济殖民的一种新形式，这一新形式，理论上是可能的，它将在生物、基因层面入侵人体。维里利奥的担心有道理；大制药公司正忙于收购基因片段的专利，考虑到这一点，他的担心特别有道理。斯特拉克论自己作品的意识形态话语也并不令人放心。他暗示，像汉斯·莫拉维克（Hans Moravec）和赛博朋克（cyberpunk）一样，人体已过时，应该被技术完全取代。这是颠倒的浪漫主义，与我们萌动中的技术共生现象底层的心理相距甚远。大多数电子技术并没有导向身体的遗弃，而是导向我们感知生活的创新映射，以适应个人心灵和集体心灵的重组。

第八节　……转到存在点

我们的本体感受涉及整个身体和全部感官。其参照点既不是再现，也不是纯视觉。我与这个即时通信的、通信无处不在的世界建立联系的方式是来自于我的存在点，而不是来自于我的观察点。只有一个地方我是完全深处这个世界里，那就是我的肌肤里，即使肌肤及其技术辅助的延伸冲破了视觉、触觉和听觉的局限。我的存在点不是排他性的，而是包容性的，这个存在点不是框定现实的透视主义视野，而是一个地点，由我与世界联系的精确性和复杂性来界定。

唯有昔日视觉偏向的最后一丝残余妨碍我们确认一个明显的事实：交互性即是触觉（interactivity is touch）。工业界正在开发技术假体，它们是感知整合器。交互式技术为更大范围的集体智能提供社会的和心理的纽带。我们正在建构的集体心灵已经能够处理个体心灵的复杂性、断裂和重构——世界规模的整合过程正在起作用。

这些新的心理标准使我们重新思考技术延伸的意义，它们不是信号传输的纯辅助手段，而是关系的形式、模型和形貌。从潜力来看，一切电子技术都是交互式的；在我们的许多人体和头脑与全球环境之间，电子技术确立了连续不断的、密切的能量和信息处理的交换关系。

第九节 公共空间和公共领域

正当我们自认为已经把现实至于控制之下时，现实又在发生变化。它从中世纪变到理性时代，如今它正在变化到心灵时代（Age of Mind）。在书籍时代，语言的控制总是私人的事情，但在电子时代，语言的控制变成公共性和口语式的。互联网时代到来后，我们就有了互联网这一首要的媒介，它既是口语的又是书面的，既是私人的又是公共的，既是个人的又是集体的。公共心灵和私密心灵（public and private mind）通过地球上开放而互联的网络连接起来了。不久，我们就会认识到，现实和“公共”心灵就是一回事。我们不得不容忍和规范一个事实：心灵将比理性获得更大的力量。然而，正如在印刷术发明以后的时代里，宗教被保留下来一样，在集体智能的时代里，理性仍然具有活力。

卡尔扎蒂批注

这一点非常贴切。我想补充的是：这种精神力量通过互联网使个体性的技术得到外化，常常用攻击（实际上是自我攻击、自我破坏）的形式，把矛头指向我们内心的无意识。风险是：我们仍然设想，技术是控制的形式。我们一直是这样做的，但现在不能这样做了。为此目的，我们要和自己反常的推理妥协；要和我们心理 / 自然 / 技术的开发（工业发展、实证主义等）妥协。惟其如此，我们才能构想一种新的生态学：人与机器的非开发性（non-exploitative）的共生态（不至于反过来承受技术利用我们的风险）。否则，我们将越来越自讨苦吃。在这一点上，还可以参考第十七章第六节“一种新的感受力”。实际上，这一增强的感受力正是西方自我破坏驱力的前提条件。诚然，并非处处都能探查到这样的驱力（进一步证明，每一种技术都与现存的社会文化趋势融合）。西方世界存在“耗尽”的趋势：从两次世界大战中走出来，这两场大战迫使我们深刻修正我们“构想生活”的方式；我们相信，经济发展足以抚平集体的心理创伤，但这是幻想。电视维持了集体性感觉，然而不久，经济政治变革（新自由主义、撒切尔、里根），以及网络的兴起产生了这样一些后果：集体隔离的消除，我们“内部”的外化和分散，对我们思想的深刻批判（解构主义和去殖民化过程）。作为一个历史阶段，后现代主义一词本身带来许多问题，它说明，社会达到了嘲弄其根基（缺乏替代物）的地步。批评与你过去的“辉煌”冲突，到了这一步，你就开始寻求关注：自拍就是寻求关注的特征。试举一例，自苏联瓦解以来，美国开始在世界上单枪匹马横冲直撞地瞎搞，就像欺凌同伴的小童，因为他不怕被人关注。现在重要的是，考虑到中国代表平衡体系的新的一极，我们要了解中国将要做什么。换言之，我们回到一种冷战状态，世界处在不可判定的边缘。习近平像名副其实的政治家，正在稳步指引中国进一步发展，中国的主要趋势是可持续的繁荣。中国是生态经济投资最多的国家，这说明，美国在这一点上是多么的缺乏远见。我们可以说，中国在世界舞台上扮演了慈父的角色，它将要和瞎折腾的美国大叔竞争，和雄心勃勃的印度大婶竞争，同时又要照顾欧洲或老或少的国家。

然而，从政治上看，什么体制符合集体智能和社会行为的新秩序呢？这一点尚不明朗。目前，企业界似乎是集体心灵的主管。它服从一致性和普遍性的规律。此外，企业界还是自我调整、自我平衡的技术转移系统。大体上，这一体制似乎对大家都有好处。然而，企业界的主要缺点是，它的环境记录极差，并在一定程度上依赖军工产业。再者，我们主要的问题是找到一条路子，把这个过程从一帮私营公司不透明的评估中夺过来，完成技术发展的集体规制。在几乎所有信息产业发达的国家里，25% 以上的经济建立在军火生产和销售上。在健全的心灵里，这是不能容忍的，在我们渴望尽快形成的集体心灵里，这样的局面尤其不能容忍。

卡尔扎蒂批注

这里所写的一切仍然是很真实的：我们看不见取代或践行旧秩序的新兴的政治体制（虽然有直选的尝试），我们看不见取代作为技术驱力的资本主义形式的企业界，我们仍然看不见 2.0. 版的伦理学。好在这三方面是相互联系的，如果你反思一个方面（可能是伦理学，作为常识，它是思考真正解放性技术的基础），其他两方面也会发生相应的变化（但如果我们继续让企业界牵头，我们就会遇到麻烦）。

好消息是，在发达的工业－军事复合体国家的大轨迹里，企业界逐渐取代军事对政治的影响。凡是旧秩序盛行的地方，长期受苦的百姓都渴望商业法则，商业法则至少在表面上比其他法则仁慈。人人相互做生意的世界似乎是切实可行的，即使它并非总是得到灵感的激励。

技术驱动商务，同时又改变商务。互联网使企业界大吃一惊，使政府困惑，显然它正在成为一条电子数据的高速公路，但它真的不想这样干。互联网是集体心灵的表达，当然，它比我们所知的任何东西都要更繁复而精湛。

卡尔扎蒂批注

这是真的，但一个必然的结果附加在互联网上：我们连接的感觉不断膨胀，也就是说，在网上，我们真正体验到的是局限得多的社会维度，比我们想象的狭窄得多。

个人与集体的关系在变化，管束两者关系的规则也在变化。旧的体制基于开放的中性空间，以及政治经济里的空间管理，它必须让位于新的体制：建立在地址、速度和存取控制上的体制。信息加工速度的成本超过空间成本。新的时间意识正在发展；技术演进征服了空间，使空间的约束性减少；技术演进正在处理时间，包括真实时间、虚拟时间、个人时间和社会时间，并将时间作为新的边疆。

卡尔扎蒂批注

正在开发的时间是契机时间 / 点滴时间（kairological/pointillistic time）。这就是为什么我们不再拥有年代时间的感觉，我们正在失去情景记忆（episodic memory）。我们要拯救年代时间的维度，唯有通过教育才能达此目的。

从技术日常发展的证据看，从地球上地缘政治的迅速变迁看，我们可以断定，我们仍然被裹挟在加速度模态里。虽然文化波前（wavefront）的平台期已不太远，但要看见它还是有点难。在真正本体感觉的意义上，正在发生的事情感觉起来容易，要看见却比较难。

开发网络通信时，必须要创新政治机制，以保护网络上的广泛存取、言论自由和隐私权。美国政府最近尝试引入一种数字编码系统（带有通用密钥），这应该是很清楚的预兆。如果美国政府决定一劳永逸地终止它对互联网的后勤支持，而其他政府为了自己的知识和政治自由走到一起来分担费用，那就更好。那是在新环境里确保民主继续下去的首要而简单的方式。在不久的将来，互联网上的任何主导秩序将是现实里的主导秩序。我们现在就必须要考虑能做的一切，以防止全球性痉挛病的突然发作。

第十节　集体智能

集体智能（collective intelligence）的概念最近突然涌上我的心头。因为这一概念必然会引起有些科学家的兴趣，所以它形成的过程，是值得说一说的。1994 年 11 月，我在阿姆斯特丹参加 Mediamatic 杂志有关设计和新技术的研讨会，会议题名“家园”（@Home）。其中一些发言给人启迪，但我们有些人担心，会议对互联网上的基本问题注意不够：版权、隐私、民权、消费主义和商业主义、政府干预、电子货币等，而这些问题不久将影响我们的生活。虽然会议的重点是设计，但我们有些人认为，对日益增多的网民而言，互联网也正在成为家园。

我在会上邂逅 AT&T 的战略分析师 Phil Chang，我误读了他的身份。我开始兴奋地谈起日本，言外之意是，我把他当成日本人了。几分钟以后，他抓住我停顿的一刻，客客气气地让我知道，他是韩国人，家住旧金山。为了帮助我摆脱窘境，他问我邂逅的日本文化里最令人激动的是什么。我回答说，一踏上东京街头，你就感觉到空气里的灵性（intelligence）。从外国人的观点看问题，东京的一切似乎都同步，仿佛人人都知道并考虑别人正在做什么。协调的水平和默契的程度使我想起我在另一个场合遇见一些人的感觉。1994

年，在赫尔辛基国际电子艺术研讨会（ISEA）上，几乎人人都“在网上”，给人全然一族新人的感觉，你觉得那像是一种新的空间。那时我就意识到，互联网空间是“活生生的”，有一种活跃的、强劲的人的存在。是的，在东京街头普通人和赫尔辛基聚会的四百名艺术家－工程师之间，有一点共同的东西。我搜寻一个贴切的字眼，称之为“集体智能”（collective intelligence）。

就在那一刻，澳大利亚艺术家吉尔·斯科特（Jill Scott）跳起来高叫：“CI! CI!（集体智能！集体智能）很有希望的研究领域！”就在彼时彼地，CI一词在Mediamatic杂志的办公室里提出来了。我们六个人碰头开始干：吉尔，菲尔（Phil），约瑟芬·格里夫斯（Josephine Greaves）（她邀请我们集中研究“互联网是集体智能的理想游戏场”），埃尔基·胡赫塔摩（Erkki Huhtamo）（赫尔辛基会议的组织者之一），以及戴维·戴海利（David D’Heilly）。胡赫塔摩建议我们考虑用“鸡群智能”（Chicken Intelligence）做后盾，戴海利接过这个建议，建议用它做这门新学科的“政治正确”的吉祥物，他高声模仿鸡叫，使我们一惊，之前谁也没能听到过这样大声的鸡叫。

作为潜在科学研究的概念，CI是吉尔·斯科特发现的。有一阵子我以为，我比他早想到“集体智能”。但几个星期后我发现，皮埃尔·列维（Pierre Lévy）早就想到它，而且写了一本书论述它。[1]我很高兴，不仅是因为这个理念很严肃，而且是因为我不必再写这样一本书了。但这一概念已经占据了我很大的精力。自从我考问字母

〔1〕 皮埃尔·列维（Pierre Lévy），《集体智能》*L’intelligence collective*(Paris: La Découverte, 1994)。

表的意义起，我多年来一直在这个方面搜寻。如今，“集体智能”的概念使我获得了全新的理解。和大家一样，就心灵研究的现状而言，我既是法官又是当事人，心灵研究的历史连续不断，一直生长，就像数百万年历史的有机体一样。

以下是2019年增写的文字。

Mediamatic杂志做东的会议过后几个月，我应邀到澳大利亚皇家墨尔本理工大学（RMIT）的技术设计中心去参加一个头脑风暴工作坊。来自世界各地三十多人与会，按照要求，他们要确认一些新媒体选项，以缓减澳大利亚著名却太拥挤的旅游景点，比如乌卢鲁（亦名艾尔斯）巨石、大堡礁。在那里，我生平首次学到主持头脑风暴会议的有效方式。不是说，我不曾参加这样的工作坊，而是说，以前那些会从来就没有给我留下深刻的印象，一般只不过是大张廉价纸上一大堆颜色笔标记、标签、潦草的概述而已。在墨尔本理工大学这个工作坊，与会者分为五个小组，每一组探讨一个主题。总体目标分为融为一体的若干子题目，最后汇总。比如，一个组探索虚拟旅游或虚拟展品的可能性，以补偿艾尔斯巨石一些参观受限的非必要部分。另一组研究大堡礁的污染，以减少驾车游客的人数，他们建议用专门的潜水船让游客看同样多的水下景观，另一条建议是在捕获的鱼身上安装微型摄像机，放走鱼，用无线连接的方式追踪它，如此等等。会期五天，偶尔会有各小组领域的专家来访、全会听取各组的汇报。小组终极的汇报是一个形式化的数字讲解，列出图文并茂的具体建议，以便使文件有价值拿得出手，让人能接受、拒绝、选用、调整并执行这些建议。令我印象深刻的是，会议的程序是严格遵守学科的方法、雄心勃勃的预期，以及分配角色的美妙主意，委派每一个与会者明确的责任，比如协调员、研究员、制作人、宣讲人等。最好的点子是每个小组有一个“推动者”的角色——或分派或自愿的一个人，其任务是轮流造访其他四个组，以分享和交换彼此有关系的洞见和结果。换言之，这就是连接智能的完美方式。

回到加拿大后，我决定用结构明晰的正规方式向学生介绍这个工作坊的程序。为了和皮埃尔·列维的《集体智能》有所区别，我接受澳大利亚艺术家戴维·哈利（David Harley）的建议，最终将其称为“连接智能”（Connected Intelligence）。1994年，他参加我在阿姆斯特丹设计院主持的一个工作坊。他是否同意我这样的区分，并不清楚，我看见的区分是：“集体”是不确定的、匿名的一些人；“连接”暗示一项具体的工程，有特定的参加人，他们有专业技能，有名有姓。

我还给“连接智能”加上了另一层重要的意义：这样的智能投入软件的设计，连接软件用户，连接形形色色的设计人。设计软件的架构类似于在线上认知（online cognition）的宏大集合里雕刻具体的连接，电邮、博客、推特、脸书或领英是为了不同的目的把人们连接起来的不同方式。除了最常用、最知名的应用外，许多其他应用也证明了它们具体的连接模态。多年来，我致力于建构不同的研究项目，以连接我的学生，与他们在课堂上和网上合作。最成功而且还在用的软件叫“思维连线”（Thinkwire），由加里·施瓦茨（Gary Schwartz）和我开发，他是与我一道全球旅行的朋友。实际上，这个工程及其名字是三十年前发明的，但最近五年才上互联网，多半是要感谢推特的开放源代码。思维连线容许用户组建有主持人的讨论小组，输入的条目限制在280个字符。目的是超过推特曾经限制的140个字符，以容纳更多明白的提问和批评，同时又敦请参与者践行健康的简明扼要风格，避免给讨论增加负担。为了给这样的限制提供一点补偿，这个平台又允许附加外部链接。

这一切固然很好，但人的智能，集体的也好，连接的也好，正败在人工智能手下。人工智能和机器学习正在给类固醇加软件，而且再次改变政治社会管理的权力结构。

第十一节 数据统治

数据统治（datacracy）一个可能的定义是：算法管理，即用各种数据分析为政策和执政提供决策支撑。数据统治尚未在今天的任何治理里完全实施，尽管如此，在为国家或社群提供最佳选择时，数据统治之强大甚至能超越直接的人为干预。在许多重要领域，比如医疗、司法、财经和军事领域里，具体的数据驱动抉择已优于人的直接干预；考虑到这一点，有一点依然是可以预见的：在数据统治诱惑下，许多政府借此确认其决策，将其打扮成自己智慧和公平的无可争辩的证据。数据分析将成为“客观性”的新面孔。

今天，数据统治已在一些国家比如新加坡和韩国实施。在那里，数据分析提供采自老百姓的充分而全面的信息；通过社交媒体和其他数据源头的分析，政府为自己的政策和裁决辩护，为政府在个人的教育评估和定位、住房和保健方面的政策和裁决提供合法性。在这些做法中安全问题显得突出；在地缘政治和地方安全局势更具威胁性时，安全问题会更频繁地出现。

当今中国为保证安全而为一些措施提供合法性。一些措施明显有损个人隐私，比如无处不在的人脸识别技术用以辨认潜在的加害人，又比如机器警察可直接调看刑事案卷和其他案卷。但中国采取的一大步骤超乎这些可以理解的政策（可能在其他国家并不是完全可以接受的），这就是给个人的“社会信用”（social credits）打分，其依据是对个人行为和成就累积、永久、更新的评价，或者是个人日常生活以及长期信用的缺乏。这一做法和新加坡的做法相差不大，甚至和西方国家的规范相差不大，因为银行贷款是否核准的根据是当事人几十年的行为、资产和职业生涯。然而，把迄今默契的社会约定官方化，那就是推向数据统治的极限。况且，中国已有容许分析一些信息的社交媒体平台，人们在这里可以让亲友和邻居分享信息、发表意见、评价个人。[1]这个动态似乎是从自我审查的做法向他人审查的做法急剧位移；自我审查是受罪感纠缠的西方社会的做法。有人说，在将近15亿人口的大国里，警察人数不够，不足以控制每个人的行为，因此有必要确保可能成为“自我监察的警察国家”（self-police state）。由于数据分析日益先进，这些数据分析已经渗透到了个人的思想和动机中，我们也许将要看到奥威尔（Orwell）笔下令人沮丧的思想警察（thought-police）情景，但那未必是特殊的政府力量强加或执行的控制。正如在一切政治体制里一样，中国的问题是如何有效地制衡或防止人对体制的滥用。在完全透明的社会里，达成这样的目标也许是可能的。麻省理工学院的教授黄亚生（Yasheng Huang）解释什么原因使中国人民易于容忍甚至欢迎社会信用原则：

中国人的态度特别不同的原因是，直到20世纪80年代，

〔1〕 为了了解这一趋势能使人走到哪一步，参见《黑色的镜子》（*Black Mirror*）里的实例。（see https://www.imdb.com/title/tt5497778/）。

“隐私”一词在中国有负面含义。中国人的规范扎根于两千余年的儒家文化，非常看重人际关系。强化人际关系的途径是透明和坦露。触发秘密的情况特别令人厌恶。如果是好事，为什么不告诉我们呢？在这样的语境下，隐私就等于保守肮脏的秘密。保留隐私就是反社会。[1]

黄接着说，微信、阿里巴巴之类的社交媒体把中国网民与许多素不相识的人连接在一起，降低了儒家文化对近亲和邻里纽带的倚重。尽管如此，他又说：“中国的监察文化（surveillance culture）在大数据兴起之前早已存在。技术使压制更准确，但相比于无区别的压制，准确的压制也许是情况的改善吧。”

共生自主系统有助于使数据统治更容易接受，这是有可能的。实际上，假定通用人工智能（Artificial General Intelligence，简称AGI）驾驭的数据分析主要不是分析个人或程序，而是把重点放在社会共同体上，那么，它就可能在接近真实时间的情况下分析一切综合的环境因素。不同措施的自动化的决策、调节和执行将保证增强的社会善举，从而达到社群里更高程度的共识。

在尚待发明的政治体制里，凡是要获取权利参与决策的人，凡是投票选举的人都必须要证明自己是掌握信息、有参选能力的人。这是可以靠分析来评估的。参与决策的权利根据公民的能力水准来

---

〔1〕 黄亚生（Yasheng Huang），《中国使用大数据可能使它不那么像“老大哥”》“China's Use of Big Data Might Actually Make It Less Big Brother-ish”，*MIT Technology Review*，August 22，2018：https://medium.com/mit-technology-review/chinas-use-of-big-data-might-actually-make-it-less-big-brother-ish-1fdbe06c15f4.emila.com。

授予。这已经非正式地在某种程度上实现了；理论上，对情况一定程度的了解得到保障，这已被纳入考虑中。

在植根于通用人工智能的政治体制里，成熟的共生自主系统（局部的或全球的）必须要实时地为整个系统模拟生存警觉性和机会警觉性，让每个人都有这样的素养。也就是说，个人不得推荐从长远看会损害环境的决策，个人要辨识并奉献使社会和个人改善提高的机会。在类似于上文所讲的且与之相关的虚拟孪生体的格式中，一切相关因素的语境整合都应该向有意参与决策或政策的人提供。所有参与者的集合构成一种电子宝藏，为所有公民带来更好的福祉和利益而发挥作用。一切公共行为的透明性将维持所有参与者的信用，领导者和被领导者都包括在内。

现在就中国社会信用工程做一小结。看起来，这似乎是世界各国或迟早都要跟随的方向。为什么？既不是因为它已经用隐蔽的方式就位，为西方人提供了数据分析界定的量身定做的工作机会，也不是因为西方人将要把社群利益置于个人利益之上，虽然我们看见了要求善治的群体压力，如“黄背心”运动和应对气候变化的压力，如全球的“过渡”（transition）运动；而是因为数字媒体本身的性质和深层驱动力。数字情势（digital condition）不支持共同体，而是支持个人主义。当前情况逆转的后果是全球性的，绝不仅限于中国、韩国和新加坡。这产生全球性的后果。

第十九章　我们就是审视自己的地球

第一节　卫星和新的大陆感知力

集体心理技术情绪（collective psycho-technological emotion）有一种难以界定的属性，它正在改变地缘政治和经济的基础。过去，我们的地理感知力（geographical sensibility）受远方稳定国家边界和大陆边界模式的影响。今天这一影响正在让位于迅速变迁的气候和政治情况，变化的情况以真金白银的方式对所有的地方企业产生影响。卫星而不是国家边界决定着地形轮廓。[1] 欧洲 1992 年的思想，或加拿大、美国和墨西哥的自由贸易协定见证了大陆心理；大陆心理可能是卫星技术最重要的结果之一。[2] 卫星改变了看地方事件和全球事件的观点。卫星是“上帝之眼”，为我们每个人提供了全景视域，它们忽视国界，用基于大型技术 - 文化场（techno-cultural

---

〔1〕 根据政治经济学家戴维·林诺维斯（David Linowes）援引的数据，太空有三千多颗通信卫星。又据克拉克（A.C. Clarke）观察，任何三颗卫星联手都能把通信送达地球上的每个人。

〔2〕 1983 年 6 月至 1985 年 5 月首批全欧洲的通信卫星 ECS-1，2，3 由法国的阿里安火箭发射升空，引起欧盟成员国关于波段控制和分享监管活动的争论。

fields）的心理取代我们习惯的以陆地为本的心理（land-based psychology）。它们只尊重区隔人居区和非人居区的边界，比如陆地和海洋的边界，给大陆视角（continental perspectives）加上权重。卫星生成了使人适应国家意识和国际意识的新情感和新意识，为世界提供一种电气肌肤，在巨型的关系网络中收发人类事务的敏感信息，养成我们对世界各地感知的统一性和透明性。

另一方面，在媒介协同统一的大合奏中确实又有多样化的广阔天地。关于变化中的技术在欧洲广播电视里的角色，德国广播电视联合会的执委汉斯·基梅尔（Hans Kimmel）做了这样的解释：

> 新频段、卫星和电缆配置结束了对频道的限制。广播电视垄断不再可能，也不再需要。实际上，欧洲广播经历了稳步的去中心化，尽管民族语言广播台受到了一定程度的保护……公众不再面对独一无二的、强大的通信业上帝；曾经，他通过电视屏幕向殿堂里的朝觐者发出一神教似的讯息，不管其是否愿意聆听。没有任何广播电视业者处在对“全国”发表讲话的地位。遥控器结束了收视者的频道忠诚。[1]

媒介作为新社会纽带角色的意识日益增长，与之相伴并得到强化的是欧洲作为一个实体的意识。如今，国家的极化和意识形态极化的意义在下降，正在被欧洲一体化的意识取代。

---

〔1〕 汉斯·基梅尔（Hans Kimmel），《教育广播的未来》，“The future of educational broadcasting”. EBU Reviews, Programmes, Administration, Law, Vol XL, No 5 (September 1989): 34。

第二节　心理技术认同

一些欧洲计划用了以下首字母缩略词，比如 ESPRIT（智慧）、BRITE（工业技术基础研究）、FAST（快速）、ERASMUS（伊拉斯谟）、MEDIA（媒介）、BRAIN（大脑）、SPRINT（冲刺）、EUREKA（尤里卡）。据此判断，你能看见官员的一种趋势，把他们制定的计划映射为一种“认知革命”。集体大脑正在一个技术－心理场里寻找表达，并在开发一些活动；构成这个场的是人类心理、制式通信和视听技术。这一宽泛的欧洲大脑（European mind）正在形成，我们有极好的机会观察它的自组织过程。赋予它内容的是《单一欧洲法令》（*Single European Act*）。它支持 9 种不同的语言和 1000 种方言。它不是工业政策或经济政策的结果，而是后工业文化虚拟的技术辅助心理的结果。提供心理技术活动网络的是远程通信。远程通信的内容是欧洲特点的方方面面，广播电视媒介提供这样的内容。不久，巨型技术文化“大脑”的发展将被视为欧陆主义（continentalism）无处不在的标志；然而，在北美确认这样的心理组织，尚有一段距离。

另一方面，如果说电子通信几乎抹掉了地理边界作为市场界面的意义，还可以说，它们正在侵蚀地方认同和全球认同的边界。电能在人群和文化里流动，重构技术－文化场，重新排列人与文化。

就像大众媒介绕开物理边界和地理边界一样，电子的流动也绕开我们个人的边界。电子扫描的光束磨蚀我们的心理防卫，侵蚀我们个人身份的围墙。

信息传递系统以有形的方式形塑我们的心理回应（媒介即讯息），心理技术创造了个人自我扩张的条件；扩张的自我源于个人的自我，直达最遥远的尽头；凭借我们日益拓展、探索一切的感知延伸和运动延伸，我们能巡视自我扩张的过程。

第三节 我就是审视自己的地球

彼得·拉塞尔（Peter Russell）著《大脑之书》（*The Brain Book*），开篇引用天文学家弗雷德·霍伊尔（Fred Hoyle）的一句话："一旦得到从地球外拍摄的地球照片……堪比历史上任何强大思想的新思想就会被释放出来。"〔1〕就人类的地球感知而言，这是一部开辟新天地的书；就该书的主旨而言，这句话的判断既真实又妥帖。当然，其含义是，目睹这张照片时，我们油然而生这样的感觉：地球一体，地球上的人类浑然一体。我们开始意识到，地球是悬浮在恒星太空里的整合一体的行星。

我记得儿时接触过漫画书和课本里的十来种地球的形象，我迷迷糊糊地意识到，地球是悬浮在太空里的一个大圆球。这些形象有趣，但不动人。多年以后，我在《巴黎竞赛画报》（*Paris-Match*）上看到第一张地球的照片，体验到神奇的情感，惊异，温馨，同时又极为矛盾：此生不可能看到这一幕吧，然而我千真万确看见了。照片是"真东西"，至少是最接近我期待中的真东西。同样，月球另一面的照片、计算机构拟的天王星米兰达卫星的图像使我觉得，它

〔1〕 彼得·拉塞尔（Peter Russell），《大脑之书》*The Brain Book*（London：Routledge and Kegan Paul，1979. I）。

们是真东西，我觉得自己延伸进太空了。

无疑，这张地球照片最重大的影响是，它拓宽我们的自我感知，使之超越自己身体的形象，增强了我们的认同感。实际上，从看到它的那一刻起，我们就拥有了地球，拥有了投入它的新力量。这就是我们眼睛的延伸。我的眼睛所包含的一切既是“我的”，也是“它的”。这就是我。由于这张照片，我被赋予了可靠的证据：我既硕大无朋，又小得可怜。我“看到”地球是事实，这事实支持一个悖论：虽然我只是50亿人口的一员，这庞大的人口却是我的一部分。照片不是我拍摄的，而是遥控器拍摄的，这都无关紧要。如果来自这个“大我”的设备被送上太空去拍了这张照片，那么，我已经参与了拍摄，而且凡是觉得它有意义的人都参与了拍摄。

同样，由于摄影术和电视，月球之旅已然是我力所能及的事，虽然就我个人的血肉之躯而言，我绝不会去月球。没有我个人感知到可靠的技术延伸，月球之旅这样的感觉是不会发生的。我在报上读到月球之旅的内容，那是别人的经验，但电视又使之成为我的经验。统一的论点适用于电话和其他传播媒介，凡是瞬间让我获取那张照片上任何一点的媒介，都使别人的经验成为我的经验。我感知的技术延伸搜索月球，使之成为我的一部分。我相信，一旦经济上可行，人人都应该有机会 / 权利进入月球轨道去获取第一手的经验（不过，月球之旅的商品化又可能削弱经验的力度，这是旅行常有的感觉）。

由于那张照片，我就成了地球，人人都成了地球。这是一种新心理经验，意义重大。心理技术把我们变成这些技术的延伸，最佳的报复方式就是将其纳入我们的心理。如此，一种新人类就要形成了。

以下是 2019 年增写的文字。

苏联的月球三号首次拍得月球背面的照片，那是在 1959 年 10 月 3 日。差不多六十年以后，2019 年 1 月 3 日，中国的嫦娥四号在月球神秘的背面着陆。这个全球性事件堪比美国 1969 年 7 月 20 日的月球向日面登陆，并获取同样的神奇威望。这三个探月路标使人类短时间结为一体，分享超乎日常分歧的共同的情感。

另一桩神奇的事件是三十年前柏林墙的倒塌。由此生成全人类和平与繁荣的希望，直至 2001 年 9 月 11 日曼哈顿双子塔被撞倒。这一事件预示着差不多二十年的冲突和分裂。出了什么事？互联网登场，社交媒体迅速演进。

社交媒体首次上线露面可回溯到 1997 年的“六度位置”（Six Degrees）网站。用来描绘干扰地球上人与人的技术连接，这个网站最大限度的分隔倒名副其实。[1]不再有第七度。在某一点上，我们大家连在一起，无论你喜不喜欢。1999 年是博客元年，同年，互联网第二阶段到来。在预言性的文章《碎片化的未来》（*Fragmented Future*）里，设计师达西·迪努奇（Darcy Di Nucci）率先将其命名为 Web 2.0。[2]

起初，社交媒体似乎使地球人和平共栖的机会增加了。它们发挥着社会边缘系统的作用，使情感跨越地理、社会和意识形态边界。互联网上大量的信息都不重要，多半是带有情绪的。人们越来越觉得需要分享越来越多的个人小事，分享有关世界的感情和思想，将

〔1〕 https://smallbiztrends.com/2013/05/the-complete-history-of-social-media infographic.html.
〔2〕 http://darcyd.com/fragmented_future.pdf.

其作为自己在网络存在的一部分。我们上互联网和社交网去表达和分享气愤、快乐、仇恨和讽刺。情感和情绪成了我们数字形象和人格形象成长和存活的基础。如果没有情绪，整个社交媒体就要崩溃。分享情感并非只在互联网上发生，还在所有的媒介上以不同的方式发生。然而，因为网络基本上是表达关系的，所以它越来越刺激情绪驱动，形成快速而富有技巧的样貌。社交媒体上和其他平台营造情绪，在网络上散布，就像人体的边缘系统一样。

不仅脸书上的朋友、相亲网站寻偶的人们像边缘系统，我们整个互联网的生活也像人体的边缘系统。在推特上，在 YouTube 的病毒式视频上分享政治也是这样的。社交媒体是传递和分享情绪的媒介。网络世界是冲动、欲望和挫折的整合系统，以光速运行。阿拉伯之春、占领华尔街等运动，以及西班牙的“愤怒者”草根运动，都表现出跨越边境和文化的集体情绪和连接性。

然而研究表明，愤怒传播的速度大于欢乐。菲利浦 · 海塞尔（Philippe Hessel）的《请愤怒吧》（*Indignez-vous*）这本小书就论述网上愤怒的病毒式传播。不过，点燃全球怒火的无疑是维基揭秘。2006 年，维基揭秘披露秘密档案；2010 年，《请愤怒吧》出版；此间，社会情感的演化发生了，这未必是有意识设计的，却并非完全是无意识的。维基揭秘是人觉醒的时刻，使人意识到政府的虚伪。某种程度上，虚伪和欺骗是外交之所需，但万事都有极限。对任何制度问责的要求提高了。新媒体无疑生成了这样的情绪，因为它们使地方和全球应受谴责的行为暴露在众目睽睽之下，这样的行为过去被审查制度和公众的不知情淹没了，世人的冷漠使之被淹没就更不用说了。

全球透明性上升的另一个重要方面是，世界本身变得即时透明了。这是快速传播的结果。过去，可怕的事情当然也发生，但事后才被揭示，而且有时根本就不被揭示；因为迟延和怀疑，人们的情感反应就被削弱了。事后解释的尝试失去了情感冲击的锋芒。今天，听说或看见有人被斩首、明显的谋杀－自杀式空难时，不出几分钟，大多数目击者都会陷入情感的剧痛中，很像激烈争论或争吵引起的阵痛。在我们这个透明的世界里，看见突尼斯少年自焚以抗议腐败的政权时，尽管相距遥远，埃及的少年还是觉得应该采取行动。

显然，今天世界的地缘政治已然改变。通过互联网，一个大众政治行动主义者（mass political activists）的新阶层登上了政治舞台。它们再也不想和“沉默的大多数”站在一起。[1]大多数人不再沉默，但他们把权利让给了高声尖叫的少数派。结果就是交互式的社会“大众化”，包含许多个人的连接；作为一个重要的集体，他们对当下的问题做出反应。西班牙的网络社会学家曼纽尔·卡斯特尔（Manuel Castells）将这一现象称为许多“大众个体”（mass individuals）的合作。[2]他确认，这样的关系建立在个人基础上，从个人到个人，和群众或匿名大众反应的结果相比，“大众个体”合作的关系复杂得多、清晰得多。因此我们可以想象，这种个人在网上不停互动的结果就相当于喝咖啡聊天那样的海阔天空。

法国持久而频繁爆发的“黄背心”抗议有时被比喻为法国大革命前夕的局势，也许是夸大了。革命总是社会弊端泛滥、政权摇摇

---

〔1〕 基本上，“沉默的大多数”指的是比较保守的美国人。

〔2〕 曼纽尔·卡斯特尔（Manuel Castells），《信息时代》*The Information Age: Economy, Society and Culture. Vol. II: The Power of Identity*，（Oxford，Blackwell. 1997）。

欲坠时无情而急剧变革的信号。从社会弊端到革命的进程使人想起勒内·汤姆（René Thom）的突变论（catastrophe theory）[1]。宗教改革引发天主教徒和新教徒持久的战争，那是对教皇权力螺旋式上升和“赎罪券”商品化的回应。同样，逊尼派和什叶派的战争是电子条件下文艺复兴时期宗教战争的复写。实际上，法国大革命时期发生的斩首和圣战者实施的斩首有象征性关系。两种斩首都沉重打击了我们每一个人，连号称与此无关的人都受到沉重的打击。今天，恐惧渗透到全世界，因为新形式的恐怖主义是全球性的，没有边境，没有具体的敌人。

这就是人们想要生活的环境吗？全球性要求政治正确的迹象显而易见，人们要求政治正确、问责，要求税收的合理使用和扶贫的有效途径，要求和平谈判。因此，凡是漠视这些价值的政权，其全球形象与这种要求的反差都很强烈，都暴露无遗。有迹象表明，分享社会（society of sharing）正在兴起，揭露非正义和暴力的持久运动正在兴起。无疑，一种新人类正在形成，但创造新人类的人们有必要重新思考社交媒介，是时候了。

英国行动主义者、三叉戟犁运动（Trident Ploughshares）的创建人安吉·泽特（Angie Zelter）获人民裁军运动奖。在获奖感言里，他阐述了全球公民（global citizen）个人的责任：

> 越来越多的人把自己界定为全球公民。他们知道，生命的

---

〔1〕 勒内·汤姆（René Thom），《结构稳定与形态发生》*Structural Stability and Morphogenesis: An Outline of a General Theory of Models*（Reading，MA，Addison-Wesley，1989）。

连接亲密无间；别人仍然受苦时，我们不可能是完全意义上的人。他们知道，爱、公正和非暴力是生命的本质。普通人正在以许多不同的方式承担责任，这给予我希望。他们正在创造超越战争与不公、控制与支配所需的变革，正在走向自由、公义、爱与多样性的世界。[1]

汉斯·舍特勒（Hans Schattle）著《全球公民的实践》（*Practices of Global Citizenship*）[2]。他认为，全球公民的主要概念是“觉悟、责任、参与、跨文化移情、个人成就和国际流动性”[3]。他研究全球文化心理，接着写道：

如此，全球公民被构想为一种心境、一种生活方式、一系列观点和实践，而不是忠实于任何政府机构的宣示。[4]

虽然这更像是主观臆想，而不是扎实的证据，但别具一格的社

〔1〕 http://www.rightlivelihood.org/trident_speech.html（Consulted on 2013，October 7th）.

〔2〕 汉斯·舍特勒（Hans Schattle），《全球公民的实践》*The Practices of Global Citizenship*. http://www.oxfam.org.uk/~/media/Files/Education/Teacher%20Support/Think%20pieces/reviewing_global_citizenship_web.ashx.

〔3〕 汉斯·舍特勒（Hans Schattle）《全球公民的实践》：“虽然看似明显，觉悟似乎是全球公民的重要出发点。这是我最近研究大量全球公民实践找到的一把钥匙。我访谈了大约 150 位自诩全球公民和全球公民意识的倡导者，一个事实反复说明，许多人相信，全球公民意识过多地取决于对自己的觉悟和对世界的觉悟。”

〔4〕 汉斯·舍特勒（Hans Schattle）《全球公民的实践》，舍特勒举例说明这样的心境：巴黎一位著名的人权活跃分子告诉我：“我觉得自己像一个地球公民，我的意思是，我不觉得更贴近巴黎的问题，而不是缅甸的问题……临近性不是由地理因素界定的。”http://www.oxfam.org.uk/~/media/Files/Education/Teacher%20Support/Think%20pieces/reviewing_global_citizenship_web.ashx.

会意识已开始在这里那里露出端倪。为反映这种新全球公民，佩德罗·巴苏拉多（Pedro Alejandro Basualdo）提出了“个人全球责任”的概念：

> 个人的态度和行为构成一种新形式的全球行为，它谋求解决人类苦难问题的体面答案。一场危机挑战我们的科学共同体，见证了我们伦理和道德世界的范围和局限。我们是如何应对这场危机的？后代将据此对我们进行评价。把握个人作为全球公民的价值，唤醒我们个人的全球责任，正当其时。

存在点与态度的连接紧密而直接。态度是存在点的外表面。存在点既是发送点，也是接收点。它既感知世界，也感知自我，世界和自我之间没有精确的极限。所以，调节世界和自我间隔的空间是存在的。世界直接影响自我，但自我也能影响世界。人们通常说态度“好”、态度“坏”，将其视为言语的副现象（epiphenomenon），即说话的语调。但我们应该倒过来说：态度即讯息（attitude is the message）。态度是最直接可用的管理自我和世界之间空隙的手段。态度是本体感受的社会面具，有两个维度：反射和投射（自我的向外投射）。比如，经过很长时间，政治正确的概念才成熟起来，这首先就是态度问题。人们在媒体上看见他人的境遇，政治正确的态度由此而起，并最终被社交媒体强化。在许多发达国家里，政治正确正成为人们的第二天性。不过，巴苏拉多给个人责任加上了更严格的目标：

> 心怀个人责任感去行动的意思是超越单纯的移情，它要求以个人为基础的积极工作，以便弥合不平等和排他性的鸿沟。心怀个人社会责任感行动的意思是给社区授权（……），是把污名和歧视转变为团结和包容；是做出矢志不渝奉献人类的决定；是针对任何人类苦难予以伦理上的谴责，并予以消除。[1]

把态度和责任感结合起来似乎是有道理的，如此，总体上并具体地培养面对世界的积极态度就能改变世界。即使在顺势性影响水平上（homeopathic level of influence）也能改变世界。如果足够多的人养成了这样的态度，那就足以为积极的改变做出贡献。这里的意图不是要重新讨论“积极思考”的威力；当然，不容否定的是，即使为了在对抗情况下促进人际关系，这样的威力也是存在的。现有积极思考的概念倚重的是观察点。而积极态度倚重的则是存在点。积极态度的理念旨在补足积极思考。

根据叔本华的主张，表征和意志合成的力量修正历史的方式，过去是难以想象、不可思议的。地球本身（与国家或大陆相对）作为新基础的表征，受到媒体和社会话语的广泛支持。全球意志倚重的是更快更好获取重要信息的条件。如今，有了电子传感器、分配器和对未来的模拟，预测各种趋势的各种走向已经成为可能。模拟、传感器和数据管理不仅能进行长期预测和短期预测，而且能指令正确的行动方针。集体共同掌握命运有一个要求：社会在新兴自组织

〔1〕 http://www.oxfam.org.uk/~/media/Files/Education/Teacher%20Support/Think%20pieces/reviewing_global_citizenship_web.ashx.

一致性的基础上实现重构。

迄今为止，无论结果好坏，西方文化都维持了倚重命运和历史的关系。人民和社会都有命运。无论好坏，命运都在有文字的文化里强加了一种宿命的感觉。不过，到了今天，对历史态度的变化不仅是可能的，而且是非常重要的。遭受环境破坏的重创后，全社会不得不理性地控制环境。人类基因组的破解具有象征和预测的意义，致使自然与文化的相对力量发生逆转。如今，文化处在控制自然的地位。这样的文化力量呼唤更高水平的集体社会责任。迄今为止，面对这一责任，世界上的主要机构几乎没有什么作为，只是做了一些口惠而实不至的敷衍而已。但在个人的层次上，存在点的重申也许会提供最有效的生存策略。可能的结果是，在指引个人的选择上，存在点最终能补上观察点之不足。马歇尔·麦克卢汉有一句很美好但常被人遗忘的警语："在电力时代，我们身披全人类，人类就是我们的肌肤。"这就是从观察点转向存在点的社会结果。

参考文献

Attali, Jacques. Noise: The Political Economy of Music. Paris: Le Seuil, 1989.

Barber, Benjamin. "Jihad Vs. McWorld: The two axial principles of our age-tribalism and globalism-clash at every point except one: they may both be threatening to democracy." The Atlantic, March 1992. Available at: https: //www. theatlantic. com/magazine/archive/1992/03/jihad-vs-mcworld/303882/.

Barlow, John Perry. "Being in Nothingness." Micro Times (Jan. 22, 1990): 104.

Baudrillard, Jean. Les stratégies fatales. Paris: Gallimard, 1984.

Bauman, Zygmunt. Modernity and the Holocaust. New York: Cornell University Press, 1989.

Berardi, Franco. And: Phenomenology of the End. Cambridge: MIT Press, 2015.

Bogen, E. Joseph. "Some Educational Aspects of Hemispheric Specialization." UCLA Educator 17(2): 29, 1975.

Brody, Herb. "The Neural Computer, " Technology Review (Aug. -Sept. 1990): 46.

Calzati, Stefano. Mediating Travel Writing, Mediated China: The Middle Kingdom in Travel Books and Blogs. Champaign: Common Ground, 2018.

Calzati, Stefano. "A Proposal for Survival: Barbaric Strategies in the Realm of Digital Technologies." Parallax, 24(2): 209-226, 2018.

Calzati, Stefano and Roberto Simanowski. "Self-Narratives on Social Networks: Trans-Platforms Stories and Facebook's Metamorphosis into a Postmodern Semi-automated Repository." Biography 41(1): 24-47, 2018.

Carrabine, Laura. "Plugging into the Computer to Sense Virtual Reality." Computer-Aided Engineering (June 1990): 23.

Castells, Manuel. The Information Age: Economy, Society and Culture. Vol. II: The Power of Identity. Oxford: Blackwell, 1997.

Caudill, Maureen. "Humanly Inspired." Unix Review 7(5): 42, 1989.

Changeux, Jean-Pierre. Neuronal Man. Boston: Basic Books, 1990.

Cormen, Thomas H. Introduction to Algorithms. Cambridge, MA: MIT Press, 2009.

De Groot, Marc. "Virtual Reality." Unix Review 8: 8 (August, 1990): 34-5.

De Kerckhove, Derrick. "Ecriture, théâtre et neurologie, " Etudes françaises 18(1): 109-28, 1982.

De Kerckhove, Derrick. "A Theory of Greek Tragedy." Substance 9(4): 23-36, 1980.

De Kerckhove, Derrick and D. Jutras, eds. "Introduction à la recherche neuroculturelle." McLuhan e la metamorfosi dell'uomo. Ottawa: Canadian Commission for UNESCO, Occasional Paper 49, 1984.

De Kerckhove, Derrick and C. J. Lumsden, eds. The Alphabet and the Brain: the Lateralization of Writing. Heidelberg: Springer-Verlag, 1988.

Donà, Claudia. "Invisible Design." In Design after Modernism: Beyond the Object, edited by John Thackara. London: Thames and Hudson, 1988.

Early, C. Joseph. "Lessons from Past Errors." Futures, November 1990: 988-89.

Eisenstein, Elizabeth. The Printing Press as an Agent of Change. Cambridge: Cambridge University Press, 1979.

Finn, Ed. What Algorithm Want. Cambridge, MA: MIT Press, 2017.

Fisher, Scott. "Virtual Environments, Personal Simulations and Telepresence." In Virtual Reality: Theory, Practice and Promise, edited by S. Helsel and J. Roth. New York: Meckler Publishing, 1991.

Floridi, Luciano. The Ethics of Information. Oxford: Oxford University Press, 2013.

Forester, Tom. High-Tech Society. Cambridge, Mass. : MIT Press, 1988.

Gallese, Vittorio and Michele Guerra. Lo Schermo Empatico. Cinema e neuroscienze. Milano: Raffaello Cortina Editore, 2015.

Gendlin, Eugene T. Experience and the Creation of Meaning. New York: Free Press, 1964.

Gilder, George. “The End of Telephony.” 150 Economist Years, special anniversary issue of The Economist, 1993.

Gullichsen, Eric. “In the Realm of the Sensors.” Catalogue of Art Futura 1990. Barcelona, 1990.

Hall, Edward. The Silent Language. Garden City, NY: Doubleday, 1959.

Harari, Yuval Noah. Homo Deus: A Brief History of Tomorrow. New York: Harpers 2017.

Harvey, David. The Condition of Postmodernity: An Enquiry into the Origins of Cultural Change. Cambridge: Blackwell, 1989.

Havelock, Eric. Prologue to Greek Literacy: Lectures in Memory of Louise. Cincinnati: University of Cincinnati, 1971.

Havelock, Eric. Preface to Plato. Cambridge, Mass. : Belknap Press of Harvard University Press, 1963.

Huang, Yasheng. “China’s Use of Big Data Might Actually Make It Less Big Brother-ish.” MIT Technology Review, August 22, 2018. Available at: https: // medium. com/mit-technology-review/chinas-use-of-big-data-might-actually-make-it-less-big-brother-ish-1fdbe06c15f4. emila. com.

Innis, Harold. Empire of Communications. Toronto: University of Toronto Press, 1971.

Innis, Harold. The Bias of Communications. Toronto: University of Toronto Press, 1951.

Jaynes, Julian. The Origin of Consciousness in the Breakdown of the Bicameral Mind. Boston: Houghton Mifflin, 1976.

Kimmel, Hans. “The future of educational broadcasting.” EBU Review, Programmers, Administration, Law, Vol. XL, No. 5 (September 1989): 34.

Kline, Stephen. “The Theatre of Consumption: On Computing American and Japanese Advertising.” Canadian Journal of Political and Social Theory, 12(3): 104, 1988.

Kowinski, William S. The Malling of America. New York: William Morrow: 1985.

Krugman, Herbert E. “Memory without Recall, Exposure without Perception.”

Journal of Advertising Research 7(4): 8, 1977.

Lanier, Jaron and Frank Biocca. “An Insider’s View of the Future of Virtual Reality.” Journal of Communication 42(4): 160, 1991.

Lemmens, Pieter. “An Interview with Bernard Stiegler.” Krisis 1 (2011): 33-41.

Levinson, Paul. “Media Relations: Integrating Computer Telecommunications with Education Media.” In Mindweave: Communication, Computers and Distance Education, edited by Robin Mason and Anthony Kaye. London: Pergamon, 1989.

Lévy, Pierre. L’intelligence collective. Paris: La Découverte, 1994.

Linowes, David. “The Information Age: Technology and Computers.” Vital Speech of the Day (October 17, 1990).

Liu, Linda H. The Freudian Robot: Digital Media and the Future of the Unconscious. Chicago: Chicago University Press, 2011.

Mauss, Marcel. A General Theory of Magic. London: Routledge and Kegan Paul. 1972.

McGuinness, Diane. “Sex, Symbol, and Sensation.” In McLuhan e la metamorfosi dell’uomo, edited by D. de Kerckhove and A. iannucci (paper 49). Ottawa: Canadian Commission for UNESCO, 1984.

McLuhan, Marshall. Understanding Media. Toronto: McGraw-Hill, 1964.

McLuhan, Marshall. The Gutenberg Galaxy. Toronto: University of Toronto Press, 1961.

McLuhan, Marshall and Bruce Powers. The Global Village: Transformations in World Life and Media in the 21st Century. Oxford: Oxford University Press, 1989.

McNeill, Laurie. “There Is No ‘I’ in Network: Social Networking Sites and Posthuman Auto/Biography.” Biography 35: 65-82, 2012.

Méhler, Jacques. Théories du language, théories de l'apprentissage. Paris: Le Seuil, 1979.

Miller, Jonathan. State of Mind. New York: Methuen, 1983.

Naisbitt, John, and Patricia Aburdene. Megatrends 2000. New York: Avon Books, 1990.

Negroponte, Nicholas. “Trading places: Over the next 20 years, television and telecommunications will swap their primary means of transmission" in "Products and Services for Computer Networks," Scientific American (September 1991): 7-8.

Ong, Walter. Orality and Literacy. London: Methuen, 1981.

Passarelli, Ben. "Profiles in Learning." Unix Review 7(5): 51, 1989.

Porter, Robert. "Conflict and Co-operation in the Global Marketplace." Vital Speech of the Day 57(6): 163, 1991.

Poster, Mark. The Mode of Information. Chicago: University of Chicago Press, 1990.

Pradier, Jean-Marie. "Toward a Biological Theory of the Body in Performance." New Theatre Quarterly, February 1990: 89.

Pruitt, Steve and Tom Barrett. "The Corporate Virtual Workplace." Paper presented at the First Conference on Cyberspace, May 4-5, 1991, University of Texas, Austin (from an unpublished report by Maurice Sharp, Knowledge Science Labs, University of Calgari).

Rabbito, Andrea. Il cinema è sogno. Milano: Mimesis Edizioni.

Random, Michel. La stratégie de l'invisible. Paris: Félin, 1985.

Rheingold, Howard. "Travel in Virtual Reality." Whole Earth Review (Summer, 1990): 85.

Russell, Peter. The Brain Book. London: Routledge and Kegan Paul, 1979.

Saracco, Roberto. Transhumanism. IEEE-Future Directions Committee-Symbiotic Autonomous System Initiative, 2018.

Schmandt-Besserat, Denise. "L'invention de l'écriture." Les Imaginaires, II, Cause Commune: 119-30, 1979.

Schwartz, Tony. Media: the Second God. Garden City, NY: Anchor Books, 1983.

Scribner, Sylvia and Michael Cole. The Psychology of Literacy. Cambridge, Mass. : Harvard University Press 1981.

Segal, Mark. "The Alien Other in Japanese Fantasy Television." Canadian Journal of Political and Social Theory, 12(3), 1988.

Slopek, Edward. "Collapsing the Interval." lmpulse, 15(1): 19-34, 1989.

Straubhaar, Joseph, Robert LaRose, and Lucinda Davenport. Media Now: Understanding Media, Culture and Technology. Boston: Wadsworth, 2017.

Sturm, Hertha. "Perception and Television: The Missing Half Second." The Work of Hertha Sturm, edited and translated from German by Gertrude J. Robinson. Montreal: McGill University, Working Papers in Communications, 1988.

Thom, René. Structural Stability and Morphogenesis: An Outline of a General Theory of Models. Reading, MA: Addison-Wesley, 1989.

Thompson, Fred. "The Development of the Japanese Transportation System." Explorations 28 (Summer, 1970): 74.

Thompson, William Irwin. "History as Cultural Perception." Understanding 1984/ Pour comprendre 1984. Ottawa: Canadian Commission for UNESCO, Occasional Paper 48: 319, 1984.

Tikka, Pia. "Cinema as Externalization of Consciousness." In Screen Consciousness Cinema, Mind and World, edited by Robert Pepperell and Michael Punt. Rodopi: Amsterdam, 2006.

Toffler, Alvin. The Third Wave. New York: Morrow, 1980.

Tomatis, Alfred. L'oreille. Paris: Le Seuil, 1972.

Trehub, Sandra and Bruce Schneider, eds. Auditory Development in Infancy. New York: Plenum Press, 1985.

Valéry, Nicholas. "Back to the Drawing Board: A Survey of Japanese Technology," The Economist (Dec. 2, 1989): 5.

Van Dijck, José. The Culture of Connectivity: A Critical History of Social Media. Oxford: Oxford University Press, 2013.

Wilson, A. "Do DARPA's Androids Dream of Electric Sheep?" ESD The Electronic System Design Magazine (July, 1988): 28.

Wolfe, Morris. Jolts: The TV Wasteland and the Canadian Oasis. Toronto: James Lorimer and Co., 1985.

人名与主题英汉对照表

A

AI（Artificial Intelligence），人工智能
algorithm，算法
alphabet，字母表
animalesque side，动物性的一面
Attali，Jacques，雅克·阿塔利

B

Baudrillard，Jean，让·波德里亚
Bauman，Zygmunt，齐格蒙特·鲍曼
Big Data，大数据
Buddhism，佛教

C

China，中国
Chinese language，汉语
collective intelligence，集体智能
cyberculture，赛博文化
cyberdesign，赛博设计
cyberspace，赛博空间

D

datacracy，数据统治
digital technologies，数字技术
Digital Twin，数字孪生体
digital unconscious，数字无意识

F

fake news，假新闻
felt meaning，感受到的意义
feng shui，风水
Finn，Ed，埃德·费恩

G

Gendlin，Eugene，尤金·简德林
global art，全球艺术

H

Harari，Yuval，尤瓦尔·哈拉里
Havelock，Eric，埃里克·哈弗洛克
hypertinence，超相关性

I

identity，认同身份
Innis，Harold，哈罗德·伊尼斯
Internet of Things，物联网

K

kairological time，契机时间

L

Lévy，Pierre，皮埃尔·列维

M

McLuhan，Marshall，马歇尔·麦克卢汉

N

neural network，神经网络

P

point-of-being，存在点
prescriptive analytics，规定性分析
psychotechnologies，心理技术

Q

quantum（physics），量子（力学）

R

referent（loss of），所指物（的消失）

S

Saracco，Roberto，罗伯托·萨拉科
SAS（Symbiotic Autonomous Systems），共生自主系统
Schmandt-Besserat，Denise，丹妮丝·施曼特－巴瑟拉
screen，屏幕
Singapore，新加坡
skin，肌肤
social credits，社会信用
social limbic system，社会边缘系统

T

techno-psychology，技术心理
transhumanism，超人类主义
transparency，透明性
TV，电视

V

VR（Virtual Reality），虚拟现实

Y

yin and yang，阴阳

译者后记

翻译《文化的肌肤：半个世纪的技术变革和文化变迁》，历时半年多，颇多曲折，作者和译者都吃尽苦头。2018年夏天版权交割后，我即着手翻译，但作者想要借此机会完成一个全新的第二版。我知道这会给我增添一些麻烦，但为读者计，我又很高兴，求之不得啊。彼时，德克霍夫教授敦促我先走一步、边译边等。谁知道他竟然动大手术：2019年元旦发来的修订稿章节调整、内容更新、文字大改。旋即，他意犹未尽，继续增写扩编，嘱我放慢速度，再等等他。2019年3月9日，收到他最后的定稿。这个第二版增写了六七万字，容量扩大四分之一。2019年6月9日，他特意为中译本第二版写的序言终于到来，这篇超长的序言描绘作者半个世纪的思想历程，内容丰硕。

这篇中译本序言与卡尔扎蒂导言交相辉映，读之令人兴趣盎然。

德里克·德克霍夫是麦克卢汉的嫡系传人，《文化的肌肤》是他最重要的代表作。在深圳大学传播学院和中国大百科全书出版社的推动下，《文化的肌肤》新版问世了，这个中译本走在其英文版和法文版的前头。我为此而十分欣慰，半年多的辛苦甘之如饴了。

《文化的肌肤》英文版三十年前问世，二十一年前中译本出版，题为《文化肌肤：真实社会的电子克隆》，收入“计算机文化译丛”

（河北大学出版社）。现在这个第二版是作者应邀为中国读者特意打造的全新力作，大大超越“计算机文化”的视野。它回顾半个世纪的技术文化发展，揭示和批评最新的人工智能、虚拟空间、神经网络、共生自主系统、数字技术、数字孪生体、心理技术、技术心理、3D打印、赛博人、赛博设计、数据统治、伦理2.0版……展望未来，再次印证作者精湛的媒介理论、深邃的历史眼光和未来学的才能。

媒介环境学译丛第一辑五种书译事完毕、即将付梓。借此，我希望为新闻传播学的读者推开一扇新的窗户，为跨学科的学者开拓一片新的天地。

何道宽

于深圳大学文化产业研究院

深圳大学传媒与文化发展研究中心

2019年6月27日

译者介绍

何道宽，深圳大学英语及传播学教授、政府津贴专家、资深翻译家。《中国新闻传播学年鉴》（2017）学术人物，曾任中国跨文化交际研究会副会长、广东省外国语学会副会长，现任中国传播学会副理事长、深圳翻译协会高级顾问，从事英语语言文学、文化学、人类学、传播学研究30余年，率先引进跨文化传播（交际）学、麦克卢汉媒介理论和媒介环境学。著作和译作90余种，著译文字逾2000万。

著作有《夙兴集：闻道·播火·摆渡》《中华文明撷要》（汉英双语版）、《创意导游》（英文版）。电视教学片（及其纸媒版）有《实用英语语音》。

译作要者有《文化树》《理解媒介》《技术垄断》《数字麦克卢汉》《游戏的人》《中世纪的秋天》《17世纪的荷兰文明》《裸猿》《麦克卢汉传：媒介及信使》《传播的偏向》《帝国与传播》《超越文化》《新新媒介》《麦克卢汉精粹》《思维的训练》《思想无羁：技术时代的认识论》《手机》《真实空间》《麦克卢汉书简》《传播与社会影响》《新政治文化》《麦克卢汉如是说》《媒介环境学》《模仿律》《莱文森精粹》《与社会学同游》《伊拉斯谟传》《口语文化与书面文化》《传播学批判研究》《重新思考文化政策》《交流的无奈：传播思

想史》《人类动物园》《亲密行为》《作为变革动因的印刷机》《无声的语言》《传播学概论》《软利器》《迫害、灭绝与文学》《菊与刀》《理解新媒介：延伸麦克卢汉》《字母表效应：拼音文字与西方文明》《变化中的时间观念》《文化对话》《媒介、社会与世界》《群众与暴民：从柏拉图到卡内蒂》《互联网的误读》《中国传奇：美国人眼里的中国形象》《初闯中国：美国人对华贸易、条约、鸦片和救赎的故事》《乌合之众》《个性动力论》《媒介即是按摩》《媒介与文明：麦克卢汉的地球村》《余音绕梁的麦克卢汉》《指向未来的麦克卢汉》《公共场所的行为》《驱逐：十九世纪美国排华史》《文化树》《文化科学》《公共场所的行为》《创意生活》《公共文化、文化认同与文化政策》《被误读的麦克卢汉：如何校正》等。

论文要者有《介绍一门新兴学科——跨文化的交际》《比较文化之我见》《中国文化深层结构中崇“二”的心理定势》《论美国文化的显著特征》《和而不同息纷争》《多伦多传播学派的双星：伊尼斯与麦克卢汉》《异军突起的第三学派——媒介环境学评论之一》《麦克卢汉：媒介理论的播种者和解放者》《莱文森：数字时代的麦克卢汉，立体型的多面手》《文化政策需要顶层设计》《媒介环境学：从边缘到殿堂》《冒险、冲撞、相识：美中关系史第一个一百年的故事》《泣血的历史：19 世纪美国排华史揭秘》等。